「紅星」是怎樣升起的

以致敬高華那部開創性著作的名字為題，石川禎浩的新作提出了兩大關鍵問題：在埃德加·斯諾《紅星照耀中國》出版之前，世界對毛澤東有怎樣的認識？《紅星》怎樣改變了這種認識？石川的研究一貫以縝密周延的考察、細緻入微的文本辨析和不偏不倚的見解著稱，本書延續了這些特點，指出1936年之前即便莫斯科與共產國際對毛澤東也所知甚少。在毛澤東相關的早期視覺材料的源頭，斯諾歷史性陝北之行的背景，以及他所留下的經典著作的沉浮變遷等問題上，本書充滿深刻而又出人意料的洞見。在當今世界，關於毛澤東的崛起，已經越來越難找到冷靜公允的認識，而石川禎浩的研究以一種罕見的理智和公正卓然拔群，允為楷模。

—— 周錫瑞（Joseph W. Esherick）
加州大學聖地亞哥分校歷史系榮休教授

石川禎浩教授研究中共創立時期的歷史，是第一位正確指出中共第一次全國代表大會召開時間的歷史學家。讀他的作品，很有讀學術偵探小說的感覺，敘事引人入勝，常有令人稱讚的發現。

1930年代，中國新聞界和出版界對毛澤東的像貌和生平有什麼報道和介紹？埃德加·斯諾如何打破關於毛澤東訊息的奇缺狀態，寫出一本比較真實又相當動人的毛澤東傳記？他這本《紅星照耀中國》影響許多中國青年學生在抗戰爆發初期前往延安，為什麼在蘇聯卻始終不能出版譯本？又為什麼在為中共做出極大貢獻後，卻在建國以後長期遭到禁止出版和流通？

對以上問題有興趣的讀者，能輕易放過閱讀石川禎浩這一本篇幅不大卻內容豐富精彩的小書嗎？

—— 陳永發
中央研究院院士

石川教授的研究總能別出心裁、知微見著，本書的考察就頗見作者抽絲剝繭的功力。

——楊奎松
華東師範大學歷史系教授

這部劃時代的著作，通過博搜龐大的資料及對之進行相互比較，多角度查考有關毛澤東和中共的情報傳播途徑，還有人們基於這些情報的認識；同時考證《紅星照耀中國》一書是如何被執筆、修正、翻譯，及如何上升至改變人們命運、擁有莫大影響力之「名著」的地位。特別是關於資料本身的形成經過有着縝密的考證，足令人歎為觀止，亦使讀者再度痛感歷史學研究中史料批判的重要性。不惟如此，作者輕妙灑脫的筆致還巧妙地喚起讀者的好奇心，從全新的角度邀請讀者進入中國共產黨史的世界，可以説是本書更為獨特的魅力之一。本書是理解依然如謎題一般的中國「巨人」毛澤東的重要一步，深願對現代中國或現代史感興趣的多方讀者可與之結緣。

——《史林》(日本)

本書利用宏富的文獻互相參照，進行了縝密的實證研究，敘述明快，語言精彩，足可證明作者卓越的、作為歷史學家的敏鋭。…… 本書無疑是罕見的中共史研究傑作。

——《現代中國研究》(日本)

「紅星」是怎樣升起的

毛澤東早期形象研究

石川禎浩　著

袁　廣　泉　譯

香港中文大學出版社

《「紅星」是怎樣升起的：毛澤東早期形象研究》

石川禎浩　著

袁廣泉　譯

繁體中文版 © 香港中文大學 2020

國際統一書號 (ISBN)：978-988-237-173-6

2020年第一版
2024年第二次印刷

出版：香港中文大學出版社
　　　香港 新界 沙田 · 香港中文大學
　　　傳真：+852 2603 7355
　　　電郵：cup@cuhk.edu.hk
　　　網址：cup.cuhk.edu.hk

How the "Red Star" Rose:
The Early Images of Mao Zedong (in Chinese)
By Ishikawa Yoshihiro
Translated by Yuan Guangquan

ISBN: 978-988-237-173-6

First edition 2020
Second printing 2024

Published by The Chinese University of Hong Kong Press
　　　The Chinese University of Hong Kong
　　　Sha Tin, N.T., Hong Kong
　　　Fax: +852 2603 7355
　　　Email: cup@cuhk.edu.hk
　　　Website: cup.cuhk.edu.hk

Printed in Hong Kong

目　錄

中華ソヴィエト人民共和國中央政府主席 毛澤東

圖1 《週報》載毛澤東照片

毛澤東照片之謎

　　政府刊行公報，是公佈法律、政令等的程序之一，所以，任何國家的政府公報都十分枯燥，讀來味如嚼蠟。反而言之，公報的內容、語言不可帶有絲毫詼諧幽默，否則就是輕慢。然而，在如此嚴肅的政府公報上，偶爾也能看到莫名其妙、奇怪詭譎的消息。戰前日本政府公報附錄刊登的「毛澤東」照片，就是其中一例。

　　戰前的日本政府公報曾有副刊（附錄），稱《週報》，每週出版一次。1937年8月的《週報》載有一張照片（圖1），註明其為「中華蘇維埃人民共和國中央政府主席毛澤東」。

　　這就是毛澤東？分明是個闊佬，或者某家公司的老闆嘛。不會是哪個一貫中規中矩的書呆子開了個笨拙的玩笑吧？

　　載於《週報》第44期（8月18日）的這張照片，是一篇文章的插圖；該文報道中國共產黨及其所領導軍隊的最新動向，標題為〈談支那共產軍〉（〈支那共產軍を語る〉），作者是「外務省情報部」。既然出自外務省，顯然不是開玩笑。「情報部」之名，讓人不由得聯想到專門刺探、收集外國機密情報的間諜組織，但外務省1921年設立的這個機構，當時主要進行對內和對外宣傳，並非間諜組織。不過，既然要對外宣傳日本的外交形象、對內介紹國際動向，責任所在，收集外國情報自然也不遺餘力。

　　當時，一個月前發生在盧溝橋的衝突已經演變為被冠以「事變」之名的戰爭，戰火已延燒到上海，並且越來越呈現出全面戰爭的趨勢。在局勢如此緊張的時候，負責準確把握和分析外國情報、國際局勢的日本政府外務省屬下的宣傳機構，竟然在政府刊物發表文章，指稱貌似闊佬的人是「毛澤東」。戰前的日本曾自詡對中國研究精透、世界第一，甚至比中國人還明白中國事，但卻如此令人大跌眼鏡。假如照片登在消遣性的三流雜誌上，或許還可以說是失誤，是開玩笑；但載體雖然稱為「附錄」，卻無疑是政府公報，其後果自然不同。放在現在，不僅會被媒體冷嘲熱諷、笑掉大牙，國民也會群起而攻之：專門收集外國情報的專家，竟然如此草率！

　　然而，當時日本人幾乎都不知道毛澤東的容貌是怎樣的，所以沒有人覺得這張照片上胖乎乎的「毛澤東」有什麼不妥。我們現在看到這張照片之所以能笑出來，完全是因為毛澤東後來成了中國革命聞名於世的偉大領袖，他的照片、畫像也隨處可見。也就是說，我們不過是作為後人在嘲笑前人而已。

　　實際上，在當時，許多中國人也不知道毛澤東是何許人，對中國共產黨（下文或略稱「中共」、「共產黨」），絕大多數人也接觸不到真實信息。因為，當時的國民黨政權（南京國民政府）把共產黨視作眼中釘，不僅加以嚴酷鎮壓，而且嚴密封鎖對共產黨的報道和介紹。共產黨被罵作「共匪」、「赤匪」，亦即十惡不赦的土匪集團；毛澤東也被稱作「匪首」。有人據此判斷他是土匪頭目，但他做過什麼、長什麼模樣，都無從知曉。

　　共產黨領導的部隊（即紅軍）的最高指揮官、毛澤東的盟友，是大名鼎鼎的朱德。「朱毛」原是二人姓氏的合稱，但卻被傳為某個義匪的名字，甚至被用來代稱紅軍。可是，人們對朱德也是一頭霧水。〈談支那共產軍〉一文也附有朱德的照片（圖2），與1937年時朱德本人的照片（圖3）比較可知，二者明顯不同。《週報》的照片是否朱德，下文將作分析；但觀其相貌，該照片的主人似乎強悍

圖 2 《週報》載朱德照片

圖 3 1937 年的朱德

圖4　在陝北採訪時的斯諾

而又兇狠，儼然弗蘭肯斯坦造出的怪物。

如上所述，我們在《週報》上看到毛澤東、朱德的照片，馬上就知道不是他們本人而覺得可笑，是因為毛、朱後來逐漸為世人所知，並且贏得了政權。眾所周知，他們所領導的共產黨，在「七七事變」後與蔣介石領導的國民黨攜手合作，打贏了抗日戰爭；而後又在與國民黨的內戰中取得勝利，建立了中華

人民共和國；毛澤東的畫像至今仍懸掛在北京的天安門上。那麼，是誰最早向世界介紹了毛澤東的生平和容貌？是誰拍了他的照片並將其傳播到全世界？無需贅言，那就是美國記者埃德加·斯諾（Edgar Snow，1905–1972，圖4）和他的著作《紅星照耀中國》（*Red Star Over China*, 1937 & 1938）。

1936年夏，為採訪籠罩在迷霧中的共產黨及其領導人，斯諾從西安出發，進入了「紅色中國」，即陝西省北部的革命根據地。他幸運地獲准採訪三個月，其間為毛澤東等共產黨領導人拍攝了許多照片，並當面聆聽毛澤東講述他自己半生的經歷。這次採訪的成果，包括毛澤東自述生平在內，於1937年秋在英國、翌年初在美國出版後，立刻成為暢銷書。這就是《紅星照耀中國》（下文略作《紅星》）。這部傑出的採訪報告，第一次向世人展現了共產黨領導人的形象，轉述了毛澤東的自述和「長征」故事、共產黨根據地人們的生活現狀，出版後即為全世界讀者帶來了強烈震撼。

現在，中國自不必說，世界各國已出版的毛澤東傳記不勝枚

舉。其中不乏細緻準確的研究，也有瞎編亂造者，可謂良莠不齊、泥沙俱下。但是，無論對毛澤東稱讚還是誹謗，有關他出生和成長的記述，無不來自斯諾的《紅星》。因立場不同，有的作者對記述加以擴展、發揮，有的則不惜肆意歪曲，此類衍生本在不斷引用、傳播的過程中，又難免被添油加醋；但細心觀察可知，其源頭都是《紅星》。因為，在接受斯諾採訪後，毛澤東再也沒有向其他人完整講述過他的經歷。1939年5月，毛澤東曾對蕭三「翻古」，即談起往事。蕭三肯定作過記錄，其中一部分或許寫進他後來執筆的毛澤東傳。[1]不過，毛斷斷續續的回憶，蕭三卻從未公開發表，這點與斯諾不同。唯一收錄毛澤東口述自傳的是《紅星》，這也是該書的可貴之處。

斯諾在採訪中為毛澤東拍攝的照片，發表後也震驚了全世界，成為傳世之作。現在，毛澤東最為全世界熟知的形象，無疑是掛在天安門上的那幅畫像；[2]但那是他成為國家領導人之後的畫像，最早問世的則是圖5、圖6所示兩張照片，都是斯諾在陝北根據地採訪時拍攝的。

尤其是頭戴八角帽的一張（圖6），面容消瘦、精明強幹，作為毛澤東年輕時期的照片，現在仍經常被印製在各種紀念品如護身符、貼紙上，中國人應該都看到過。也就是說，我們之所以對年輕的毛澤東有印象，都是拜斯諾採訪陝北所賜。

1　王政明：《蕭三傳》(北京圖書館出版社，1996)，頁282–289。蕭三曾作記錄一事，見於其回憶錄〈窯洞城 —— 獻給黨的六十週年誕辰〉，《時代的報告》，1981年第2期。另，蕭三因撰有《毛澤東同志的青少年時代和初期革命活動》等毛澤東傳記而聞名；他與毛澤東是老相識，毛澤東對他講述自己的生平，並不奇怪。

2　關於懸掛在天安門上的毛澤東肖像，較為重要的國外研究論著有Wu Hung (巫鴻), *Remaking Beijing: Tiananmen Square and the Creation of a Political Space* (《重建北京：天安門廣場和一個政治空間的創造》) (Chicago: The University of Chicago Press, 2005)。

　　本書將要介紹的，是毛澤東在《紅星》刊行前尚不為世人所熟知的時期，人們對其印象及生平的描述，以及這些描述等因《紅星》出版而被徹底顛覆的過程。

　　當然，毛澤東本人在《紅星》出版前後並沒有什麼改變。但《紅星》的出版，無疑徹底改變了外界對他的觀感，就好像時代寵兒一覺醒來突然名揚天下。然而，在斯諾介紹毛澤東以前，人們如何認識毛澤東卻鮮為人知，也沒有相關研究加以探討。

　　當然，現在要為毛澤東作傳，已經具備條件，諸如他曾經在何時、何地做了什麼，都已經有十分詳盡的文獻可查。比如中共中央文獻研究室編《毛澤東年譜》，僅斯諾赴陝北採訪的1936年（毛時年43歲）夏以前，就有長達550頁的記述，可謂事無巨細，極盡周詳。根據該年譜記述，我們不僅可以知道他23歲（1916）那年曾向朋友借閱過雜誌，而且還可查到他朋友的姓名（蕭子升，即蕭瑜）、雜誌名稱（《甲寅》）、期號（第11、12期）、借閱日期（2月19日）等；求學時回家省親的日期也一清二楚。[3]到底是中國！到底是中國的毛澤東研究！精細如此，令人嘆為觀止。但是，在毛澤東被視作偉大革命家以前，他曾被如何報道，有過怎樣的傳記、肖像等，該年譜卻幾乎沒有提及。

　　當然，如1937年日本政府公報曾刊載莫名其妙的毛澤東照片等，此類瑣事就更不在該年譜視野之內了。

　　本書前半部分將依據當時的大量出版物、肖像資料等，探討毛澤東是如何從迷霧中走進世人視野的；借用名著《紅星》的書名來說，就是他在人們印象中是如何成為冉冉升起的「紅星」的。這些出版物等所呈現的毛澤東，恐怕連中國的讀者和學者 —— 甚至毛澤東本人 —— 也見所未見、聞所未聞。實際上，本書之所以取

3　中共中央文獻研究室編：《毛澤東年譜 (1893–1949)》（中央文獻出版社，2013），修訂本，上卷，頁22–23。

圖 5　斯諾拍攝的毛澤東

圖 6　斯諾拍攝的毛澤東

名《「紅星」是怎樣升起的》，乃是致敬中國史學家高華教授的代表作《紅太陽是怎樣升起的》。高教授是毛澤東研究的前沿學者，深受學界尊重，卻於2011年12月26日毛澤東誕辰之日辭世，享年僅57歲。該著聚焦1940年上半年的延安整風，描述了毛澤東在中國共產黨內取得絕對領袖地位的過程；而高教授將毛澤東稱作「紅太陽」，自然是因為毛在人民共和國成立後被歌頌為「紅太陽」。

對本書作者而言，斯諾和高華都是令人仰止的巍峨高山，對他們深懷崇敬之情；因此，模仿他們的名著為本書取名，未免有狐假虎威之感，不無惶恐。就算是對他們的致敬和紀念吧，還請讀者原諒。假如本書能夠發掘連他們也未必了解的毛澤東的早年傳記、呈現其所反映的毛澤東形象，並描述其如何形成、改變和傳播（或未能傳播），則熟知毛澤東的斯諾和高華，甚至毛澤東本人或許也不會責備本書作者，甚至可能會說「當時怎麼還有這事啊！」

最重要的是，明確當年人們如何認識毛澤東，以及這種認識的形成和傳播過程，能夠使我們重新認識如下史實，即我們現在知道的有關毛澤東（乃至其他歷史人物）的各種信息、知識和形象，準確也好，扭曲甚或錯誤也罷，都是歷史演變的產物。所謂歷史演變的產物，意味着是在過去某一歷史階段，依據該時代的特殊認識（或誤解），經過加工、整理甚至改造、竄改而成。本書假如能使讀者重新認識到毛澤東形象形成的歷史特性，則作者將比得到斯諾、高華的讚許還要高興。

這些信息、形象的形成和傳播大抵有兩種情形。①其本人或所屬團體（如毛澤東所屬的中國共產黨）出於某種戰略而發佈和傳播；②其他人或其他團體為滿足某種需要而收集和傳播。就毛澤東而言，有關①的研究已有很多。比如，對建國後產生的歌頌、宣傳毛澤東的美術作品等，不少學者曾就其創作過程、影響及評價、形象塑造策略等進行解讀；其中僅關於肖像，就有安雅蘭（Julia F. Andrews）、梅嘉樂（Barbara Mittler）、Yan Geng、楊昊成、

胡國勝、牧陽一等運用跨文化研究等手法做過各種各樣的闡釋。[4]
此類研究之所以呈一時之盛有其背景，即改革開放後，曾經風靡國
內外的各種宣傳藝術作品受懷舊者、收藏家追逐而流入市場，因而
比較容易收集。

　　與①相比，②的研究卻相當落後。外部世界或敵對勢力對毛
澤東抱有怎樣的印象或散佈過怎樣的形象？對此較少探究。此類
研究的對象，國內為1949年以前中共以外的勢力 —— 國民黨或民
間媒體等 —— 如何報道、宣傳毛澤東，國外則是各國媒體如何報
道毛澤東，以及各國情報機構獲取、掌握的毛澤東（及中共）的信
息是否準確等等。①的研究儘管也會附帶提及②，但分析對象的
選擇（哪國曾流傳怎樣的形象）卻難免隨意，且範圍有限。因為，
要對不同國家、不同語言的相關情況作全面探究和闡述，事實上是
不可能的。

　　在②的研究中，對毛澤東早期形象的探討又尤其不容易，而
其原因與①略有相似：國民黨政府時期，有關中共的信息、報道被
置於嚴格管制之下，國內不許流傳的特殊信息，在國外也同樣難以
獲取，人們因此對早期毛澤東很難產生清晰的印象。而這也是斯
諾筆下的毛澤東在《紅星》出版後迅速流傳、定格的主要原因。

4　英文世界有Julia F. Andrews, *Painters and Politics in the People's
　　Republic of China, 1949–1979* (Berkeley: University of California Press,
　　1994); Barbara Mittler, *A Continuous Revolution: Making Sense of
　　Cultural Revolution Culture* (Harvard University Press, 2012); Yan Geng,
　　Mao's Images: Artists and China's 1949 Transition (J.B. Metzler, 2018);
　　中文世界有楊昊成：《毛澤東圖像研究》（香港：時代國際出版有限
　　公司，2009）、陳廣彪和溫晉根編著：《中國宣傳畫史話》（貴州人民
　　出版社，2012）、胡國勝：〈革命與象徵：毛澤東形象的傳播與影響
　　（1937–1949）〉，《黨史研究與教學》，2013年第6期。日語世界有牧
　　陽一等：《中國のプロパガンダ芸術 —— 毛沢東様式に見る革命の記
　　憶》（岩波書店，2000）。

　　總之，早期毛澤東形象研究越是深入，越會發現《紅星》的意義之重大，《紅星》出版前的毛澤東形象也越發被濃霧所包圍，研究者試圖破解謎團的願望也更強烈。換言之，毛澤東研究者肯定都希望了解，他們對毛澤東的認識和印象到底源頭何在？而在弄清其產生的經過和機制──包括有意為之的部分──之後，研究者將能理解，由未經分辨的信息和模糊的「印象」（甚或想像）建立起來的毛澤東形象是多麼不可靠，以之來解釋毛澤東又是多麼缺乏建設性。

　　本書的最終目的，正是要通過關於毛澤東的素材探究如下問題：我們無意間佔有且已不再懷疑的歷史知識到底從何而來？換言之，本書的最大願望是幫助讀者重新認識所謂歷史資料生成的歷史性。假如做到了這一點，則作者或能如願告慰九泉之下的斯諾、毛澤東及高華。

　　本書後半部分，將聚焦曾對毛澤東形象的形成起到決定性作用的斯諾對陝北的採訪，及《紅星》出版後世界各地的反響，並對《紅星》的英、漢、俄、日等各種版本加以探討。儘管《紅星》本身聞名於世，但斯諾採訪陝北的過程如何，實際上卻極少為人所知，在不少人的印象中，他前往陝北是為探險，甚至也有學者以為斯諾是隻身一人勇闖陝北。

　　而關於《紅星》的影響，也有人認為，這部對理解中國革命曾經不可或缺的必讀名著，現在已經沒有價值。更有人對其極力詆毀，宣稱斯諾上了毛澤東和中共的當尚不自知，完全成了中共宣傳工作的棋子。其代表即風靡一時的張戎著《毛澤東：鮮為人知的故事》（Jung Chang & Jon Halliday, *Mao: The Unknown Story*, 2005. 下文或略作《故事》）。關於《故事》所述是否信實，美國現代中國研究大家黎安友（Andrew Nathan）曾撰書評，用翡翠和塑膠作比喻，

道破其違背史實、聳人聽聞。[5]然而，媒體的娛樂性宣傳來勢洶洶，湮沒了學者求實求真的評説，致使該書仍在全世界擁有眾多信徒。既然《故事》將矛頭指向斯諾，誣稱他身為記者而淪為中共宣傳工作的走卒，則本書探究《紅星》，也就必須考察此類説法是否失當；而如果確屬失當，那麼，被歪曲、隱瞞的斯諾採訪陝北的經過和背景，也就必須通過史學方法認真地加以撥亂反正，並進而明確應該以怎樣的態度、通過怎樣的視角來閱讀《紅星》。

回想起來，許多人曾經討論《紅星》的記述是否真實，但卻似乎沒有人嚴肅探討過不同國家、不同體制在不同時代對待該書的態度如何。本書將通過比對英文原著的版本，再現該書的成書過程、斯諾的立場和思想在不同時期的變化，並介紹該書出版時所受到的並非全是讚許的評價；還將深入探究這部名著在與之關係密切的中國、蘇聯、日本曾受到怎樣的對待和評價，進而介紹，該書在各國翻譯和出版的過程如實反映了該國及其體制的變化。通過這樣的探討，許多讀者或許對如下史實會感到意外和費解：在中華人民共和國曾長期禁止發行該書，而其俄文完整譯本最終未能出版。

一本書竟然有如此戲劇般的遭遇，恰恰因為它是名著，其影響力之大，足以改變讀者和參與採訪、出版、翻譯的許多人的命運。名著一旦問世，其影響即不再受著者撰述意圖的束縛；但能夠反映不同時代、不同國家、不同體制變化的名著，也屬於鳳毛麟角。而《紅星》就是只有通過跨文化的國際視角來觀察才能重新認識其存在之重要、影響之深遠的名著。總之，本書後半部分並不打算介紹斯諾如何描述毛澤東本人，亦即無意對《紅星》的內容進行介紹，而是講述《紅星》這部書如何被創作、被修改、被翻譯，或者説是如何出現、又如何走上名著殿堂的。

5　Andrew Nathan, "Jade and Plastic," *The London Review of Books*, Vol. 27, No. 22, 17 November 2005.

　　關於《紅星》等一系列著作的作者斯諾，英文已有數種研究性
傳記出版，而中文讀物、紀念文集更不可勝數。[6]其中尤其拔類超
群的，是漢密爾頓和湯瑪斯分別在涉獵散存美國各地的斯諾檔案、
並對相關人士反覆採訪後寫成的《埃德加‧斯諾傳》以及《冒險的歲
月：埃德加‧斯諾在中國》。[7]本書有關斯諾的記述，不少以這兩部
書為據。然而，對於《紅星》英文版以外的各種現象，以及接受採
訪的中國共產黨方面的情況，這兩部書明顯缺乏理解；而本書將在
必要時對其加以補述。

　　此外，鑒於近年來閱讀《紅星》的讀者越來越少，有必要對這
部名著的內容、結構先做簡要介紹。不過，本書篇幅有限，勉強
概括極易弄巧成拙，故僅在論述過程中、視需要隨時作最低限度的
敘述，還望讀者諒解。下面讓我們踏上時空旅程，首先探尋年輕
時不為人知的毛澤東是一個怎樣的人物。

6　　中文主要有：《斯諾在中國》(生活‧讀書‧新知三聯書店，1982)；劉
　　力群主編：《紀念埃德加‧斯諾》(新華出版社，1984)；武際良：《斯
　　諾與中國》(中國社會出版社，2005)；孫華主編：《斯諾研究叢書》(北
　　京大學出版社、湖南師範大學出版社，2011–2012)，第1、2卷；丁曉
　　平：《埃德加‧斯諾》(中國青年出版社，2013)；武際良：《埃德加‧
　　斯諾》(解放軍出版社，2015)；吳明：〈《西行漫記》版本評介〉，《北
　　京黨史》，1993年第4期；張小鼎：〈《西行漫記》在中國——《紅星
　　照耀中國》幾個重要中譯本的流傳和影響〉，《出版史料》，2006年第1
　　期。其中《斯諾研究叢書》第2卷(孫華、王芳：《埃德加‧斯諾研究》)
　　研究品質頗高，其〈導論〉對了解斯諾研究的現狀、動向很有助益。

7　　John M. Hamilton, *Edgar Snow: A Biography* (Indiana University Press,
　　1988) (中譯本有兩種：柯為民、蕭耀先譯：《埃德加‧斯諾傳》(遼寧
　　大學出版社，1990)；沈蓁等譯：《埃德加‧斯諾傳》(學苑出版社，
　　1991) ; Bernard Thomas, *Season of High Adventure: Edgar Snow in China*,
　　(University of California Press, 1996) (中譯本：吳乃花等譯：《冒險的
　　歲月——埃德加‧斯諾在中國》〔世界知識出版社，1999〕)。

第一章

不為人知的革命家

1. 毛澤東其人

先來介紹本書主人公毛澤東的生平。憑他在中國的名望和影響，其生平似乎沒有必要再作贅述。不過，如果對其生平沒有最起碼的了解，就無從把握人們對年輕毛澤東所持印象的關鍵之處，也就難以理解其何以有趣。讓我們先來了解毛澤東1949年（中華人民共和國成立）以前的經歷；但關於《紅星》出版的1937年以後，則僅作略述，以避冗繁。[8]

毛澤東，字潤之，1893年12月26日生於湖南省湘潭縣韶山的農戶之家，父毛貽昌，母文素勤。澤東有胞弟二人，即澤民、澤覃，後來也都加入共產黨，但因從事革命活動而犧牲。父貽昌頭腦靈活，勤勉持家，善於經營，逐漸由貧而富，終成小有財產的地主。毛澤東受管教極嚴，自幼即幫父親記帳、幹農活，同時涉獵群書，從而對中國落後、衰敗開始抱有強烈的危機意識。為了滿足旺盛的求知欲望，1910年，他離鄉入讀新式學校，辛亥革命時曾投身軍旅，後轉入長沙的湖南省立第一師範學校。毛澤東本有

8　下文所涉毛澤東傳略，主要根據中共中央文獻研究室編：《毛澤東傳》（6卷版）（中央文獻出版社，2013）。

變革中國之志，於是在求學期間積極參加湖南的政治運動和新文化運動等。1917年，宣傳和推動新文化運動的主要雜誌《新青年》曾刊載毛澤東的文章。

　　1919年五四運動爆發後，毛澤東曾遊歷北京、上海，以增廣見聞，其間曾在北京大學圖書館作助理館員。後逐漸傾心社會主義思想，並結識陳獨秀，加入共產黨。1921年7月，中國共產黨第一次代表大會在上海召開，毛澤東作為湖南代表參會，成為中國共產黨最早的正式黨員之一。當時全國僅五十餘名黨員，而這次代表大會，就成為現今擁有九千多萬黨員的執政大黨開始其曲折征程的起點。

　　共產黨曲折歷程的第一步，是與孫中山領導的中國國民黨進行合作。因為，當時共產國際給中國共產黨的指示是，在經濟十分落後的中國，實現社會主義為時尚早，應先協助國民黨完成民族革命。此即所謂「第一次國共合作」（1924–1927）。毛澤東也在上海、廣州等地積極參與國民黨的工作，並任該黨候補中央執行委員、中央宣傳部代理部長等要職。1925年孫中山去世後，國民革命軍（總司令蔣介石）自翌年至1927年實施北伐，其間毛澤東則領導農民運動；他後來被視為農民運動領袖，其背景在此。他曾於1927年發表《湖南農民運動考察報告》，立場鮮明地讚揚1926年至翌年為呼應北伐而在湖南、湖北興起的帶有「過火」傾向的農民運動，成為他該時期的代表作。

　　1927年4月，蔣介石發動反共的「四一二政變」等，導致國共合作瞬間崩潰，兩黨因此形成敵對關係。中國共產黨接受共產國際指示，撤銷了陳獨秀等人的領導職務，並開始採取在各地發動武裝起義的方針。其後，國共兩黨展開了長達約十年的內戰，蔣介石等人的南京國民政府對共產黨進行殘酷鎮壓，並試圖實現全國統一；而共產黨則予以堅決而激烈的抵抗。毛澤東於1927年秋率領共產黨的起義部隊進入湘贛兩省交界處的山區（井岡山），翌年朱

德也率部前來，兩支部隊兵合一處，以武裝割據方式建立了革命根據地；為此所進行的戰爭，即所謂毛澤東的農村游擊戰。

共產黨及其所領導的軍隊（紅軍）在以贛南為核心建立的根據地不斷擴大，於1931年11月在瑞金建立了中華蘇維埃共和國臨時政府，毛澤東就任政府主席。但在上海受到鎮壓的共產黨中央被迫轉移到根據地後，通過革命實踐成功建立根據地的毛澤東，卻因性格固執、行事執着而不為其所容，逐漸被排擠出中央。另一方面，曾數次進攻根據地的蔣介石也改變策略，進一步加強了圍剿；紅軍力不能支，於1934年秋決定放棄江西根據地，開始了被稱為「長征」的大規模戰略轉移。長征途中，共產黨中央為總結軍事失敗的原因和教訓，在貴州省遵義召開會議（遵義會議）。毛澤東在會上發言，對曾排擠自己的領導人予以嚴厲批判，並追究責任，從而回到黨中央，重新掌握了領導權。其後，他發揮軍事指揮才能，數度挽救瀕臨危機的長征部隊，率領紅軍到達陝西省北部。後世評價他拯救了紅軍、拯救了黨。毛澤東就是在長征結束後不久接受斯諾採訪的。

「西安事變」及日本開始全面侵華戰爭（抗日戰爭）後，共產黨改善了和國民黨的關係，實現了第二次國共合作，並將其根據地改編為國民政府特別行政區（邊區），紅軍也被編入國民革命軍序列（八路軍），開赴前線與日軍作戰。毛澤東撰寫了〈論持久戰〉，對中國抗日戰爭的前景作了展望；而在國民黨加強對共產黨的警惕和封鎖時，則強調共產黨的獨立性，予以抵制。與此同時，在黨內則開展「整風」運動，以鞏固共產黨在思想、組織上的統一，並在此過程中確立了其超越周恩來等其他領導人的最高領袖地位。1943年3月，黨內承認毛澤東在中央書記處擁有處理日常事務的最終決定權；同年5月，此前一直指導中共工作的共產國際決定解散後，毛澤東的領導權登上頂峰；1945年召開的共產黨第七次代表大會通過黨章，規定「毛澤東思想」為黨的指導思想。

　　日本投降後，毛澤東曾與蔣介石就成立聯合政府舉行會談。但國共兩黨間的矛盾根深蒂固，1946年再度正式爆發內戰，毛澤東指揮的人民解放軍取得最終勝利，將國民黨政權驅逐到台灣一隅。1949年10月，中華人民共和國宣告成立，定都北京；時任中共中央主席的毛澤東就任中央人民政府主席，成為「新中國」航船的舵手。附言之，在該年底以國家領導人身份訪問蘇聯之前，毛澤東從未踏出國門半步；這在同時代中國的知識分子、政治家乃至中共領導人中，幾乎是絕無僅有的。此外，除求學時曾學習過一點英語外，毛澤東基本上不懂任何外語。[9]

　　再看毛澤東的家庭。毛一生四度結婚。第一次 (1907) 是父母決定的，對方是附近鄉下年長數歲的羅一秀 (病逝於1910年)。第二次是在1920年，娶恩師楊昌濟之女 (楊開慧，逝於1930年)。後來，毛澤東將開慧安頓在老家，自己則與紅軍一同轉戰各地農村，1928年與根據地的女活動家 (賀子珍，逝於1984年) 結婚。這是第三次婚姻。

　　長征結束後，賀子珍與毛關係破裂，赴蘇聯養病，毛遂於1938年與來延安投身革命的女演員 (江青，逝於1991年) 結婚。這次婚姻曾遭到黨內許多幹部反對，是在毛的堅持下才實現的。眾所周知，江青後來非議不斷，特別因在文化大革命中的行為而惡名遠揚，甚至有人為毛當時沒有聽從反對聲音而痛惜。毛澤東的子女，除夭折外，與楊開慧育有三子，分別是岸英 (1922–1950)、岸青 (1923–2007)、岸龍 (1927–1931)；與賀子珍生有李敏 (女，1936–)，與江青生有李訥 (女，1940–)。斯諾1936年夏赴陝北採訪時，與毛一同出面接待的，是毛的第三位妻子賀子珍。

9　據身邊工作人員曾透露，毛澤東在成為國家領導人之後，曾經學習過英語。林克：《我所知道的毛澤東 —— 林克談話錄》(中央文獻出版社，2000)。

關於毛澤東的家庭，已有許多相關書籍出版，足以滿足人們的好奇心。這些書連毛的堂兄表弟、侄子外甥、妻子的家人都有詳盡記述，令人嘆為觀止。不過，其中雖有些較可信，但道聽途說也不在少數。這方面的情況，中國有不少學者更清楚，無需本書作者贅言。當然，這些書籍的出版，也是因為毛已經是偉大領袖。而在斯諾採訪陝北以前，有關毛澤東家人的唯一記述，只有如下一篇文字。即1930年楊開慧被殺害時，湖南的報紙曾以「毛澤東之妻昨日槍決，莫不稱快」為題進行報道。[10]

2. 中國政界報刊的毛澤東傳 ── 中國最早的毛澤東傳

1930年代初，共產黨及其所領導的軍隊轉戰於湘、贛、閩等省農村。此時，對許多中國人而言，「毛澤東」是只聞其名、難見其面的神秘人物；但仇視共產黨的中國國民黨的領導人，對「毛澤東」卻並不陌生。如前文所介紹，在1924年國共實現合作後約三年間，毛澤東與其他中共黨員一樣，都曾加入國民黨。

1920年代的國共合作，採取了共產黨員加入國民黨的異乎常規的方式（黨內合作）。其背景是，當時共產黨成立不久，比孫中山領導的老牌政黨國民黨弱小得多。而且，孫中山對本黨和他提出的思想（三民主義）充滿信心，他判斷共產黨員加入國民黨後，也會承認三民主義的優越性，進而放棄不符合中國國情的馬克思主義。[11] 的確，要在當時的中國開展所謂社會主義革命，絕大多數人都認為是異想天開。因此，國際共產主義組織共產國際指示中

10　湖南《國民日報》，1930年11月15日。

11　楊奎松：《國民黨的「聯共」與「反共」》（社會科學文獻出版社，2008），頁2–11。

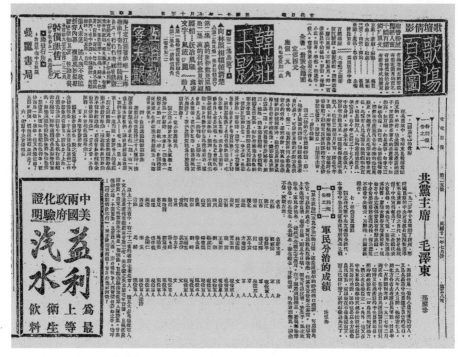

圖 7 《文化日報》載〈共黨主席——毛澤東〉

共，應協助國民黨開展民族革命。對此，不久前為追求社會主義革命而成立的中共的黨員們自然大為不滿，但既然是共產國際的指示，也就只好遵守。

共產黨員加入國民黨後，不少人因其特有的行動能力而嶄露頭角，被提拔到核心崗位。毛澤東在國共合作時期曾歷任國民黨的候補中央委員、宣傳部代理部長(部長是汪精衛)等職，即其一例。另一例則是周恩來。周被任命為當時設於廣州郊外的國民黨軍官學校(黃埔軍校)的政治部主任，而校長就是蔣介石。也就是說，在國共合作時期，毛、周都曾在國民黨要人周圍工作，與他們頻繁接觸。因此，對國民黨首腦們來說，1927年國共分裂後在農

村開展武裝割據的「共匪」，其領導人如毛、周等，都是曾經並肩戰鬥的同事和同志。毛澤東最早的傳記文字出自國民黨的刊物，也就不足為奇。

　　據研究，中國已發表的最早的毛澤東傳記，是上海《文化日報》1932年7月15日刊載、署名「孫席珍」的〈共黨主席 —— 毛澤東〉一文 (圖7)。所謂「共黨」，顯然指共產黨；毛當時任共產黨建立的中華蘇維埃共和國臨時政府主席。該文僅約1,500字，分「湖南王的尊容」、「幾個特點」、「從小就露頭角」、「自以為能夠領導群眾」等七小節。文稱毛是湖南湘潭人，現年三十七八歲 (照此算來應生於1894、1895年)，「家庭地位是一個富農……中等身材，不胖也不瘦，腦袋很大，所以智力很充足」，「頭髮長得像監牢裏犯人，往往三四個月不剪」，「腳是常年不洗，不穿西裝而穿長衫，但他的長衫像鄉下剃頭司務穿的那樣常常是被油漬佔據着，說話是一口湖南土音」云云，對毛的為人、性格做了清晰描述。

　　該文還這樣介紹毛澤東：長沙因有了毛澤東這位風雲人物而不再平靜；大凡報紙等有字的東西什麼都拿來讀；自認是民眾領袖，且這種自負比誰都強烈。還提到毛在國共合作時期的工作情景、與同事的交談等，自然也提及具體地名和同事姓名。該文儘管較短，但在當時的確相當客觀，是一篇很好的傳記文字。尤其是，該文稱毛澤東因在國民革命時期主持農民運動講習所、「以全力來做農民運動」，結果，曾經的「湖南王」又得到了「農民王」的綽號。考慮到當時把「共匪」與常人一樣描述會觸犯禁忌，如此評說毛澤東，無疑需要很大的勇氣。

　　從行文看，該文作者似在國共合作時期與毛澤東十分熟悉。署名作者「孫席珍」確有其人，是一位文學家。孫席珍 (1906–1984)，浙江省紹興人，很早即發表詩作，在北京大學求學時已小有名氣，1926年加入共產黨，投身國民革命。參加過北伐戰爭和南昌起義，後留學日本。1930年回國後在幾所大學執教，同時支

援左翼作家聯盟（左聯）的活動。1934年被捕，翌年被釋放。其後
也與共產黨保持合作關係，同時在大學講授中國文學，並從事文化
活動，直至去世。

　　假如署名不虛，那麼，這篇值得紀念的毛澤東傳的作者，就
是左翼文化名人孫席珍。而且，孫既然曾作為共產黨員參加過國
民革命，傳中寫入有關毛的見聞、交談等，也就不難理解。但
是，實際上並非如此簡單，有幾處疑點難以解釋。首先是關於刊
載〈共黨主席 —— 毛澤東〉的報紙《文化日報》。該報創刊於1932
年6月，日報，橫四開，每期出四版，是常見的所謂「小報」體例，
但好像絕非普通的商業報紙。[12]

　　就其刊文內容而言，該報每期都刊登政治評論、八卦之類的
評傳，而且以揭露內幕為主。顯然，這樣的文章，只有熟諳內幕
才能寫得出來。比如，〈共黨主席 —— 毛澤東〉見報的次日，該報
有〈邵力子與共產黨〉一文（署名「元林」），稱共產黨建黨時，國民
黨元老邵力子也是成員之一；再次日則有〈風流才子周佛海〉（署名
「定生」），揶揄中共早期黨員周佛海善於見風使舵。與共產黨從前
的瓜葛被如此冷嘲熱諷，邵力子和周佛海恐怕都不會高興。每期
都刊載此類政治小道消息的《文化日報》創刊後僅三個月、出至第
90期，即於9月18日停刊；而於10月4日創刊的後續刊物、具有
同樣傾向的雜誌（三日刊），就是專家們才有所了解的《社會新聞》。

　　《社會新聞》（圖8）是一份政論雜誌，由國民黨內堅定效忠蔣
介石的藍衣社、或實為諜報組織的中央執行委員會調查統計局（簡

12　祝均宙：〈上海小報的歷史沿革（中）〉，《新聞研究資料》，1988年第3
　　期。另，《長江日報》2013年12月25日曾刊發〈武漢發現最早毛澤東
　　個人傳記／出版於1932年將「最早」提前5年〉一文，報道某收藏家「發
　　現」了《文化日報》載毛傳；實際遠在祝均宙之後。

圖 8　《社會新聞》

稱「中統」）創辦，用以攻擊黨內反蔣派和共產黨等。[13] 雖說是政論雜誌，但所刊文章多對國民黨反蔣派領袖、共產黨人士加以揭露，而沒有一篇牽涉到蔣介石。此外，共產黨原最高領導人、1935年被捕的瞿秋白，被殺害前曾留下一封說不清是反省還是自傳的遺書〈多餘的話〉，最早將其公之於眾的，就是《社會新聞》。這樣的獨

13　關於《社會新聞》的派系屬性也有不同的說法，如屬於「CC系」等。有關記述見於王奇生《黨員、黨權與黨爭──1924–1949年中國國民黨的組織形態（修訂增補本）》（華文出版社，2010），頁272。

家報道，沒有國民黨諜報部門背景是做不到的。由此也可知該雜誌的性質非同一般。

《文化日報》就是這份背景特殊的政界雜誌的前身。《社會新聞》的每篇文章都有署名，但和《文化日報》一樣，大部分都是筆名，據此難以推斷作者是誰，然而，不知何故，只有〈共黨主席——毛澤東〉一篇的署名「孫席珍」用了真名。而這並非這篇傳記的唯一疑點。《文化日報》和《社會新聞》刊載的類似政治家評傳、革命家秘聞，後來被收入《現代史料》叢書，刊行該叢書的是海天出版社（上海）。但是，該出版社不僅此前不聞其名，在1930年代也只刊行過《現代史料》這一套叢書。該叢書共出版四集。第一集出版於1933年2月，[14] 所收文章均為《文化日報》所刊載；第二集以後收錄的，則多錄自《社會新聞》。

《現代史料》和《社會新聞》極少有人知曉，《文化日報》是稀見報刊，在中國國內也難得一見，故借此機會將叢書與報刊的對應關係列表（見附錄一）。由此表所反映的對應關係推測，海天出版社與《社會新聞》社很可能是同一個組織。

〈共黨主席——毛澤東〉一文，收於《現代史料》第一集，篇名改作〈毛澤東〉。奇怪的是，作者署名不再是「孫席珍」，而是「王唯廉」。也就是說，文章沒變，作者卻換了別人。《文化日報》刊載的披露政治家、革命家秘聞的文章，不少都署名「王唯廉」，似為筆名，真名則不得而知。《現代史料》收錄的「王唯廉」的其他文章——如〈汪精衛反共記〉、〈「朱毛」的起源〉、〈南昌暴動外史〉等——在《文化日報》上也曾署名「王唯廉」，只有這篇毛澤東傳記的署名，係由「孫席珍」改成「王唯廉」。

14　海天出版社編輯：《現代史料》（海天出版社，1933–1935），第1–4集。

　　鑒於「王唯廉」的文章記述的人物（陳獨秀、朱德等）、事項（南昌暴動、武漢政府等），與真實人物孫席珍青年時期的經歷多有重合，因此，要說「王唯廉」是孫席珍的筆名，也不無道理；用善意的筆觸描述毛澤東，也可以解釋為出自他左翼知識分子的立場。甚或，當時的毛澤東還不是後來那樣的「偉大領袖」，亦即並非特別人物，因此，善意描述也好，稍作誹謗也罷，作者都不用擔心惹來麻煩。換言之，孫席珍完全可以署用原名。不過，果真如此，邏輯上就只能說，不知何故，曾為共產黨員的孫席珍在 1932 至 1934 年間，曾為國民黨蔣介石派的宣傳活動效力過。

　　實際上，孫席珍作為文化人士，在文學界名氣頗高，所以既有他人為其立傳，他本人也有自傳傳世。[15]但是，無論是他人的評傳還是自傳，都隻字未提他曾寫過毛澤東傳，或者曾與《文化日報》、《現代史料》有過關係。當然，在履歷上，曾經參加國民黨的宣傳工作是不體面的，甚至是致命的污點。所以，隻字不提，可視為孫席珍有意隱瞞，但也可能原本就沒有這碼事。假如事屬後者，上述毛澤東傳就是別人冒用「孫席珍」之名所寫 —— 在民國的八卦文壇上，借用別人名義發表文章並不罕見；曾為國民黨效過力等說法，就是對已經過世的孫席珍的誹謗。「孫席珍」和「王唯廉」極可能是同一人物，但既然沒有確鑿證據，為慎重起見，此處不下斷言。

　　附言之，《社會新聞》雖然是八卦雜誌，但如上所述，文章都出自熟悉內幕者之手。或正因如此，除外國的中國（中共）觀察家外，中共黨員好像也經常閱讀，他們所寫的毛澤東傳，似乎也曾參考過這些文章。關於此點，下文將另作介紹。

15　傳記有王姝：《孫席珍評傳》（浙江大學出版社，2013）；回憶錄有孫席珍遺著、呂蘋整理：《悠悠往事》（百花文藝出版社，1992）。

3. 1930年代初國內外名人錄中的毛澤東

　　毛澤東因在國共合作時期曾是國民黨的核心幹部之一，且頗為活躍，後來成為共產黨開展農村革命的領袖之後，國民黨方面的雜誌仍偶爾介紹他的情況；而且，有的評傳——如上述署名「孫席珍」的〈共黨主席——毛澤東〉——不見得持反共立場，而是較為客觀，甚或帶有人情味。不過，當時的報刊到底在國民黨控制之下，那些可能為共產黨做宣傳的報道，一般都在嚴厲禁止之列。《文化日報》、《社會新聞》的文章，現在看來其內容比較接近事實，但在當時卻是真偽難辨。尤其對身處中國以外的外國人而言，毛澤東完全是謎一樣的人物。

　　毛澤東的名字首次出現在日本外務省的記錄中，是在1926年底。當時國共合作尚未破裂，廣州刊行的革命宣傳冊被日本駐上海總領事收集、翻譯並送交東京；其中就有毛澤東的〈農村教育問題〉一文，是當時任廣州農民運動講習所所長的毛澤東講課時，聽課者所做的筆記。[16] 不過，該文並非日本方面為了解毛澤東而特意收集，而是偶然夾雜在得到的資料中。而在國共合作破裂、中共轉向農村發動革命之後，毛澤東等中共領導人的消息就更難獲取，也更加含糊。

　　為了解當時相關消息如何難以獲取、又如何貧乏，讓我們來觀察日本當時出版的人名錄怎樣記述毛澤東。日本的每日新聞社（大阪）於1929年發行的《支那人士錄》對毛澤東的記述如下：

16　〈機密第1075号　黃埔軍官学校の講義など筆記の訳文等送付の件〉（1926年12月28日），《各国一般軍事軍備及軍費関係雑纂／支那ノ部（第二巻）》（檔案索引號：B07090039100）。該講課筆記，收於《廣州農民運動講習所資料選編》（人民出版社，1987）等，標題作〈農村教育〉（馮文江筆記）。

毛澤東 Mao Tse-tung 湖南人，1924年任國民黨候補中央執行委員，1925年連任，1927年7月因是共產黨員而被除名，1928年進入湘、粵交界地帶發動騷亂。〔年號原為民國紀年，作者改為西曆〕

這部人名錄的編者是澤村幸夫和植田捷雄，都是以「中國通」即中國問題專家而知名的記者，但其所掌握的信息也僅此而已。記述如此簡略，要據此了解毛澤東，幾乎是不可能的。顯然，毛澤東在當時還沒有被看作多麼重要的人物。

但是，三年後，情況發生了顯著變化。外務省情報部（即後來在政府公報上刊登胖子「毛澤東」照片的機構）編纂、於上述〈共黨主席——毛澤東〉在中國見諸報端的1932年底發行的《現代中華民國・滿洲國人名鑑》之「毛澤東」項的記述如下：

毛澤東（Mao Tse-tung）現居江西省瑞金　湖南省湘潭縣人　<u>1892年生</u>

履歷：<u>曾留學法國，苦修經濟學</u>，回國後加入共產黨。國民政府與共產黨合作後加入國民黨，被推為國民黨第一次及第二次中央候補執行委員，<u>任武漢國民政府農民部長</u>。作為農民運動權威，在湖南省農民中培植起巨大潛在勢力。國共分離後，與瞿秋白、蘇兆征等會<u>於九江</u>，所謂八七緊急會議後立即回到湖南煽動農民暴動，與朱德結盟組織紅軍第四軍，任政治委員。爾來極力擴充紅軍，致力於擴大和鞏固「蘇維埃」區，1930年佔領長沙時，作為<u>革命軍事委員會主席</u>任最高指揮，1931年中華「蘇維埃」共和國臨時政府成立後任現職（政府主席）。〔底線為作者所加〕

與三年前的《支那人士錄》相比，這段記述的確充實得多。這三年間，共產黨擴大了農村根據地，建立了獨立政權；而毛澤東則

成為該政權的最高領導人，所以比以前受到更多關注。不過，如底線部分所示，該記述並不準確，問題依然不少。生年誤作「1892年」，而說他曾留學法國則是捏造。毛澤東的學歷和任職經歷，〈共黨主席 —— 毛澤東〉寫得很清楚，即畢業於長沙的第一師範、曾任共產黨的農民部長 —— 而非武漢國民政府的農民部長；但《人名鑒》這段記述的執筆者似乎並未閱讀該傳，看不到參考的痕跡。當然，政府的宣傳部門，不一定把掌握的信息和盤托出 —— 不符合宣傳目的、政府不願公開的信息，往往會秘而不宣。但就這部《人名鑒》的性質而言，實在沒有任何理由使政府忌憚公開毛澤東的生平信息。倒不如說，當時日本外務省情報部就只能收集到這些信息。

歐美方面的情況又如何？戰前的上海等地設有西方列強的租界，大量外國人在此形成居住區，也有許多報紙、雜誌發行；此類報社、雜誌社也曾編纂同時代中國人的人名錄。人名錄，英文稱 "Who's who"。戰前著名的 "Who's who"，是上海的密勒氏評論報社每隔數年刊行一版的 *Who's who in China*。這部人名錄，1925年出版第3版，1931年出版第4版，1933年刊行第4版補遺，但都沒有收入毛澤東。毛開始出現，是在1940年刊行的第5版，即斯諾出版《紅星》使毛的生平、經歷廣為世人所知之後。密勒氏評論報社發行的時事評論週刊《密勒氏評論報》(*China Weekly Review*) 早就對共產黨的動向時有報道，1936年11月曾最早刊載斯諾採訪陝北的文章，成為相關報道的先驅；但在那之前，世人恐怕無從了解共產黨領導人的真實情況。

那麼，中國的報刊又如何？上文曾說，同時期日本的人名錄對毛澤東的記述存在謬誤。實際上，即使不準確，有收錄已屬難得；而中文刊物則是把共產黨相關人士的信息有意剔除在人名錄之外。例如，1937年開始出版的《民國名人圖鑒》(南京，辭典館刊)，無論收錄人名數量，還是如「圖鑒」二字所示附有大量人物照

片，都是戰前中國人名錄編刊的巔峰之作（令人遺憾的是，第3卷以後因抗日戰爭爆發而未能繼續出版）；但其第2卷「毛」姓一項之下卻找不到毛澤東的名字，其他共產黨人也一樣。編者楊家駱是著名目錄學家，自1930年相繼創辦中國學術百科全書編輯館、中國辭典館，自任館長。被稱為「中國詞典學第一人」[17]的楊家駱，其工作當極其認真，不可能在編纂上述《圖鑒》時忘掉了毛澤東等中共領導人。最大的可能是，他獲得了這些人物的信息，但因他們是「共匪」首領，故而將其排除在收錄對象之外。從國民黨的價值觀考慮，「匪」是不允許存在的，書籍、刊物介紹他們的生平，更是絕對不能容忍的。

　　讀者如果覺得不至於如此，那麼，請翻閱戰後在國民黨統治下的台灣出版的盜版《大漢和辭典》。該辭典是日本學者諸橋轍次耗時數十年編纂而成，收詞豐富、完成度極高，被稱為漢字、漢語辭典的巔峰，因此在中文世界（台灣）也有許多盜版。曾幾何時，有些日本年輕學者，因為囊中羞澀、買不起正版（包括索引共13冊），也會罔顧版權而購買台灣盜版，悄悄置於案頭。而此類盜版《大漢和辭典》，絕對看不到「毛澤東」這一詞條。準確地說，日本出版的正版中原有「毛澤東」條，但在盜版中卻被刻意刪除。「鄧小平」條、「中華人民共和國」條也同此命運。按照國民黨的價值觀，不允許存在的事物、現象，辭典不可收錄，收錄了也必須刪除。盜版也不得為「賊」、「匪」（共產黨）張目──以國民黨對共產黨仇視之深，不可能容忍他們統治的中華民國的名人錄中混入「共匪」的名字。

　　因此，南京國民政府時期（1927–1937），中國的書店裏不可能見到認真研究和記述共產黨的書籍。共產黨不僅根據地受到軍

17　徐蘇：〈楊家駱目錄學成就評述〉，《江蘇圖書館學報》，1997年第4期。

圖9　根據地發行的銀幣券，左為列寧、右為馬克思

事圍剿，信息方面也遭到嚴密封鎖。共產黨非常重視宣傳自己的主義、主張，在國民政府支配地區也堅持進行宣傳工作，其背景在此。重視宣傳本就是共產黨政治文化的重要部分。中國各地的革命紀念館陳列的用草紙印製的傳單、封面偽裝成一般書籍的革命文集等，至今仍對人們講述着當年共產黨的宣傳工作如何艱難和凶險。

只不過，1930年代前半期的共產黨，雖然曾以黨的名義發過許多呼籲、宣言，但幾乎從未公佈過領導人的經歷及畫像、照片等。黨內信息嚴格保密，在某種意義上也是一種政治文化，各國的共產黨大都有此傾向，不獨中國的共產黨如此。尤其是得到絕對支持的領導人確立其地位以前，何人代表黨，往往是黨內的力量結構、路線及權力鬥爭現狀的反映，大多數情況下會出於慎重而嚴格保密。

在江西省南部建立了根據地的共產黨，當時正是如此。毛澤東是1931年成立的中華蘇維埃共和國臨時政府的主席，但他在黨內的地位並不是絕對的，不過是蘇區中央局八名成員之一。他的

圖 10　《革命畫冊》載毛澤東素描畫像

確因成功開闢農村根據地而功高望重，名義上地位很高，但並未掌
握相應實權；而且，黨內不少人的馬克思主義理論修養都在他之
上，這些人都是他的競爭者。比如，臨時政府發行的銀幣券上印
製的不是毛澤東，而多是馬克思和列寧的肖像（圖9）。使用銀幣券
的農民們當然無從知曉上面印的是何方神聖，但對共產黨而言，避
免突出自己的特定領導人，體現了當時的中國共產黨對外宣稱的理
念或曰自我定位，即中國共產黨並不是要搞中國式的替天行道，而
是要把人類智慧的結晶、世界性的普遍真理 —— 馬克思列寧主義
在中國付諸實踐。正因如此，沒有跡象表明，共產黨在放棄根據
地開始長征以前曾經籌劃在根據地出版毛澤東的傳記。肖像也一
樣。共產黨在根據地開辦的紅色中國出版社，曾於1933年發行過
用於宣傳的《革命畫冊》，其中有一幅十分潦草的毛澤東素描畫像
（圖10），這是現在能見到的毛澤東當時的唯一畫像。原書未見，

但據說該畫冊收有繪畫、漫畫約50幅，毛澤東的畫像排在馬克思、恩格斯、列寧之後，其後則有朱德、李卜克內西 (Karl Liebknecht，1871–1919，德國共產黨創始人之一)。[18]該素描出自誰手，已經無從稽考。但《革命畫冊》現在幾乎沒有存留，可知其發行量並不大，流通範圍也極其有限，且後來沒有重印。也就是說，共產黨在踏上長征的征途時，把這部並不精緻的畫冊──和毛澤東的畫像──一同丟在了將要放棄的根據地。

4. 共產國際

國民黨、國民政府嚴格禁止有關共產黨的信息流通，共產黨則對公開領導人的信息、塑造領導人的形象持消極態度。那麼，是否就沒有可靠的信息源頭呢？先別失望，還有共產國際呢。

近年來，許多人聽到「共產國際」，第一反應是滿臉問號。前文於此已有涉及，此處再稍作詳細探討。共產國際，英文稱作 "Communist International"，略稱 "Comintern"，係1919年在莫斯科成立的共產主義政黨的國際聯合組織，也是其總部。馬克思、恩格斯曾在《共產黨宣言》中呼籲「全世界無產者，聯合起來！」故各國社會主義、共產主義組織自19世紀後半期已開始形成國際聯合。而在第一次世界大戰和俄國革命後成立的，就是以俄國共產黨為核心的共產國際。從馬克思時期的國際聯盟數起，共產國際算是第三個聯盟，故有時也稱作「第三國際」。

聽說，近年來，有些中國年輕人認為，世界上只有中國有共產黨。這種誤解之所以產生，或是因為中國在實行「改革開放」後

---

18   楊昊成：《毛澤東圖像研究》(香港：時代國際出版有限公司，2009)，
      頁11–12。

提出了「有中國特色的社會主義」的口號；但這種認識是完全錯誤
的。實際上，當今世界各國都有共產主義思想，各國的共產主義
政黨都立足於超越國家、祖國的國際主義在開展活動。中國的共
產黨是其中最大、最強的一個。而中國的共產黨，原本也是在共
產國際的強有力推動下成立。關於中國共產黨成立的經過，拙著
《中國共產黨成立史》(中國社會科學出版社，2006) 曾作詳論，此
處不再贅述。

　　共產國際是在擁有鐵的紀律而取得革命成功的俄國共產黨宣
導下成立的，因此採用了集權的組織原理。各國的共產黨形式上
都是共產國際的支部，中國共產黨在組織上當然也不例外。這
樣，共產國際總部對各國共產黨就擁有了強大的指導權力。對
此，列寧的解釋是，從前的兩個國際，因任憑各國政黨自主合作，
所以沒能有效地開展工作。[19]因此，中國也有共產國際派來的代表
常駐，隨時提供「建議」。這一體制，後來很長時期內一直存在。[20]

　　共產國際的核心是俄國共產黨 (布爾什維克，後來的蘇聯共產
黨)。不管怎麼說，在加入共產國際的政黨中，只有俄國共產黨擁
有革命成功的經驗，因此，對其他國家的共產黨而言，俄國共產黨
的意見、建議具有絕對權威。在這點上，中國如此，日本也不例
外。而在評估、判斷中國、日本等蘇聯以外國家的革命形勢時，
共產國際的理論家們的口吻往往是，基於俄國革命的經驗考慮，這

19　列寧：〈關於資產階級民主和無產階級專政的提綱和報告 (共產國際第
　　一次代表大會，1919年3月4日)〉。

20　關於與中國革命有關的共產國際組織之沿革，請參閱李穎：〈共產
　　國際負責中國問題的組織機構的歷史演變 (1920–1935)〉，《中共黨
　　史研究》，2008年第6期；及 И. Н. Сотникова, *Китайский сектор
　　Коминтерна: организационные структуры, кадровая и финансовая
　　политика, 1919–1943 гг.* (《共產國際中國部門：組織結構、人事與財
　　政政策，1919–1943年》) (Москва, 2015).

處於某某階段，或與某某事件極其相似。也就是，他們試圖在其他國家和地區推廣俄國的成功模式——雖然有時需要若干修正。

不難想像，模仿蘇聯「老師」提供的模式開展工作並不容易。而每當「學生」做錯事，「老師」總是迴避自己的責任而責備「學生」太幼稚。比如，1927年，斯大林「老師」就曾認為中共中央不能成事，並怒斥道：

> ……我不想苛求中共中央。我知道，不能對中共中央要求過高。但是，有一個簡單的要求，那就是執行共產國際執委會的指示。中共中央是否執行了這些指示呢？沒有，沒有，因為它不理解這些指示，或者是不想執行這些指示並欺騙共產國際執委會，或者是不善於執行這些指示。這是事實。[21]

共產國際給予中國共產黨的不僅有「建議」、「指示」，中共成立後還曾長期接受共產國際的經濟支持。共產黨成立之初，約95%的活動經費來自共產國際等莫斯科的國際革命組織；後來仍有逾90%的活動經費需依靠共產國際援助，直到1930年代中期擁有了面積足夠大的農村根據地而得以自立為止。[22]亦即，共產國際對中國共產黨是既插嘴、也出錢。不過，中國共產黨雖因接受共產國際的資金支持而曾被譏諷為「盧布黨」，但也不可忘記國際性政黨的特殊性，即按照組織規定，中國共產黨是共產國際的中國支部。對於在組織、意識形態、政策等各方面都接受共產國際指導的政黨，不應該僅抓住其接受經濟支持一點而加以譴責。[23]

21　〈斯大林給莫洛托夫和布哈林的信〉(1927年7月9日)，收於中共中央黨史研究室第一研究部編譯：《共產國際、聯共(布)與中國革命檔案資料叢書》(4)(北京圖書館出版社，1998)，頁407。

22　楊奎松：〈共產國際為中共提供財政援助情況之考察〉，《社會科學論壇》，2004年第4期。

23　若論資金援助，國民黨在國共合作時期從蘇聯得到的直接、間接的

　　關於共產國際作為國際組織的特性，下面再從其所使用語言方面加以觀察。在世界各國開展工作的共產國際採取多語方針。比如，其機關雜誌除刊行俄、德、法、英等各歐洲語言版外，一度還出版過中文版（1930年2月以後）、西班牙語版等。當然，召開會議、撰寫文件等若都使用多種語言，則過於繁複，也不現實，故實際上通用俄語和德語。俄語為公用語，自然是因為共產國際總部設於莫斯科，且蘇俄是其主要後盾；而德語之為公用語，則是因為德國自馬克思以來即有悠久的社會主義傳統。

　　不過，俄語和德語在當時的中國都屬於弱勢外語。加之，與歐洲及其殖民地的知識分子不同，中國等東亞各國的革命家、知識分子，大多不會使用多種語言。因此往往出現如下局面，即土生土長的領導人缺乏與共產國際溝通的能力，致使在黨內佔據主要位置、擁有重要影響的，在早期是通曉外語者（但在傳統的中華世界，他們一般處於知識分子社會的邊緣），後來則是通過留學莫斯科而掌握了俄語和馬克思主義理論、但卻沒有革命工作經驗因而並不成熟的年輕人。

物資援助，要比共產黨多得多。1925年6月，俄國共產黨就給予中國（主要是廣東）的軍事援助預算進行審議，決定4至9月的半年間提供460萬盧布，合150萬元（〈聯共（布）中央政治局中國委員會會議第3號記錄〉〔1925年6月5日〕，收於中共中央黨史研究室第一研究部編譯：《共產國際、聯共（布）與中國革命檔案資料叢書》(1)〔北京圖書館出版社，1997〕，頁630）。而前一年給予中共的援助金額約為3萬元，故若僅以年度比較，蘇聯提供給國民黨用於軍事建設的援助，是援助共產黨的100倍。不過，若僅比較金額，則日本在第一次世界大戰期間給予段祺瑞政權的借款（「西原借款」），總額合中國貨幣約達1.5億元，國民黨每年得到外援只有300萬元，實屬小巫見大巫。當然，若按「費效比」看，蘇聯的援助催生了國民革命這一巨大成果，其效果遠大於「西原借款」。總之，雖說都是來自外國的資金援助，但其援助效果大不相同，最終要看接受方將其如何用於實際活動，以及「援助」是加劇了中國的混亂，還是有助於開創新時代。

以中共早期領導人陳獨秀為例，他年輕時曾留學日本，據說能使用日語、英語和法語。但他的外語，頂多可以讀寫，與人口頭交流似乎力不從心。中共成立後不久的1922年底，陳獨秀曾作為中共代表赴莫斯科出席共產國際第四次大會，但在大會上代表中國發言的卻不是他，而是他的年輕隨員、曾在北京大學學習英語且口語流利的劉仁靜。這就是因為陳獨秀沒有外語交際能力。在國際場合不通外語，只能成為啞巴客人；這一點，出席共產國際大會和到外國人家裏做客沒有區別。劉仁靜在回憶參加共產國際第四次大會的情景時曾說：

> ……中共代表團在世界共產黨的盛會上，受到的重視不夠。我們那時原抱着很大希望參加大會，可是在大會期間，陳獨秀作為中國共產黨的創始人和主要領導人，也和我們一樣，無非是一般參加會議，共產國際領導對他既沒有什麼特殊禮遇，也沒有安排什麼個別交換意見。[24]

陳獨秀曾任北京大學文科學長，被稱作新文化運動的旗手，在中國聲名遠播，可謂無人不曉；但踏出國門就沒有人認識他；如果再不能使用外語與人交流，那麼，他唯一能做到的，也就只有和其他參會者照張合影，為參加這次國際會議、為各國的團結留下個紀念而已（圖11）。而與共產國際進行實際交涉的，或是懂英語的隨員劉仁靜，或是在大會期間為陳擔任翻譯並代為處理日常事務的瞿秋白（畢業於北京俄文專修館）。大會閉幕後，瞿秋白接受陳獨秀邀請一同回國。不久，他因學識和語言能力受到高度評價，進而受到重用，進入了中共中央。就這樣，就中國的共產黨來看，早期的張太雷、瞿秋白和後來的王明等人能夠掌握權力，拋開他們

---

24 劉仁靜：〈回憶我參加共產國際第四次代表大會的情況〉，《黨史研究資料》，1981年第4期。

圖 11　陳獨秀出席共產國際第四次大會（1922）時的合影。前排左一為陳獨
　　　秀，正中為片山潛；後排左一是劉仁靜，左二是瞿秋白

的外語能力和因此形成的與共產國際代表的密切關係，就難以解
釋。如果不懂理論就無法進行革命活動；同樣，如果不懂外語（尤
其是俄語），要在共產國際與中共的關係中佔有重要位置，也是不
可能的——至少在1930年代以前是如此。就這點而言，早期的中
國共產黨，除了在組織上受到共產國際這一國際機構的限制外，還
面臨語言溝通的制約。

　　而這也意味着中國共產黨時刻面臨着成為共產國際代言人或
曰「翻譯」的危險。實際上，這種危險曾經化為現實。1926年，時
任中共中央局委員蔡和森就曾批判過共產國際駐華代表鮑羅廷
（Mikhail Borodin，1884–1951）態度專橫。他說：

　　……他〔指鮑羅廷〕不考慮中央僅有三人，《嚮導》實際上已沒
　　有編輯等情況，就把瞿秋白調去作翻譯。……鮑同志到中國

已一年多了，可從來沒有注意過我們黨的生活，對待黨完全像對待翻譯供應機關一樣。[25]

這個「翻譯供應機關」當時的最高責任人陳獨秀，如上所述，被指沒有執行斯大林「老師」的「簡單的要求」而被撤銷職務，不久後激烈批判斯大林而退出中國共產黨；脫黨後的陳獨秀揶揄只會重複共產國際指示的中共是「斯大林留聲機」。[26]「翻譯供應機關」也好，「留聲機」也罷，這些嘲諷，無疑都如實反映了來自共產國際的組織性制約，以及如影隨形的語言溝通障礙。後來，一批在莫斯科掌握了俄語和馬克思主義理論的留學生們（留蘇派）在黨中央獲得發言權，這一傾向更加明顯，毛澤東等本地幹部也開始受到排擠。

至此，有關共產國際的解釋難免失之冗長，但目的在於請讀者理解和把握共產國際對中國共產黨的強烈影響。中共除向莫斯科的共產國際總部定期遞交工作報告外，還頻頻派出青年黨員、幹部前往莫斯科，與總部保持聯繫、出席會議或留學、進修等，都是因為中共是共產國際的下級支部。1930年代，中共派出代表團常駐莫斯科，這就是「中共駐共產國際代表團」。蘇聯解體後曾廣受關注的所謂「共產國際、俄共密檔」，即指由此類代表團及往來文件等形成的有關各國共產黨的龐大檔案資料群；有關中國共產黨的文件、黨員履歷表等，當然也包括在內。有些文件，在中國已經遺失，但在共產國際檔案中卻有收藏，幸運的學者有時也能看到。

如此說來，毛澤東早年的個人資料、肖像等，雖然在中國已難以尋覓，但或許在共產國際檔案中能夠找到。實際上的確如此，而且是斯諾出版《紅星》以前形成的資料。

25　蔡和森：〈關於中國共產黨的組織和黨內生活向共產國際的報告〉（1926年2月10日），《中央檔案館叢刊》，1987年第2–3期。

26　陳獨秀：〈告全黨同志書〉（1929年12月10日），《陳獨秀著作選編》（上海人民出版社，2009），第4卷，頁426。

5. 共產國際對毛澤東知之幾何

本書作者手頭就有一份共產國際中央在1930年代中期填製的毛澤東履歷表(圖12)。[27]該履歷表此前從未公開,其下方註有填寫日期和填寫人簽名,分別為「1935年11月27日」、"*Kapa*"。"Kapa"讀作「卡拉」,即「卡拉伊瓦諾夫」(Караиванов),他在1935年任共產國際最高領導人——執行委員會總書記季米特洛夫(Dimitrov)的秘書,負責人事。[28]而1935年11月27日,毛澤東本人卻遠在中國陝北的偏僻小鎮。準確地說,毛澤東率領長征部隊終於抵達陝西省北部的吳起鎮、長征至此告一段落,是在同年10月下旬;而11月下旬,則是毛指揮紅軍在陝北擊破國民黨軍隊、打破其阻止紅軍南進企圖的「直羅鎮戰役」前後。因此,上述履歷表,當然不是毛本人在莫斯科填寫的。如前所述,直至1949年,毛澤東從未出訪過任何外國,包括蘇聯。

那麼,為什麼這時需要由共產國際最高領導人的秘書填寫毛澤東的履歷表?此事與同年夏在莫斯科召開的共產國際第七次大會有關。時隔七年召開的這次世界性大會,有來自65個國家、地區的共產主義政黨代表五百餘人參加,但卻是共產國際的最後一次大會。或者,說是提出反法西斯統一戰線方針的大會,讀者可能更有印象;高中、大學的歷史教材一般都這樣解釋。

這次大會與中國關係很大,此點留待後文探討,此處且說毛澤東。他並沒有參加這次會議(會議召開時,他正率領紅軍走在四川省的深山裏),但卻因領導中國革命運動取得輝煌成就而受到高度評價,被選為共產國際的執行委員。當時的「長征」實際上是反

27　俄羅斯國立社會政治史檔案館資料(以下簡稱「俄藏檔案」),全宗514,目錄3,案卷16,頁5。

28　本書作者解讀履歷表上的手寫俄文之時,曾得到俄羅斯科學院遠東研究所索特尼克娃教授(И. Н. Сотникова)的協助,特此致謝。

- 姓名：**Мао-Цзе-Дун** 毛澤東
- 現職：中共中央政治局委員
- 生年：[空白]
- 出生地：中國
- 階級：小地主
- 入黨時間：1921 年
- 語言：中文
- 教育程度：高等師範
- 任職：中共一大以來的
  中央委員，擔任過廣州
  農民運動講習所所長

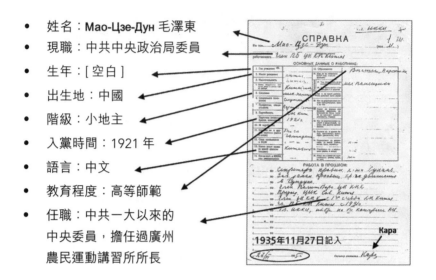

圖 12　共產國際檔案中的毛澤東履歷表（1935）

圍剿失敗後的大撤退，但在莫斯科卻被説成是「進軍」，是為了建
立新根據地，紅軍的兵力也被報道為多達50萬人。[29]「進軍」之説，
或可視為開脱之詞；但「50萬」兵力云云，顯然是不着邊際的吹
牛。但在外界看來，當時除蘇聯以外，擁有如此規模部隊的只有
中國共產黨；而指揮這支部隊的，是農民出身的革命家毛澤東。
所以，毛澤東備受關注並不奇怪。實際上，據參會者記述，在共
產國際大會上發言的中共代表提到毛澤東的名字時，會場內各國代
表們全部起立，暴風雨般的掌聲和「烏拉」（萬歲）的歡呼聲足足持

29　〈周和生（中國蘇區代表）在共產國際第七次代表大會上的報告〉（1935
　　年7月29日），中國社會科學院近代史研究所翻譯室編譯：《共產國
　　際有關中國革命的文獻資料》（1929–1936）（中國社會科學出版社，
　　1982），第2輯，頁367。

續了五分鐘之久。[30]當然，「暴風雨般的掌聲」和連呼「烏拉」，是社
會主義文化的特色；斯大林被念到名字時，偌大的會場總會向他
「起立致敬」。

　　毛澤東是在國際共產主義運動的大舞台上受到熱烈歡呼的中
國革命的英雄，又已經是共產國際執行委員會的一員，作為共產國
際的最高領導人，季米特洛夫當然需要了解毛到底是怎樣的人物。
而應其要求、由其秘書調查和填製的，就是上述履歷表。

　　開場白就說到這裏，讓我們來看這份履歷表的內容。一看便
知，履歷表有不少內容沒有填寫，隨處都是空白。姓名 (Мао-Цзе-
Дун，毛澤東)、現職 (中共中央政治局委員) 沒什麼問題，接下來
表內第一欄就沒有填寫。也就是說，當時的國際共產主義組織的
總部，連毛澤東多大歲數都不知道。接下來的「出生地」一欄，也
只填了「中國」。或許填表人認為，既然是中國革命的著名領導
人，寫「中國」就足夠了，卻也讓人感到敷衍了事。但有些欄目似
乎是在認真調查後填寫的，如「入黨時間」(1921)、出身階級 (小地
主)、受教育程度 (高等師範) 等，都很準確；最後一欄記述毛的主
要經歷，即自中共第一次大會起任各屆中央委員、曾任廣州農民運
動講習所所長、1931年就任中華蘇維埃共和國政府主席等。毛澤
東在第一和第二次中共大會上並沒有被推為中央委員，所以，稱他
歷任各屆黨中央委員，不能說沒有問題，但大體上沒有錯誤。

　　此外，「語言」欄填的是「中文」。中國人自然說中文，填「中文」
沒有錯，但這本身沒有提供任何新信息。不過，這樣填寫或顯示
共產國際認為毛澤東除中文外，不懂其他語言。如前所述，毛確
實幾乎不懂外語，但在莫斯科共產國際的世界裏，英語且不說，不
通德語、俄語是得不到關注的。換言之，以國際性革命家的標準
判斷，毛澤東是「不合格」的；借用現在的說法，毛算不上「國際人

30　〈毛澤東傳略〉，《黨的文獻》，1992年第2期。

才」。共產國際秉持的馬克思列寧主義革命理論，原本就不好理解，又是用外國文字寫成、要用外國語言討論。語言不通的人在莫斯科感受到的自卑和孤獨，局外人是難以想像的。

不過，從這個角度來看毛澤東，或許也可以說，與外語半通不通、莫斯科的生活經歷在其內心深深植入了語言、理論方面自卑情結的許多中共幹部相比，正因為不通俄語等外語，毛澤東才能面對來自莫斯科的權威而坦然無懼。正所謂無知無畏。他從未踏出國門一步，因而不了解外國；但這也使對外國的崇拜無法在他心裏紮根。面對莫斯科的權威，大多數知識分子都不知不覺間趨附、遵從，但只有毛澤東，從經歷到內心都使他感覺不到這種權威的存在。正因如此，他才能夠孕育出獨具特色的革命思想。

姑且不論上述解釋能否成立，共產國際的最高領導人看到這份履歷表，恐怕會大失所望。內容如此簡略，還不如前文提到的日本出版的人名錄詳盡。提到共產國際，不少人都煞有介事地說它是一個龐大的諜報組織，喜好陰謀史觀的人認為，張作霖在皇姑屯被炸死以及「西安事變」、「七七事變」都是共產國際操縱的。中國之外的不少毛澤東傳記作者也持此類陰謀論。[31] 在他們腦海裏，共產國際就是通過特工、間諜刺探各國的機密情報，或為實施挑撥、破壞、暗殺等活動而在敵方陣營中安插諜報人員、勸說內奸反水的組織。

但共產國際的實際情形卻是，連最高領導人有時都無從把握己方陣營重要人士的基本情況，更不用說刺探、破壞敵方陣營了。若說這樣的組織竟能在背後操縱炸死張作霖，那才叫不可思議。把什麼都說成是共產國際的陰謀，要麼是過分抬舉共產國際，要麼就是間諜電影看得太多。

---

31 日本取陰謀論立場者，有遠藤譽：《毛沢東──日本軍と共謀した男》（新潮社，2016）等。此書已有中譯：《毛澤東勾結日軍的真相》（香港：明鏡出版社，2016）。

　　回頭再看毛澤東。共產國際掌握的毛澤東信息如此稀少、如此粗略，令人意外。但從另一角度看，對當時的共產國際而言，最需要掌握的或許是中國革命的發展狀況；只要能夠很好地領導中國革命，誰在領導是次要的。極而言之，只要能保證中國革命的發展符合莫斯科的意圖，則其領導人是「毛澤東」還是「王澤東」都沒有關係。但有一點沒有疑問，那就是莫斯科對毛澤東的了解實在不多，甚至填不滿一張完整的履歷表。實際上，直到1936年毛澤東告知前來採訪的斯諾之後，人們才知道他生於1893年。當時中國的戶籍制度尚不健全，某人何時出生，只能相信他本人的説法。

　　附言之，共產國際檔案中還有兩份毛澤東的履歷表。一份出自毛的妻子賀子珍之手，另一份則是由毛的胞弟毛澤民（中共幹部）填寫；前者成於1938年，後者成於1939年，填寫地點皆為莫斯科，[32]都是應共產國際總部請求而填寫。毛的生年，在賀子珍寫的履歷中是1893年，準確無誤；但在毛澤民筆下卻誤作1894年11月，或許是因新舊曆換算錯誤。不過，毛澤民代其兄填寫的履歷表包含一些賀子珍也無從知悉的重要信息；如毛母名文素勤（中文名字），就是毛澤民首次證實的。毛澤東曾對斯諾説母親的名字是"Wen Ch'i-mei"，中國出版的資料長期寫作「文其美」；但實際上應為「文七妹」，即在文家姐妹中排行第七。不過，留在莫斯科的這些毛澤東個人信息，直到蘇聯解體、相關檔案開放後才為人所知，在那之前對外界是嚴格保密的。從這點講，斯諾出版《紅星照耀中國》也是非同尋常的大事。因為，該書不僅首次披露了共產國際直到1935年11月都尚未掌握的毛澤東的生年等許多重要信息，還完整地描述了毛澤東的前半生。

32　賀子珍填寫的毛澤東履歷收於「俄藏檔案」，全宗495，目錄225，案卷1，頁273–274；毛澤民填寫的履歷收於「俄藏檔案」，全宗495，目錄225，案卷1，頁264–266。兩份履歷表皆已收於潘佐夫著、卿文輝等譯：《毛澤東傳》（下）（中國人民大學出版社，2015），頁483–492。

　　至此，我們匆匆觀察了1930年代前半期外界所能了解的毛澤東的基本信息狀況，算是本書論述的鋪墊。外界——尤其外國——對毛澤東的印象如何？曾有過哪些毛澤東的肖像和傳記流傳？下面讓我們一一加以探討。

第二章

肖像與真實人物
——外界對毛澤東的印象

1. 歐美人眼中的毛澤東——
左翼雜誌上「其貌不揚」的毛澤東

前一章說過，由於國民黨實施軍事圍剿和信息封鎖，共產黨的宣傳工作遇到極大障礙，共產黨本身也對宣傳其領導人持消極態度；共產國際對毛澤東的個人信息也知之甚少。儘管如此，1930年代前半期，在國際共產主義運動在全世界形成聯合的背景下，歐美雜誌已開始刊載有關毛澤東的文章、故事或傳記，其中有些還附有毛澤東的肖像。

對中共以軍事手段在農村激烈抵抗國民政府，國外也頗為關注。特別是紅軍部隊在1930年7月底攻佔長沙、宣佈成立湖南省蘇維埃政府，讓全世界為之震驚。[33]佔領長沙的是紅軍名將彭德懷指揮的部隊，約一萬人。在此前後，朱德、毛澤東也曾奉命攻打江西省會南昌，遭遇國民黨守備部隊頑強抵抗，眼見強攻不利而撤退。彭德懷部也在約一週後主動撤出長沙。雖然為時不長，但是紅軍竟有能力攻擊並佔領30萬人口的湖南省會，這一事件產生了

33　紅軍佔領長沙一事，因發生在「李立三路線」主導中共時期，故在當今中共黨史上很少被提起，評價也極低；但其對外界的影響是極大的。

強烈衝擊。因此，報道中國問題的記者們自然開始關注共產黨。實際上，在彭德懷部佔領長沙的第二年，即1931年，斯諾也曾就中國的共產主義運動寫過分析文章，題名〈中國共產主義的力量〉(The Strength of Communism in China)，發表在學術雜誌《當代歷史》(*Current History*, Vol.33, No.4, 1931)。當時是斯諾來到中國的第三年，該文算是其早期的中共研究成果；但其內容不過是由同時期各種報道拼湊而成，而且也沒有提到毛澤東。實際上，文中提到的共產黨人只有紅軍指揮官朱德、賀龍二人。要是在中國的大學裏，學生提交這樣的作業，肯定會不及格。後來因採訪中共而名滿天下的大記者，當時還不成熟，對中共的所謂分析也不過如此。不用説，文章既沒有對毛澤東等共產黨領導人加以記述，也沒有紅軍的照片、插圖等。

　　歐美雜誌刊文中最早出現毛澤東肖像的，應是1934年5月的〈當今蘇維埃中國全貌〉(Complete Perspective of Soviet China To Date)，發表在左翼雜誌《今日中國》(*China Today*)(圖13)，未署名。該文使用的肖像，就是圖14的素描畫像。其解説是 "Mao Tsie-Tung, Chairman Chinese Soviet Republic"(毛澤東，中華蘇維埃共和國主席)，故的確畫的是毛澤東。此像是何人所畫，不得而知，可能出自中國革命運動的某位同情者、支持者之手。因為，該年1月在紐約創刊的英文雜誌《今日中國》，是由美國共產黨的周邊組織「中國人民的美國之友」協會 (Friends of the Chinese People) 編輯、發行的。[34]

34　對《今日中國》的研究，請參閱如下論文：劉小莉：〈二十世紀三十年代的兩份英文刊物與中國蘇維埃革命信息的傳播〉，《中共黨史研究》，2009年第4期；劉小莉：〈《今日中國》與中共抗日民族統一戰線思想的海外傳播〉，《黨史研究與教學》，2011年第1期 (收於劉小莉：《史沫特萊與中國左翼文化》〔浙江大學出版社，2012 〕)。不過，這些論文未曾提及該雜誌所載「毛澤東」肖像，似對此並不關注。

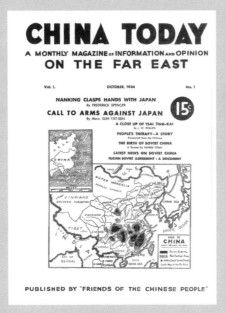

圖 13 《今日中國》封面

圖 14 1934 年《今日中國》載毛澤東素描畫像

　　許多人或許沒想到，美國竟然也有共產黨。實際上，戰前的美國共產黨不僅曾開展工人運動，在文化界、出版界一度影響巨大；並且，與中國共產黨一樣，也曾處於共產國際的強大影響之下。而「中國人民的美國之友」協會，就是回應該黨聯合起來支援中國革命的號召而組織起來的，不少支援美國共產黨的旅美華僑、中國留學生也加入其中。附有毛澤東素描畫像的上述文章標題之「蘇維埃中國」(Soviet China)，意為開展「蘇維埃運動」(以蘇維埃方式建立和擴大工農政權、最終奪取全國政權的運動；蘇維埃，俄語 "совет"，英語 "soviet"，意指會議、議會) 的中國，而非指「蘇聯和中國」；具體指毛澤東等人在中國內陸建立的「中華蘇維埃共和國」。該文用此語顯示其同情該共和國的立場。也就是説，該雜誌雖然在資本主義國家的經濟中心紐約編輯、發行，但其思想體系卻與莫斯科一脈相連，可以説與中國共產黨志同道合。只不過，該文雖附有毛澤東畫像，但文章及雜誌都沒有介紹毛澤東生平的文字。

　　這張素描，説是毛澤東，但其貌不揚，怎麼看也不像是革命家。本書開篇曾介紹日本外務省情報部公佈的胖子毛澤東照片，但美國的這張畫像，荒誕程度卻有過之而無不及，甚至有幾分像幼稚園孩童在父親節畫的「親愛的爸爸」，或許也有人感到像一幅通緝畫像。作此畫的人自以為畫的是毛澤東，但或許其參考的照片等資料原本就嚴重失真，又或許此人雖有革命熱情，卻沒有繪畫稟賦。總之，唯一可以肯定的是，如果不看照片説明，沒人能猜得到畫的是誰；而用它來通緝毛澤東，永遠也抓不到他。説起通緝令，毛澤東的確曾被重金懸賞通緝。1935年2月，蔣介石的國民政府曾簽發逮捕令，緝拿毛澤東、朱德等中共首腦，生擒者賞大洋10萬元，獻首級者賞大洋8萬元；此外，彭德懷的賞格是大洋8萬

圖15 《今日之革命中國》封面

圖16 《今日之革命中國》載毛澤東
照片

圖17 《今日之革命中國》載朱德照片

元和5萬元，周恩來則是大洋5萬元和3萬元。[35]依現在來看，周恩來的賞格似乎不應低於彭德懷。可能是考慮到彭是軍人，對付他更危險吧。10萬元是什麼概念呢？當時上海的巡警，月薪是15至20元；也就是説，假如上海某位巡警抓住了毛澤東，所得賞金相當於他500年的收入，[36]可以一輩子吃喝不愁。然而，如果連毛澤東的長相都不知道，一切也就無從談起。

就在「其貌不揚」的毛澤東像出現在美國的1934年，巴黎發行的法語宣傳冊《今日之革命中國》(*La Chine révolutionnaire d'aujourd'hui*)（圖15）中有一張更像毛澤東的照片。如書名所示，該書也是左派為宣傳革命而編刊。編著者為 "Van Min" 和 "Kang Hsin" 二人，寫成漢字即「王明」和「康生」，都是中國共產黨的重要幹部。歷史上的王明，曾作為留蘇派的代表人物與毛澤東爭奪領導權，最後落敗；中華人民共和國成立後赴莫斯科療養不歸，並發表言論攻擊毛澤東，因而留下惡名。康生則是中共歷史上最惹人痛恨的人物。他原來為王明出謀劃策；1937年回國後轉而支持毛澤東，受到毛的重用，在黨內審幹肅反運動中大展身手。其後一直在黨內位居要職，直到1975年去世；但在毛澤東逝世後，康生因行為過於惡劣而受到批判，並被開除黨籍。總之，康生也是個十分複雜的人物。只不過，上述對王明、康生的評價都是後來形成的，在編刊《今日之革命中國》的1934年，他們都是中共派駐共產國際代表團的核心成員，正在為對外宣傳中國革命而嘔心瀝血。

《今日之革命中國》用法文出版，約120頁，似乎是在莫斯科編輯、在巴黎印刷和發行的。或許是考慮到印成俄語在莫斯科發

35　〈蔣重申前令懸賞擒斬匪首／上自朱毛下至偽政委軍長／最低獎二萬元〉，《國民公報》，成都，1935年2月14日。

36　Frederic Wakeman Jr., *Policing Shanghai, 1927–1937* (Berkeley: University of California Press, 1995), p. 50. 中譯本：章紅等譯：《上海警察——1927–1937》（上海古籍出版社，2004），頁46。

行，流通範圍不會太廣；為得到更多讀者，才特意用法語印刷，並製作了精美的版面。所收介紹中國革命的文章，出自王明和康生二人之手。[37] 毛澤東和朱德的照片（圖16、17），就插在這本充滿慷慨激昂的革命語言的宣傳冊中，但其中並未記述毛澤東和朱德的生平。這兩張照片怎樣？與上述美國雜誌上「其貌不揚」的畫像相比，是不是真實得多？實際上這兩張照片的主人，的確是如假包換的毛澤東、朱德。為了證明照片為真，我們有必要先回到宣傳冊的誕生地莫斯科。

2. 共產國際訃告「毛澤東病逝」

美國的《今日中國》雜誌是共產黨左派的雜誌，其編輯、發行是擁護莫斯科的宣傳活動的一部分。但王明、康生編刊的法文宣傳冊《今日之革命中國》，則是莫斯科的共產國際及中共代表團直接進行的宣傳活動。也就是說，當時的莫斯科應該存有毛澤東的照片。

前面說過，在1935年時，共產國際掌握的有關毛澤東的信息十分有限。但是，信息有限，不等於無法把毛澤東宣傳成中國革命的象徵。缺少信息，可用其他辦法彌補。極而言之，比如可以挪用其他革命家的軼聞，甚或編造也是辦法之一。對於在莫斯科

37　王明的文章是Van Min, "La révolution, la guerre et l'intervention en chine et tâches du parti communiste"（〈中國的革命、干涉及共產黨的使命〉）；康生的文章是Kang Hsin, "L'extension du mouvement révolutionnaire en chine non soviétique et le travail du parti communiste"（〈非蘇維埃地區的中國革命運動的發展和共產黨的使命〉）。該書另有內容相同的德文版在蘇聯刊行，即 Wang Ming, Kang Hsing, *Das Revolutionäre China von Heute*（《今日之革命中國》）(Moskau; Leningrad: Verlagsgenossenschaft ausländischer Arbeiter in der UdSSR 〔蘇聯外國工人出版社〕, 1934)，但德文版未收肖像。

進行革命宣傳的人而言，為加強宣傳效果而在真實信息外添加所謂「革命浪漫主義」情節，不僅是允許的，而且受到鼓勵。

實際上，在宣傳、稱讚毛澤東本人方面，共產國際對毛是有虧欠的。因為，共產國際的雜誌刊載的第一篇介紹毛澤東的文章，竟然是誤報毛已病逝的訃告。事情發生在1930年初。共產國際發行的報道性雜誌，有一種叫《國際新聞通訊》(International Press Correspondence)。該雜誌主要對世界各地的社會運動、革命運動進行即時報道，使用德、英、法等多種文字發行──這也是共產國際的特色之一。其1930年3月號竟載有一篇悼念毛澤東病逝的文章 (圖18)。該報道開篇這樣寫道：

> 據中國消息：中國共產黨的奠基者、中國游擊隊的創立者和中國紅軍的締造者之一毛澤東同志，因長期患肺結核而在福建前線逝世。[38]

文章隨後簡單介紹毛澤東的生平，稱毛受十月革命影響而投身中國的革命運動，參加共產黨的活動，稱讚他為國民革命及後來在農村根據地的軍事活動、建立蘇維埃政權做出了重大貢獻。結尾則説，「作為國際共產主義運動的一名布爾什維克，作為中國共產黨的堅強戰士，毛澤東同志完成了他的歷史使命。中國的工農群眾將永遠銘記他的業績，並將完成他未竟的事業。」國外第一次見諸報端的毛澤東傳，竟然是報道他去世的「訃告」！毛澤東本人生前好像一直不知道這份「訃告」的存在。要是知道，想必大吃一驚。

---

[38] Tang Shin She, "Obituary / Comrade Mau Tze Dung," *International Press Correspondence*, March 30, 1930, p. 259. 另，在毛澤東研究中最早注意到該訃告的，似為美國學者史華慈。Benjamin Schwartz, *Chinese Communism and the Rise of Mao*（《中國的共產主義運動與毛的崛起》）(Cambridge: Cambridge University Press, 1951), p. 136.

e country of the proletarian dictatorship and socialist
...ion is not only the country where Marxism is prac-
...pplied, but also the centre of the whole Marxist in-
...on, the organisation and leadership of which was
... the hands of Comrade Ryasanov. . Only the prole-
...ate could furnish the great material means necessary
...re and publish all the works, writings and letters of
...d Engels in full text and to establish a Marxist library
... all the requirements of sience. Only the proletarian
...n place at the disposal of Marx investigation the
...y number of scientific collaborators.

... the victory of the proletarian revolution in Soviet
...omrade Ryasanov at once began to organise the in-
...on of Marx' works on the broadest basis. Thanks to
...tive the Marx-Engels Institute was founded in 1920;
... also due to his unwearying energy and his unique
...re that this Institute has become the international
...Marx investigation The Marx-Engels Institute is one
...st organised scientific institutes of the whole world, a
...t science is nowhere promoted to such an extent as
...roletarian State.

...rade Ryasanov by his editions of the works of Marx
...e greatest and most active part in the work of the
...arx-Engels Institute. These ediions have not only
...entific but also actual political importance. The publi-
...Engels' preface to the "Class Struggles in France"
...rade Ryasanov was a political deed. By the publi-
...f the most decisive revolutionary passages of this
...which had been for many years censored by the
...Social Democratic Party Executive and suppressed
...stein, the methods of forging Marx practised by the
...social democracy were strikingly proved. No less
...t are the investigation works of Ryasanov resulting
...ublication of Engels' letters to Bernstein, in which
...omes forward as irreconcilable champion against op-
...n in social democracy. Marx' articles on China and
...blished by Ryasanov, are important for the problem
...ial revolution. Finally Ryasanov greatly promoted
...rstanding of dialectical Marxism by the publication of
...nd Engels' early works on Feuerbach, as well as
...manuscripts on the dialectics of nature. These studies
...s on dialectics have greatly contributed to the victory
...international proletariat that Comrade Ryasanov's
...listortions on the part of social democracy.

...crowning of this scientific and organisational work of
...vestigation will be the great scientific edition of all
...ks of Marx and Engels, of which up to now four
...have appeared. The mass propaganda of Marxism
...ive a new foundation by these editions. It is the hope
...international proletariat that Comrade Ryasanov will
...y years to come will participate with his leadership
...ce in the further development of Marx investigation.

Marx on the Paris Communards.

...at dexterity, what historical initiative, what a faculty
...acrifice are being displayed by these Parisians! . . .
...records no example of such heroism! If they are
..., the only reason will be their 'magnanimity' . . .
... this may be, the present rising in Paris—even if
...lutionists are thrown to the wolves, the swine and
...ardly foxes of the old system—is one of the finest
...nents of our Party since the days of the June rising
Marx: Letters to Kugelmann.

...ugust Bebel on the Paris Commune.

... assured that the whole of the European proletariat,
...who still have a feeling for Freedom and Independence
... breast, have their eyes turned on Paris. And even
...is suppressed for the moment, I would remind you
...fight in Paris is only a small outpost fight, that the
...iness still confronts us in Europe, and that before
...cades are passed, the battlecry of the Paris proletariat:
...the Palaces, Peace to the Huts, Death to Misery and
...ss! will be the battlecry of the whole of the European
...at."

OBITUARY

Comrade Mau Tze Dung.

By Tang Shin She.

News has arrived from China that Comrade **Mau Tze Dung**, one of the founders of the Communist Party of China and the founder of the partisan troops and the Red army, has died at the front in Fukien as a result of long-standing disease of the lungs. He was the most feared enemy of the landowners and the bourgeoisie. The Kuomintang the representative of the landowners and the bourgeoisie — had since 1927 placed a heavy price on his head. His sickness several times served as an occasion for announcing his death, and thereby encouraging the counter-revolution. There is no doubt that the death of our comrade has called forth great joy in the camp of our enemies. For the Party, the Red Army, and the Revolution his death means a severe loss.

Comrade Mau Tze Dung came of a peasant family in the province of Hunan. Already as a young student he conducted a hard fight against militarism in China. After the victory of the October Revolution in Russia, he immediately joined the Marxist-Leninist movement. In the so-called Renaissance time, after the Peking student riots in 1919, he developed a wide-scale propaganda campaign in the Yangtse area. In the huge Pinchang mining works he organised a model trade union which to-day constitutes the cadres for the big workers and peasants movement in the Hunan and Kiangsi area, as well as for the Bolshevist party generally.

Comrade Mau Tze Dung had been a member of the Central Committee of the C. P. of China since 1923. He fought constantly against opportunism within the Party, especially at the time of the Wuhan period. When the Party failed in the agrarian revolution, he—against the will of the opportunist leadership—worked among the peasant masses in Hunan, and after the coup d'état of May 20, 1927, in Changsha, he organised the peasant revolts in Hunan. At the beginning of 1928 he formed a Red Army with his worker and peasant troops and those of Comrade Chu De, conquered an enormous stretch of territory in Hunan and Kiangse, and set up Soviets in every locality. The Red Army severely shook the counter-revolutionary Kuomintang regime. The troops in the neighbouring provinces—representing altogether seven army corps—were sent to annihilate this Red Army. For tactical reasons a part of the Mau Tze Dung and Chu De troops left Hunan and went on a campaign to Kwangtung and Fukien, where the revolutionary movement was in a state of ferment. More than half the province of Fukien came under Soviet rule. The crushed peasant movement and the Red Army, which had been driven back into the mountain district in East Kwangtung, were roused to fresh activity by the powerful advance of Mau Tze Dung. With troops drawn from six provinces, i. e. more than 60,000 soldiers, the Kuomintang last summer again took up the fight against the Red Army led by Comrade Mau Tze Dung. This powerful army, however, was not able to drive back the Red Army numbering about 10,000 men. On the contrary, it become subject to a process of constant disintegration, whole brigades at a time deserted it and went over to the Reds.

Comrade Mau Tze Dung was the political leader of the so-called Chu Mau troops. He completely carried out in his sphere the decisions of the sixth World Congress and of the sixth Party Congress of the C. P. of China. He thereby helped to expose and annihilate the reformist illusions among certain sections of the city poor, the peasants, and also the working class, which had been called forth by the "Left" Kuomintang, the third Party and To Du Siu.

Comrade Mau Tze Dung has fulfilled his historical mission as a Bolshevik and champion of the Chinese proletariat in the full sense of the word. The working and peasant masses of China will not forget his achievements, and will continue his work until it is completed.

圖 18　英文版《國際新聞通訊》載毛澤東訃告

這篇文章署名 "Tang Shin She" (德語版署為 "Von Tang Shin
She")。乍看上去，像是中國人的名字，但應該是「通訊社」三字的
音譯。是哪家「通訊社」，已無從稽考；但當時中國的媒體，曾不
止一次報道過毛澤東等「共匪」魁首「死亡」的消息。比如，《軍事
雜誌》第19期 (1929年11月) 就曾以〈福建/共匪毛澤東死矣〉為題，
報道毛已經病故。消息的來源是駐守福建的某師長向南京拍發的
電報，內容為「毛匪澤東在龍岩病故，黨代表由彭毅年繼任」。的
確，這一時期毛澤東的病情反反覆覆，中共方面有關毛需要長期療
養的通訊 (1929年8月底) 曾被偵知，日本的外務省也接到過報告。
當時隨毛澤東一同行動的黃琳 (中共茶陵縣委書記，後改名「江華」)
寫給福建省委的信中可見如下一段：

> ……毛同志已帶數名同志伏在山中休養。他的身體經過數年
> 軍隊的艱難跋涉，弱及不勝風飄，須要長期休養。而休養時
> 沒有西藥醫治，真急得我們束手無策。毛同志的病該長期休
> 養，請轉報告中央。[39]

或許，正是此類消息在國內外傳揚開來，經過加工演變成「病
故說」。不過，仔細想來，共產國際到底是中共的上級，依常識考
慮，沒有得到中共的正式報告，應該不會輕率地發佈訃告這類消
息。「通訊社」到底是怎樣的組織？以什麼為根據、通過怎樣的渠
道發佈了訃告？說實話，這一切都無從知曉。但是，沒有任何跡

---

39 〈黃琳給省委的書信〉(1929年8月29日)，引自日本外交史料館藏
　　件：〈当館保管共産党関係文書ニ関シ進報ノ件　機密第442号 (1930
　　年9月20日)〉(檔案索引號：B04013037300〔各国共産党関係雑件 中
　　国の部 南支局〕)。關於該信所涉毛澤東在1929年的狀況，村田忠
　　禧：〈1929年の毛沢東──紅四軍からの離脱と復帰をめぐって〉(東
　　京大學教養學部外国語科：《外国語科研究紀要》，1987年第34卷第5
　　號) 曾作詳細分析。最早發現該信的也是村田。

象顯示《國際新聞通訊》後來曾訂正或撤銷這次誤報，事情最後不了了之。所幸，「訃告」未附毛澤東肖像。誤報就已經不光彩，如果加了黑框的毛澤東畫像也出現在共產國際的雜誌上，那就更要貽笑後人了。

　　而在中國國內，據說，坊間反覆流傳毛澤東、朱德等人死亡的謠言，反倒使「朱毛」更加神秘，後來竟演變成「朱毛」擁有不死之身的傳說。斯諾也曾半開玩笑地寫道：「當我訪問紅色中國的時候，報上正盛傳毛澤東的又一次死訊。」[40]此類傳說，已成民眾茶餘飯後的談資。從某種意義上來說，這種謠言更增添了革命家的傳奇色彩。

3.　毛澤東肖像的出現

　　共產國際誤報並悼念毛澤東「病逝」四年後的1934年，也就是法國讀者開始讀到收有毛澤東照片的宣傳冊的那一年，莫斯科也有刊載毛澤東照片、肖像的幾種刊物相繼發行。圖19、20即其中兩張。不過，刊載這兩幅肖像的刊物都只記錄了刊行年為1934年，無從判斷孰先孰後。圖19收於愛倫堡編寫的《蘇維埃中國》（Эренбург, Советский Китай），圖20則收於《蘇維埃在中國──資料文獻集》（Советы в Китае: сборник материалов и документов）。前者是對中國蘇維埃革命的歷程和現狀的解說，單行本，約140頁；後者則如書名所示，是中國革命運動的文獻資料集，近500頁。

　　將這兩張肖像與前文所示法文版《今日之革命中國》所收照片（圖16）加以比較可知，這三張肖像顯然來自同一源頭。關鍵證據是

40　Snow, *Red Star Over China*, p. 91；董樂山譯：《西行漫記（原名：紅星照耀中國）》，頁63。

圖19 《蘇維埃中國》載毛澤東照片

Тов. Мао Цзэ-дун. Председатель Центрального советского правительства Китайской советской республики.

圖20 《蘇維埃在中國 —— 資料文獻集》載
毛澤東肖像

圖21　國民黨幹部紀念合影（圓圈處為毛澤東）

人物的髮型和領口處的白色。同時出現在1934年的這三幅肖像無疑是毛澤東本人，其源頭也能夠確定，那就是圖21所示紀念合影。

　　該合影攝於1927年3月，地點是武漢。照片上的人物都是國民黨的幹部，上方說明文字為「中國國民黨第二屆中央執行委員第三次全體會議開會日紀念中華民國十六年三月十日在漢口」。用圓圈標示的就是毛澤東，放大後即圖22。

　　前一章介紹毛澤東生平時曾提到，他在第一次國共合作時期（1924–1927）曾是國民黨的幹部，而且地位不低，是國民黨候補中央執行委員。所謂「候補」，就是在正式委員因故出現空缺時，可以遞補正式委員。因此，候補委員也能出席國民黨中央執行委員會全體會議，所以才在開幕之日與其他國民黨幹部合影留念。這張合影中，宋慶齡（孫中山夫人，前排中央）左邊是孫科（孫中山長子）、右邊則是宋子文（宋慶齡胞弟），都是當時武漢政府的顯要人物。

圖22　合影放大後之毛澤東像

Тов. Mao Цзэ-дун

圖24　《中華蘇維埃第二次代表大
　　　會》載毛澤東肖像

圖23　1927年的毛澤東

圖25　《民族及殖民地問題》載毛
　　　澤東肖像

圖26 《國外》載毛澤東肖像

圖28 哈馬丹《中國人民的英勇領袖》
　　　所附毛澤東肖像

圖27 《共產國際》載毛澤東肖像

圖29 1935年《今日中國》載毛
　　　澤東肖像

　　把圖22與上述法語宣傳冊所收毛澤東的照片（圖16）、蘇聯編刊的《蘇維埃中國》所收肖像作一比較可知，1934年在國外發表的這三張肖像，都來自圖21的武漢合影。最明顯的是，圖16中毛澤東的背後，還可看到合影中站在後方的人的左臂。這是因為用合影複製圖16時，這部分沒有清除。清除後的就是圖19，而參照圖19繪製的，就是圖20。如果只看圖20，或許還拿不準是不是毛澤東，但將其與原照片擺在一起，就一目了然。附言之，現在流傳的圖23所示肖像，在中國一般被解釋為1927年時或國共合作時期的毛澤東；但一望便知，這也是從上述合影加工而成：剪裁背景之外，臉部輪廓和表情均作了調整，使他看上去更加英俊。

　　從1927年國民黨幹部的合影中剪裁、加工的毛澤東照片收入蘇聯1934年編輯、發行的宣傳刊物，意味着當時蘇聯留有這張合影。蘇聯持有國民黨的照片並不奇怪，因為當時蘇聯是國民黨的最大援助國。孫中山推動的國共合作，其方針是「聯俄容共」，原本即包括與蘇聯積極合作；實際上，蘇聯曾向中國派遣為數不少的軍事、政治等方面的顧問，還支援過大量的武器和資金。所以，國民黨幹部將在正式場合拍攝的照片送給友邦，有充分的理由。但是，國民黨和蘇聯的友好關係，在這張合影拍攝後不久，即隨着1927年7月國共分裂而宣告結束；同年底，蘇方人員被查出曾參與密謀共產黨發動的廣州起義，直接導致兩國斷交。也就是説，這張合影差一點就到不了蘇聯。到了1934年，或許是駐莫斯科的中共代表團中有人偶然發現其中有毛澤東，於是，正在編輯中國革命宣傳冊的代表團成員王明、康生就把毛澤東的部分單獨剪裁下來收入宣傳冊，後來經過再加工形成圖19、20，並被收入蘇聯編刊的刊物。

　　以1927年的合影為源頭的毛澤東肖像，後來被蘇聯的各種刊物採用。圖24至28即其中一部分。其中，圖24、25被用於類似上

述法文版宣傳冊的介紹中國革命歷程的刊物，[41] 圖26至28則被直接用於宣傳毛澤東的刊物，如傳記、著作集等。[42] 雖然畫面格調、筆觸濃密各不相同，但很顯然都是由同一照片派生而來。就印象而言，共產國際的機關雜誌刊載的圖27等顯得精明強幹，版畫版的圖26眼窩深陷、眼光犀利尖銳；而圖25（1937）則表情柔和，但稍顯稚嫩。如此看來，源自同一張照片的肖像，因筆法和加工方法不同，給人的印象竟有如此差異。

值得關注的是，這些肖像，直到1937年仍然在使用。由於原照片是1927年的合影，所以，蘇聯讀者在1937年看到的，是年輕十歲的毛澤東。而在同一年，斯諾已經在陝北見到毛澤東，結束採訪並着手撰寫《紅星》；其部分採訪記錄也於前一年即1936年11月，在《紅星》出版前先行發表在上海的英文雜誌《密勒氏評論報》，並且附有毛澤東的照片（圖6）。然而，這些信息似乎並未傳到蘇聯，或者如本書第七章所述，蘇聯對《紅星》評價不高，於是沒有使用斯諾拍攝的毛澤東近照，而是圖省事，沿用了原有肖像。

此外，1935年，一度誤載「其貌不揚」的素描像的美國雜誌《今日中國》也把毛澤東畫像換成了用上述合影加工而成的肖像（圖29），而且1936至1937年都在使用。或許該雜誌也已看到大本營蘇聯的刊物《國外》刊載的毛澤東畫像（圖26）。

就這樣，1934年以後，蘇聯的不少刊物開始刊載毛澤東肖像——雖然已是多年前的舊照。與此同時，介紹毛澤東的生平、

41　圖24：*Второй Съезд китайских советов*（《中華蘇維埃第二次代表大會》）(Москва, 1935); 圖25：*Национально-колониальные проблемы*（《民族及殖民地問題》），№38, 1937年6月。

42　圖26：*За рубежом*（《國外》），№ 31, 1934年11月；圖27：*Коммунистический Интернационал*（《共產國際》），1935年12月；圖28：Хамадан, *Вожди и герои китайского народа*（哈馬丹：《中國人民的英勇領袖》）(Москва, 1936).

為人的文章 —— 已不再是誤報、臆測 —— 即毛的傳記也開始出現。那就是附有圖26的傳記文章〈毛澤東 —— 略傳〉。該文此前幾乎不受關注，但卻是出自外國人之手的第一篇毛傳，對於探討當時蘇聯如何認識毛澤東具有極大參考價值。下一節將就此進行考察。

4. 俄國人愛倫堡眼中的毛澤東 —— 國外第一篇毛澤東傳記

如果說，中國國內最早發表的毛澤東傳記（介紹其生平的文章）是第一章提到的〈共黨主席 —— 毛澤東〉（1932年7月），國外最早發表的毛傳，就是蘇聯的國際時事雜誌《國外》（*За рубежом*）第31期（1934年11月）刊載的〈毛澤東 —— 略傳〉（Мао Цзе-дун—Очерк）。在此之前，蘇聯報紙《真理報》及共產國

圖30　愛倫堡

際機關雜誌等報道中國革命時雖然也常提到毛澤東，但記述、介紹毛澤東生平的專文登上雜誌，尚屬首次。《國外》是專門介紹和評論各種外國時事問題的雜誌。該文作者是俄國的中國問題專家愛倫堡（Георгий Борисович Эренбург，1902–1967，圖30）。他曾於1920年代中期訪華，後來成為蘇聯著名的中國近現代史學者。[43] 他

43　關於愛倫堡的生平，請參閱М. Ф. Юрьев, А. В. Панцов, "Учитель Китаеведов Г. Б. Эренбург (1902–1967)，" *Слово об Учителях—Московские востоковеды 30-60-х годов*（尤里耶夫、潘佐夫：〈中國學

圖31　《國外》第31期載《毛澤東 ── 略傳》

在1920年代中期的訪華，極有可能與國民革命時期來華的眾多蘇聯人一樣，是為了支援中國革命。

─────────

之師愛倫堡〉，收於《師的語言：莫斯科的東方學者們1930–1960年代》) (Москва, 1988)。附言之，同樣以《毛澤東傳》聞名於世的潘佐夫教授是愛倫堡的外孫。潘佐夫在其《毛澤東傳》(中譯版：中國人民大學出版社，2015；俄文版：А. В. Панцов, *Мао Цзэдун* [Москва, 2012]；英文版：A. V. Pantsov & S. I. Levine, *Mao: the Real Story* [New York: Simon & Schuster, 2012]) 中曾提到愛倫堡的毛傳。遺憾的是，他引用的並非完整原文。

　　愛倫堡的這篇毛傳很短，只有一頁半，但卻是非常寶貴的資料，十分有助於了解當時蘇聯如何認識和評價毛澤東、探究後來流傳開來的毛澤東形象的原型。該文此前幾乎不為人知，故筆者將全文譯成中文，附於書末（附錄二），有興趣的讀者，不妨一讀。[44]其版面（圖31）右上角可見毛澤東肖像，即上文曾略作介紹的那幅版畫；原稿是上述1927年國民黨幹部的合影，作者是蘇聯女版畫家克里茨卡婭（А. М. Критская，1898–1984）。其下「毛澤東同志」五個漢字形態自然流麗，應出自某位中國人、而非版畫家本人之手。

　　實則，同年愛倫堡還曾編纂過介紹中國革命運動的《蘇維埃中國》（詳見上文第53頁），並由蘇聯共產黨系統的出版社刊行；而愛倫堡在此前後寫成的另一篇有關中國的文章，就是這篇毛傳。那麼，這篇短小的毛傳是怎樣描述毛澤東的？

　　首先，該傳通篇以肯定的語氣把毛澤東描述為中國農民革命運動的傑出領袖。文中稱：「這一時期〔北伐時期〕，毛澤東是湖南與湖北農民運動的領袖」，「毛澤東在農民中間。他與農民一起站在鬥爭的中心」，明確說毛澤東是親身參加農民運動、和農民在一起戰鬥的優秀革命家。值得關注的是，文中還引用了毛澤東發表於1927年的《湖南農民運動考察報告》，就是毛肯定農民革命「過火」現象的下列名句：

> ……革命不是請客吃飯，不是做文章，不是繪畫繡花，不能那樣雅致，那樣從容不迫，文質彬彬，那樣溫良恭儉讓。

　　接下來的「革命是暴動，是一個階級推翻一個階級的暴烈的行動」，傳記則沒有引用；可能是覺得「不是請客吃飯……」一句已足以令讀者對毛有關革命的思路、態度有強烈印象。引用最有毛澤

44　原載石川禎浩編譯：〈蘇聯《國外》雜誌刊登的毛澤東傳〉，《中共黨史研究》，2013年第12期。

東特色的文章、段落來介紹他的特點，愛倫堡對中國問題的了解之深於此可見一斑。不過，蘇聯介紹《考察報告》，愛倫堡此文並非首次。《考察報告》在中國發表後不久，共產國際的機關雜誌《共產國際》的各種語言版本即曾予以刊載。俄語版是1927年5月號，標題為〈湖南的農民運動〉。這也是毛澤東的著作首次被介紹到國外。

不過，《共產國際》刊載的這篇文章沒有署名，讀者並不知道作者是誰。觀諸該文翻譯、發表的1927年5月，當時共產國際不滿於陳獨秀等中共領導人試圖糾正農民運動中的「過火」問題，加強了批判，並指示要立即實行土地革命。在這種情況下，毛澤東的報告被翻譯、發表，顯然反映了共產國際欲利用這篇報告明確表示：中國的農民運動正如火如荼，第一線中共黨員的報告不也持肯定態度嗎？而現在的中共中央竟然在拼命阻撓運動，這樣的中央領導必須罷免！

譯載報告的目的如此，自然就沒有必要註明報告作者的名字。也就是說，莫斯科在1927年所需要的，是對農民運動「過火」行為表示肯定的中共一線黨員的態度，而不是毛澤東的聲音。實際上，當時還是共產國際領導人的布哈林（Bukharin）曾提到毛澤東的這篇報告。他說：「一些同志或許讀過那篇報告，我們的鼓動家在這篇報告中記述了他的湖南省之行。報告寫得極為出色，很有意思而且反映了生活。」[45]不過，當時的布哈林等共產國際領導人恐怕不會想到，湖南的這位「鼓動家」日後將成為中國革命的偉大領袖而名震全世界。

但這篇報告在七年後再次被引用時，已經不是為了讓人知道某位「鼓動家」，而是為了介紹毛澤東其人。中國問題專家愛倫堡

---

45 〈共產國際執行委員會第八次全會布哈林的報告〉（1927年5月），中國社會科學院近代史研究所翻譯室編譯：《共產國際有關中國革命的文獻資料》（中國社會科學出版社，1990），第3輯（1921–1936〔補編〕），頁148。

查明〈湖南的農民運動〉這篇匿名報告原來出自毛澤東之手，於是引用到自己寫的毛傳中。但在引用時，愛倫堡似乎並未使用《共產國際》刊載的譯文，而是比對了中文原文。因為，在《共產國際》所載譯文中被省略、刪除的某些語句，在〈毛澤東 ── 略傳〉中仍有引用。[46]

對介紹毛澤東而言，引用多年前的中文原文，應該説是恰當的選擇；而考慮到愛倫堡還描繪了毛澤東活躍於農村革命一線的形象，他對作為農村革命領袖的毛澤東的評價，無疑是很高的。而從當時蘇聯的意識形態和宣傳部門的構造看，這種評價和認識應該不單純是愛倫堡個人的見解，而是反映了更高層組織的態度。提到毛澤東，人們都認為他一直受到共產國際及蘇聯的冷遇和排斥，莫斯科從未把土生土長的革命家毛澤東當作自己人；但是，起碼從愛倫堡的毛傳來看，此類評説是不正確的。更接近事實的看法或許是，當時的莫斯科對毛澤東作為革命家所擁有的素質和能力，是頗有好感的。

5. 手拿雨傘的革命家

愛倫堡所描述的毛澤東好像疾病纏身。毛看上去是個「農民風貌的瘦高個年輕人」，但在開闢和建立農村根據地的過程中，身體似乎一直不好；略傳稱「儘管健康狀況不佳，毛澤東依然是前敵委員會的領導」。從斯諾所拍攝的照片（圖5）看，毛的確像個鄉下莊稼漢；和晚年不同，當時正值青壯年的毛澤東確實身材瘦削，個頭也超出一般中國男性。

46　更準確地説，共產國際的其他雜誌也曾譯載毛澤東的《湖南農民運動考察報告》。如《革命的東方》（*Революционный Восток*）1927年第2期即載有更準確的全譯，且署名為毛澤東。因此，愛倫堡可能讀過這些譯文，也可能這些譯文就出自愛倫堡之手。

圖32　《毛主席去安源》

　　略傳裏的毛澤東也疾病纏身，值得關注。讀過本章第二節的讀者或許還記得，共產國際的雜誌曾誤發訃告，稱他「因長期患肺結核而在福建前線逝世」。看來，同樣的先入之見，愛倫堡也未能倖免。

　　除此之外，該略傳還有幾個地方令人心生好奇，比如文中數次描述毛澤東「手持雨傘」；在這篇簡短的略傳中竟有三處，結尾處仍寫道：「蘇維埃中國的這位領袖，是穿着中國農民的服裝，手持大油紙傘的革命家」；可見這一形象在愛倫堡心目中是如何鮮明而強烈。那麼，青年毛澤東為什麼要手拿「油紙傘」呢？

　　實際上，年紀較大的中國人聽到「毛澤東」拿着「雨傘」，恐怕不會對此形象感到奇怪。因為這會讓他們想起昔日令人懷念的一幅名畫，那就是圖32所示油畫《毛主席去安源》，畫裏的毛澤東腋下就夾着一把雨傘。這是怎麼回事？讓我們從這幅油畫說起。

圖 33a　身背雨傘行軍的中國士兵

圖 33b　紅軍士兵集體合唱

　　《毛主席去安源》是中國畫家劉春華於1967年創作的油畫。當時正值文化大革命，藝術家們創作了許多歌頌毛澤東的作品。這幅油畫受到的評價最高，據稱單張彩印達九億多張，全國各地隨處可見；中國人民平均每人一張，不僅是中國歷史上、也是世界歷史上印製最多的作品。[47]作品和畫家的故事（作品受到國家領導人稱讚而被革命博物館收藏；文革結束後，畫家從博物館取回作品，後委託拍賣，引發所有權之爭，並訴至法院）很複雜，此處僅略述其創作過程。

　　該作品描繪的是青年毛澤東於1921年前往湖南省安源礦區領導工人運動的情景。關於畫中的青年毛澤東為何拿着雨傘，畫家曾作如下說明：畫家為創作曾採訪安源的老礦工，詢問毛澤東當時的容貌和衣著。有幾位老人說：「〔毛主席當年〕背着一把破雨傘，穿着一身舊藍布衣服」，所以就把雨傘畫了進去。後來畫家聽說毛澤東本人看到作品後也說：「神氣還像我。只是這衣服太好了，我那時沒有這麼好的大衫，都是舊的，沒有這個好。……傘也對，時常下雨，出門總帶把傘。」[48]當然，安源的老礦工、畫家和毛澤東，都不知道曾有個名叫愛倫堡的俄國人寫過毛澤東傳記，也不知道傳記中的毛澤東也拿着一把雨傘。

　　愛倫堡又怎麼知道毛澤東「出門總帶把傘」？1934年的愛倫堡應該沒有見過毛澤東，更不可能知道安源老礦工的回憶和《毛主席去安源》這部作品。那麼，他們的描述、描繪為什麼卻如此一致呢？答案或許就在毛澤東看到作品時追憶往事的那句話中，即「時常下雨，出門總帶把傘」。隨身帶傘或許是當時中國人的習慣，至

47　黃式國、黃愛國：〈《毛主席去安源》的幕後風波與歷史真實〉，《南方週末》，2006年4月20日；劉春華：〈也談《毛主席去安源》的幕後風波與歷史真實〉，《南方週末》，2006年7月27日。

48　前引劉春華：〈也談《毛主席去安源》的幕後風波與歷史真實〉。

少在外國人的印象中是如此。一個典型例證就是，中國軍隊的士兵行軍時也背着雨傘。

請看圖33a和33b。33a是一張攝於1920年代末或1930年代初的照片，畫面上是正在行軍的中國士兵，軍裝顯示他們應該是國民革命軍即國民黨軍隊的一支部隊，每人都背着一把雨傘。33b則是行軍中的紅軍士兵集體合唱、提高士氣的場面。這是斯諾1936年在陝北採訪時的照片。畫面前景有一位戰士背着雨傘。一手打傘，另一隻手怎麼使用武器？打起了傘，還不成了敵人的靶子？小孩子郊遊帶傘還說得過去，槍林彈雨中衝鋒陷陣的戰士難道還怕淋雨嗎？這一形象因此招致外國人的嘲笑，被當成中國軍隊鬆弛懈怠、戰鬥力低下的證明，甚至成了中國國家體制乃至中國人稟性的象徵。

攜帶雨傘的中國軍隊，早在甲午戰爭前就有人看到過。日本明治時期的政治家小室信介在其中國遊記（《第一遊清記》，1885）中曾寫道：「雨中士兵似各插雨傘行軍，至其他舉動，亦有令人不禁捧腹大笑者。」到了抗日戰爭時期，仍有人說，中國兵即使正打着仗，下起雨來也會忙不迭地去打傘；日本士兵從中國戰場帶回的戰利品中，青龍刀和雨傘並不罕見。

蘇聯的中國問題專家似乎也相信了這種說法或曰傳聞，即中國人出門時一定帶着傘。或許，愛倫堡1920年代中期訪華時，也曾看到過國民革命軍如上述照片那樣背着雨傘行軍的情景。總之，中國人隨身帶傘的形象，被愛倫堡摹寫到了毛澤東身上；即使他介紹的是其他中國人，可能也會讓他拿上一把雨傘。這與從前日本人都被描述成胸前掛着照相機，本質上是一樣的。

關於毛澤東和雨傘，還有一段有趣的軼聞。在成為中華人民共和國的偉大領袖之後，毛澤東於1970年12月接受採訪時，曾稱自己是「和尚打傘」；而採訪他的不是別人，正是首次向全世界介紹毛澤東的斯諾。斯諾在該年實現了他最後一次訪華，毛澤東接見

了他。「和尚打傘」，就是毛和老朋友長談時所做的自我評價。當時，人們難得聽到宛如神靈般的毛澤東談論自己，斯諾將其稍作加工後，在美國的《生活》(*Life*) 畫報上做了如下介紹，即「他說，他不過是一個帶着把破傘漫步在世間的孤僧」。《生活》畫報 (1971 年 4 月 30 日) 原文中的毛澤東是第三人稱，如果將其改成第一人稱，毛的話應該是這樣的：

I am only a lone monk walking the world with a leaky umbrella.

把自己比作僧人，也許多少有些神秘，讓人印象深刻，所以《生活》畫報也引用了 "a lone monk with a leaky umbrella" (一個帶着把破傘的孤僧) 作為小標題。毛澤東對老朋友說的這句話在國外被報道後，人們紛紛加以猜測、解釋。有人說：「他作為領袖說出了自己的孤獨，即無人理解自己發動文革的意圖」；也有人說：「他享受着狂熱的崇拜，卻在以深邃的哲學思考審視着孤高的自己」，等等。毛澤東於 1976 年逝世後，仍有日本的全國大報刊發短評，稱「晚年的〔毛澤東〕主席曾對斯諾說『自己不過是一個帶着把破傘漫步在世間的孤僧』；對於了解這位舉世無雙的革命家的內心世界，這句話令人印象深刻。」[49]

中國讀者都明白，這些解讀都是誤解，毛澤東根本不是那個意思。「和尚打傘」是中國人都知道的「歇後語」，後面還有半句「無髮 (法) 無天」，意為無視天理人道而肆意行事。毛說這句話，是要表達自己天性不受拘束、隨心所欲；但斯諾卻沒有聽懂最重要的言外之意。媒體只報道了此句的英譯，並做出種種離譜的解讀。

「和尚打傘」的誤讀，反映了不同文化背景的翻譯工作有多麼困難。不過，問題是否出在翻譯身上？後文將提到，斯諾並不怎

---

49 〈天聲人語〉，《朝日新聞》，1976 年 9 月 11 日。

麼會説中文；所以，或許是聽譯員説「我是打傘的僧人」，而後按
照自己的理解譯成英文。又或者，譯員的知識、素養不足以傳達
歇後語的言外之意？

實際上，二人12月18日在中南海進行的長達五個小時的談
話，中英文都有記錄留存(英文翻譯和記錄是唐聞生，中文記錄是
王海容)。從記錄可知，唐翻譯時是先直譯，然後再作解釋和補
充；而且，會談後，斯諾應該拿到了經唐整理過的英文談話記
錄。[50]這樣看來，問題不在翻譯，還是出在斯諾身上。也就是説，
這句頗費揣測的「謎譯」，很可能是出於某種理由而做的「潤色」、
「加工」。

「謎譯」也好，「潤色」、「加工」也罷，那時的斯諾為什麼要那
樣理解和解釋呢？關於這一點，此前有過各種解釋，如翻譯與斯諾
知識缺乏和誤解疊加的結果等。不過，如果把上述油畫《毛主席去
安源》考慮在內，也就可以做出如下解釋，即斯諾訪華時，所到之
處都懸掛、張貼着這幅畫；在屢屢看到青年毛澤東手拿雨傘行走在
荒野上的畫面後，再聽到「和尚打傘」，腦海裏一下子浮現出毛澤
東「帶着把破傘漫步在世間」的形象。這個解釋能否為學術界接
受，筆者不敢斷言；但毛澤東的確和雨傘有不解之緣。

---

50   熊向暉：〈毛澤東是否説過「我就像一個手執雨傘雲遊四方的孤
     僧」？〉，《黨的文獻》，1994年第5期。

第三章

國際共產主義運動舞台上
不見身影的著名革命家

1. 王明對毛澤東的扶助 ——
第一部毛澤東著作集的出版

毛澤東的肖像相繼出現在蘇聯的刊物 —— 包括愛倫堡的毛傳 —— 是在1934年。如上所述，這些肖像的源頭，毫無例外都是1927年拍攝於武漢的合影照片。而與愛倫堡的傳記有關且值得關注的，是附有同樣肖像（圖26、29）、於同年在莫斯科刊行的兩種中文宣傳冊，其名稱分別是《只有蘇維埃能夠救中國》、《經濟建設與查田運動》，均由「蘇聯外國工人出版社」出版。該出版社，如其名稱所示，是專為居住在蘇聯的各國勞動者即各國共產黨、工人團體出版刊物的出版社，也出版上述宣傳冊這樣的中文刊物。這兩本宣傳冊所以珍貴，除附有毛澤東肖像外，更因為它們是首次以單行本形式出版的毛澤東著作集。

這兩本宣傳冊問世的1934年，莫斯科且不論，在距其萬里之遙的中國農村，中國共產黨正在竭力保衛根據地，處於危急存亡的關頭。國民黨從前一年秋天對贛南根據地展開圍剿，此時正步步進逼。1934年1月，第二次中華蘇維埃全國代表大會在與國民黨大軍激戰正酣的情況下勉強召開；但就在兩個月後，瑞金北方約一百

公里的最後要衝(廣昌)被攻陷，保衛根據地已沒有希望，秋天決定放棄根據地。該時期的毛澤東時運不濟，被留蘇派等黨內對手斥為「自以為是」，並被剝奪了黨政一線領導崗位。中華蘇維埃第二次代表大會選舉政府首腦時，毛雖連任象徵性的政府主席，但卻沒有當選擁有實權的人民委員會主席。當然，選舉是按中國共產黨事先擬定的名單進行的。

對毛澤東受到冷遇的情況，莫斯科的中共代表團(王明等)似乎未能馬上充分掌握。中華蘇維埃的大會和政府人事安排，中共中央是不能獨自決定的，而須事先通知共產國際及中共駐共產國際代表團，並得到其允可才能確定。但在1934年1月的第二次大會上，或部分由於通訊不暢等原因，毛澤東的對手們(秦邦憲、張聞天等)未經通知莫斯科就剝奪了毛的幾項職務。而莫斯科的王明等人得知選舉詳情，已經是半年之後的同年9月。王明等人感到顏面盡失，致函秦邦憲等表示「很不滿意」。[51]「不滿意」的理由，最主要的當然是莫斯科(共產國際)的權威受到了蔑視，但還不止於此。實際上，在選舉以前，王明等人已經開始對外宣傳中國的蘇維埃革命運動，而其確定的革命運動象徵就是毛澤東。這就是上述附有毛澤東肖像的兩本中文宣傳冊於1934年夏在莫斯科出版的背景之一。

《只有蘇維埃能夠救中國》(共112頁，圖34)是瑞金舉行的中華蘇維埃第二次代表大會報告資料集，收入大會日程及報告。這

51　例如，王明在1934年8月初寫給中共中央政治局的信中曾這樣批評道：「關於選舉名單，我們還沒有得到。……此地同志都感覺到關於蘇維埃政府的選舉和改組這類重大問題，事先沒有能夠通知此地，作意見的交換，事後許久不能得到確切的消息，不能不是工作當中一個大的缺陷。」〈王明、康生致中央政治局諸同志的信〉(1934年8月3日)，引自楊奎松：《民國人物過眼錄》(廣東人民出版社，2009)，頁257–258。

圖34　《只有蘇維埃能夠救中國》之封面

次大會的開會情形和相關資料已刊於中國共產黨在當地編刊的機關雜誌《鬥爭》(第66期)，莫斯科出版的該宣傳冊係將其重新編輯而成。如前所述，毛澤東在這次大會上未能當選人民委員會主席，但作為上一屆政府主席和人民委員會主席，他做了政治報告。因此，這本宣傳冊形式上是大會報告集，實際上卻是毛澤東的講演集。

　　包括中途休息在內，毛澤東在大會上連續做了兩天報告。中華蘇維埃形式上是「國家」，毛的報告相當於現在外國的國家元首在國會上口頭發表施政演說；不過，連續講兩天，情形自然不同。這項工作雖然聽起來十分辛苦，但當時包括中國共產黨在內的各國共產黨無不熱衷於開會，其領導人也擅長演講，在會上口若懸河兩三小時並不算什麼。至於毛澤東，連續兩天做一個報告也不止這一次。沒有這點服眾的精力，是當不了領導人的。

另一本宣傳冊《經濟建設與查田運動》(共45頁)，與《只有蘇維埃能夠救中國》幾乎同時出版。其序言稱，該書是輯錄中國的共產黨機關雜誌《紅旗》所載毛澤東的三篇文章而成。這三篇文章[52]發表時都有毛澤東署名，因此這本宣傳冊也就標為「毛澤東著」。世間以「毛澤東著」之名流傳的著作集不可勝數，但把數篇文章合為一冊的，這本小冊子是世界上最早的一本，因稀見而極具收藏價值。從前的「紅色文獻」現在已成為投機者競相追捧的「文物」；就毛澤東早期的著作集而言，1949年以前共產黨在其支配地區編刊的各種舊版《毛澤東選集》十分引人關注，在文物拍賣市場上有時價值連城。但這本著作集，雖說是中文版，但卻是在莫斯科出版，作為最早的毛澤東著作集幾乎被人遺忘。

出版於莫斯科的這兩本宣傳冊附有毛澤東的版畫肖像(同圖29)，但卻沒有著者介紹，即毛的傳記文字。如前所述，最早的毛傳，還有待數月後由愛倫堡來完成。為編刊這兩本宣傳冊而煞費苦心的是王明。曾多少涉獵中國共產黨史的人，或許對此都會感到意外。因為，這個王明，就是那位後來被批判為借助共產國際的權威百般壓制毛澤東的人。上文解釋共產國際和中共的關係時，曾提到不懂中國國情卻濫用共產國際的權威、行事專斷的留蘇派年輕人，其代表人物就是王明。

但是，這個時期的王明卻是毛澤東的支持者。中華蘇維埃第二次代表大會閉幕後約半年才收到大會文件的王明，於1934年8月致函中共中央，並通告如下：

---

52 〈粉碎第六次「圍剿」與蘇維埃經濟建設任務〉，《紅旗》，1933年11月第62期；〈查田運動是廣大區域內的中心重要任務〉，《紅旗》，1933年8月第59期；〈查田運動的初步總結〉，《紅旗》，1933年10月第61期。

……毛澤東同志的報告和結論，除了個別地方有和五中全會決議同樣的措詞的缺點外，是一個很有意義的歷史文件！我們與國際的同志都一致認為，這個報告明顯地反映出中國蘇維埃的成績和中國共產黨的進步。同時認為，這個報告的內容也充分反映出毛澤東同志在中國蘇維埃運動中豐富的經驗。[53]

王明還宣稱，將把該報告譯成數國語言，編輯成冊刊行。一個月後，王明又致信中共中央，內容如下：

……毛澤東同志的報告，中文已經出版，綢製封面，金字標題，道林紙，非常美觀，任何中國的書局，沒有這樣美觀的書。與這報告同時出版的，是搜集了毛澤東同志的文章（我們這裏只有他三篇文章）出了一個小小的文集，題名為《經濟建設與查田運動》，裝潢與報告是一樣的。這些書籍，對於宣傳中國的蘇維埃運動，有極大的作用。[54]

王明的得意神情，躍然紙上。這兩封信明確顯示，1934年問世的附有毛澤東肖像的這兩本宣傳冊，就是在王明授意、安排下出版的。我們由此想到，上文介紹的附有毛澤東肖像的法文版宣傳冊，也是在王明等人主導下、同樣於1934年刊行。在王明看來，毛澤東是中國蘇維埃革命光彩四射的明星。不過，更準確地說，視毛澤東為中國革命領導人而予以高度評價和支持，應該是共產國際高層如斯大林、季米特洛夫等人的集體態度；對此，王明沒有理由表示異議。

53　前引〈王明、康生致中央政治局諸同志的信〉（1934年8月3日）。

54　〈康生和王明給中共中央政治局的第4號信〉（1934年9月16日），收於中共中央黨史研究室第一研究部編譯：《共產國際、聯共（布）與中國革命檔案資料叢書》（14）（中共黨史出版社，2007），頁249。

　　當然，王明也有自己的打算。毛澤東作為中國革命領導人在第一線所取得的成績，對王明在共產國際開展工作也是無可替代的政治資本。毛在遙遠的中國工作越出色，身在莫斯科的王明也就越能借他的旗號加強自己在共產國際的影響；所以，為毛澤東出版兩本裝幀美觀的著作集是值得的。可是，著作集出版後，遠在中國的中國共產黨中央傳來了報告，也就是未經事先協商就決定了結果的上述選舉報告（不再選毛任人民委員會主席）。已經着手宣傳毛澤東的王明下不了台，表示「很不滿意」，也在情理之中。

　　附言之，王明長期駐莫斯科，在此之前應該未曾與毛澤東謀面；所以，在看到宣傳冊中毛澤東的肖像、亦即約七年前的容貌時，或許想像過這到底是怎樣的人物。那時的王明當然不會知道，數年後，他將圍繞黨的領導權與毛澤東展開激烈對決。但必須確認的是，在1930年代前半期，尤其是莫斯科開始認識到毛澤東的作用和影響的1934年前後，王明對毛的評價是相當高的，認為他是中國革命經驗豐富的領導人；進而言之，在國際共產主義運動的舞台上積極扶持毛澤東、將其塑造為中國革命明星的，不是別人，而正是王明。借用現在的説法，此時的毛澤東和王明是一種「雙贏」關係。

　　王明支持出版的值得紀念的第一部毛澤東著作集，裝幀、印刷之精美似乎難得一見，但身在中國瑞金的毛澤東卻沒有看到。該書在莫斯科出版後不久，中國共產黨和紅軍就放棄瑞金，開始了長征。或許樣書離開了莫斯科，但收件人已經不在原住址。

2.　哈馬丹的毛澤東傳

　　1934年秋，毛澤東隨長征部隊離開贛南根據地，踏上了著名的「兩萬五千里長征」的征程。中國人都知道，長征歷經艱難坎

坷，出發時十萬人，中途因戰鬥和疾病而死傷，以及掉隊、逃跑等大幅減員，抵達陝北時僅餘不足萬人。

長征途中，中共中央基本上無法與莫斯科取得通訊聯繫。在贛南擁有「國家」時，還可以通過訊號不太穩定的無線電與莫斯科或共產國際在上海的派駐機關相互聯繫；但在不斷受敵追擊的長征途中，無法搬運笨重的無線電發射機，變更密碼也十分困難，不久後就與莫斯科失去了聯繫。[55]其結果，中國共產黨自然難以遵守共產國際的指示，被迫自己做出判斷和決定。只不過，從另一角度看，正因為在長征途中與共產國際失去聯絡而不得不獨立下判斷，從而積累了豐富經驗、展現了獨自戰勝逆境的能力，中國共產黨才得以最終擺脫莫斯科的干涉而獲得自立。如此看來，中國共產黨和共產國際的關係，或可以長征為界，劃分為前後兩個時期。

中國共產黨在長征途中獲得自立的例證之一，就是中共中央於1935年1月在貴州省遵義召開政治局擴大會議 —— 所謂「遵義會議」—— 並對黨的最高領導機構進行改組。毛澤東在這次擴大會議上發言，就紅軍前期的失敗和放棄中央根據地嚴厲追究領導集體的責任。同時，毛得以重返一線領導崗位。眾所周知，遵義會議及其後長征局面的改變，是毛澤東後來的政治生涯、尤其是成為黨的領袖的重要轉捩點。不過，當時在長征途中的中國共產黨和毛澤東本人，都無暇顧及對外宣傳工作。對外介紹、塑造毛澤東和中國共產黨的形象，仍然需要，甚至更加需要依靠莫斯科。

就在長征途中的中國共產黨日日行軍、天天打仗的1935年夏，共產國際的世界大會（第七次大會）在莫斯科召開，而翌年即1936年則是中國共產黨建黨15年週年紀念。共產國際大會也好，建黨紀念活動也罷，其準備工作原需舉全黨之力；但是，國內的黨

55　王新生：〈紅軍長征前後中共中央與共產國際的電訊聯繫考述〉，《黨的文獻》，2010年第2期。

中央正身陷困境、無暇他顧，結果全部由莫斯科的中共代表團代為組織和主持。比如，號召中國的所有力量團結抗日的著名的〈八一宣言〉(1935)，雖然是以中國共產黨中央的名義發出，但現在已經清楚，實際起草、發表該宣言的，是駐莫斯科的王明等中共代表團。

對毛澤東的宣傳也是建黨15週年紀念活動的一環，在無法與中共中央取得聯繫的情況下，具體活動由莫斯科的共產國際和中共代表團負責實施。為此重新撰寫的，就是附有圖27所示肖像的毛澤東評傳〈毛澤東——中國勞動人民的領袖〉。

該評傳自1935年底起至翌年初在《共產國際》——即本書已反覆提及的共產國際最具權威的機關雜誌——的各種語言版上相繼刊載。[56]各版作者署名各不相同，分別為H（德文版）、X（俄文版）、Ch（英文版）、何（中文版），但準確姓氏是哈馬丹（A. Хамадан，1908–1943）。哈馬丹是猶太裔俄國人，當時是蘇聯的日報《真理報》國際部的記者，此前曾在中亞工作，據說也曾在蘇聯駐哈爾濱領事館任情報處長。可見他對亞洲問題也比較熟悉。但後來在第二次世界大戰中作為從軍記者採訪時，在克里米亞半島的塞瓦斯托波爾被捕，後被殺害。[57]

56　俄文版：Х.,"Мао Цзэ дун—вождь китайского трудового народа," *Коммунистический Интернационал*, № 33–34, 1935, стр. 83–88；德文版：H., "Mao Tse-dun—der Führer des werktätigen chinesischen Volkes," *Kommunistische Internationale*, 1936, Jg. 17, S.79–85；英文版：Ch., "Mao Tse-tung—Leader of the Toiling People of China," *Communist International*, 1936, Vol.12, pp. 193–200；中文版：何：〈中國人民底領袖毛澤東〉，《共產國際》中文版，1936年第1、2期合刊，頁140–148。附言之，俄文本的中文翻譯，收於蘇揚編：《中國出了個毛澤東》（〔解放軍出版社，1991〕，頁383–391），題為〈1935年赫在《共產國際》雜誌介紹毛澤東〉。

57　A. B. Панцов, *Мао Цзэдун* (Москва, 2012), стр. 414. 中譯本：潘佐夫

　　哈馬丹毛傳中使用的肖像，就是1927年攝於武漢的合影，讀者對此已不陌生。在源自該合影的一系列照片、版畫、素描中，無論筆觸之濃密還是毛澤東的風采，這幅肖像應該都是最為出色的；因此，除了底本略顯陳舊外，使用該像作為評傳插圖，可謂無可挑剔。只不過，這幅肖像只用在德、俄文版上，英文版和中文版則未收肖像。這難免讓人感到遺憾，但也可見德語和俄語在共產國際的特殊地位。

　　該評傳的內容，各語言版本基本相同。[58]篇幅約六頁，比前章探討的愛倫堡毛傳長得多，是比較正式的傳記。附言之，幾乎在同一時期，哈馬丹還曾投稿《真理報》介紹毛澤東[59]（1935年12月13日，未附肖像）；其標題是〈中國人民的領袖 —— 毛澤東〉，篇幅比《共產國際》載文要短，但大意相同，可以視作其摘要。哈馬丹的這兩篇毛澤東傳記，因為都登在社會主義蘇聯的代表性報刊上，很長一個時期內曾被視為國外發表的最早的毛傳。但是我們已經知道，愛倫堡早在約一年前就曾發表過毛傳。既然如此，當然需要就二者加以比較。

　　首先值得注意的是，愛倫堡和哈馬丹有關毛澤東的記述 ——包括錯誤記述在內 —— 有不少共同之處。如身體特徵（瘦高個兒、體弱多病）、曾在長沙發行雜誌（《新湖南》）、曾在北京被捕（誤

著、卿文輝等譯：《毛澤東傳》（上）（中國人民大學出版社，2015），頁386。

58　其區別在於，被俘紅軍士兵供述毛澤東為人的部分，中文版引自「英文《南華早報》」，即 *South China Morning Post*，但英、俄版則稱引自《大公報》（Da-wen-bao, Daven Bao, Ta-Kum-Pao）。另，經查閱，*South China Morning Post* 和《大公報》均不見此類報道。

59　Ал. Хамадан, "Вождь китайского народа —— Мао Цзе-дун," *Правда*, 1935. 13 декабря. 中譯本：《蘇聯〈真理報〉有關中國革命的文獻資料選輯》（四川省社會科學出版社，1986），第2輯，頁532–537。

傳）、與農民運動的關係（1927年發表《湖南農民革命》，應為《湖南農民運動考察報告》）等記述，二者完全一致。引自《湖南農民運動考察報告》的語句也相同。關於中國國內情況及中國革命運動，哈馬丹似乎並沒有特殊的知識來源或信息渠道，其毛傳顯然參照、抄錄了愛倫堡的文章。也就是説，哈馬丹參考愛倫堡文寫了簡短的介紹文字，發表在《真理報》，又寫了稍詳細些的評傳投給《共產國際》。

　　一般而言，後來者參考已有文章為同一人物撰寫傳記時，要比舊傳更詳細，至少看起來更真實。同一題材的神話、傳説，時代越晚近就越詳細，這在神話學領域叫做累積説；哈馬丹的評傳也是如此。愛倫堡發表其毛傳後，並無新的特別信息從中國傳到莫斯科；前文介紹的1935年11月為共產國際最高領導人填寫的毛澤東的履歷表滿紙空白，就是最好的證據。但在其間舉行的共產國際第七次大會上，毛澤東一躍而與世界著名革命家齊名，在被讀到名字時，全場竟報以雷鳴般的掌聲。對這位已經登上共產國際大會這一世界舞台而仍然不見其人的中國革命家，哈馬丹有必要按照蘇聯的社會主義觀，在愛倫堡毛傳基礎上進一步擴充，以將其塑造為理想革命家的形象。

　　哈馬丹的兩種毛傳，本書無暇全文介紹；此處只觀察哈馬丹為塑造理想形象而增添的兩三處文字，即捏造的似乎「確有其事」的部分。首先，哈馬丹強調了毛澤東出身貧農，且家境極端貧困。而實際上，毛澤東的父親雖然年輕時曾是佃戶，但後來辛勤勞作，小有積蓄，逐漸增加田產而成為富農，土地的相當部分租給別人耕種。如前所述，共產國際填製的毛澤東的履歷表也因此將其出身階級歸作「小地主」。哈馬丹的評傳儘管與該履歷表成於同一時期，但卻謊稱毛澤東出身貧農。或許他認為，中國農村革命的領袖不出身貧農説不過去。

　　其次，了解中國共產黨史的人，讀了該傳記的開頭部分，恐怕難免失笑。開篇描寫的是毛澤東也曾出席的中共第一次全國代表大會開會的情景。關於1921年在上海舉行的這次大會，愛倫堡幾乎是一帶而過，但哈馬丹的記述卻十分詳細、生動，好像他就在會場。在他的記述中，數十名工人和農民甚至苦力也來到會場，對毛澤東的發言激動不已；而當時黨的最高領導人陳獨秀，在毛發言後緊緊握住他的手，表面上大加讚頌，背後卻投去冷冰冰的目光。

　　關於這段描述，毛澤東曾出席「一大」確屬事實，但出席大會的13名代表全部是知識分子，沒有一人是工人、農民。陳獨秀也確實是建黨工作的組織者、黨的最高領導人，但因廣州公務而未能出席大會。哈馬丹要添加某些「真事」，於是就按蘇聯式價值觀，讓工農大眾也來參加會議，同時把後來才被指為違反共產國際指示、因而被剝奪黨的最高領導職務的陳獨秀，描繪成此時就已異常陰險。

　　再有，與愛倫堡基本一樣，哈馬丹也稱毛澤東體弱多病，但卻補充了理由。即毛澤東生於貧農家庭，從小就像牛馬那樣被地主、商人驅使，因而嚴重損害了健康。也就是說，毛澤東因家境貧寒、受有錢人壓迫，所以心中燃起了對不合理社會的憤怒和對階級敵人的仇恨，後來受俄國革命影響而參加了革命運動。這是俄國式革命家故事的標準敘述方式。

　　如此看來，把哈馬丹的評傳當作蘇聯粉飾型劇本之一，也不失其意義。不過，不可否認的是，捏造這種粉飾性的情節、身世，反倒沖淡了毛澤東本來具有的魅力。在哈馬丹的評傳中，愛倫堡反覆強調的拿着「雨傘」的革命家形象已不見蹤影，毛澤東手裏拿的不再是「雨傘」，而是筆記本和一支鉛筆頭，以便在黨的會議上隨時記錄別人的觀點，以及農民和工人的心聲。哈馬丹筆下的毛澤東，不過是一位一絲不苟但卻索然無味的好學生。

　　哈馬丹1935年底發表的評傳，原文收入翌年夏天刊行的中國共產黨領導人傳記集。該集的出版，是中共創立15週年紀念活動的一環。收入該集的有毛澤東傳、朱德傳、方志敏傳。其中方志敏雖然知名度不及毛、朱，但也是共產黨的高級幹部，不久前被國民黨逮捕、殺害。該集於1936年出版俄文版（《中國人民的英勇領袖》）[60] 和德文版（《中國人民的三位英雄》），[61] 其中俄文版附有毛澤東等三人的肖像（圖28）。但奇怪的是，沒有跡象顯示該集曾出版中文版。同樣是在1936年，另有傳記集《烈士傳》[62] 在莫斯科出版，收入在革命運動中犧牲的25名中共黨員的傳記，為中文刊物；而哈馬丹的評傳卻未出中文版。這只能説不可思議。

　　就這樣，在1936年夏，亦即斯諾在中國陝北開始其著名採訪時，對此毫不知情的中共駐共產國際代表團則正在莫斯科舉行活動，慶祝中共成立15週年，並相繼刊行了宣傳冊、中共領導人的傳記集、烈士追悼文集等。不過，就記述毛澤東生平的傳記而言，公開發表的哈馬丹的評傳實在難稱紀實佳作。不妨説，這種情況反映了當時蘇聯、共產國際對毛澤東確實所知有限，同時也反映了蘇聯式的宣傳策略乃至當時共產主義政黨的政治文化存在極大的局限。

60　Хамадан, *Вожди и герои китайского народа* (Москва, 1936).

61　*Drei Helden des chinesischen Volkes*, introduction by P. Mif (Moskau, 1936).

62　《烈士傳》（莫斯科：外國工人出版社，1936），第1輯。關於該書的刊行經過，請參閱〈米夫和中共駐共產國際執行委員會代表團提出的1936年第一季度中國工作計劃〉（1935年12月23日）、〈共產國際執行委員會書記處關於中國共產黨成立15週年的決定〉（1936年6月23日），收於中共中央史研究室第一研究部編譯：《共產國際、聯共（布）與中國革命檔案資料叢書》（15）（中共黨史出版社，2007），頁73–74、207。

3.　《毛澤東傳略》——
出自中國共產黨員之手的第一部毛澤東評傳

　　為紀念中共建黨15週年(1936)而在莫斯科發表的哈馬丹的毛傳，水準很低，與前一年在共產國際大會上作為革命家而一舉成名的毛澤東實在極不相稱。組織和主持紀念活動的中共駐莫斯科代表團只出版了該傳的德文版和俄文版，而最終沒有刊行中文版，或許就反映了他們對該傳的不滿。若真如此，他們或許曾另外撰文以替代哈馬丹的評傳。實際上，的確有一篇似乎為此而寫的毛傳保存至今，那就是中文手寫稿《毛澤東傳略》(下文或簡稱《傳略》)。

　　該《傳略》曾是莫斯科「中共駐共產國際代表團檔案」中的一件，後來歸還給中國共產黨，現藏北京郊外的中央檔案館。該傳橫向書寫，沒有署名，也未記執筆時間和地點。1992年，《傳略》全文刊於中共歷史文獻研究雜誌《黨的文獻》第2期時，編輯部加了如下說明：「曾向30年代在中共駐共產國際代表團工作過和延安時期在黨中央工作過的有關同志調查了解該文寫作情況，但沒有取得結果。」其後約25年間，也有人曾對這件未曾開放的神秘手稿進行研究，但都未能明確其作者及執筆的目的和過程。[63]幸運的是，經本書作者考證，現在已經知道其作者是名叫「高自立」的中共領導人，文章寫於莫斯科，時間則是1936年。考證的過程非常繁瑣、專業性極強，故僅在註釋中記其概要；此處則基於考證所得結論，對《傳略》作一介紹。而對考證有興趣的讀者，煩請另閱拙稿。[64]

63　迄今為止唯一的相關研究是周一平的研究筆記(收於周一平：《毛澤東生平研究史》〔中共黨史出版社，2006〕，頁54–66)。周一平雖然提煉出了幾個重要線索，但最終沒有確定作者。

64　石川禎浩：〈《毛澤東傳略》作者考——兼論莫斯科出版的幾種早期毛澤東傳記〉，《黨的文獻》，2016年第2期。考證的線索是《毛澤東傳略》記述的作者的如下見聞：①在共產國際第七次大會上，讀到毛澤

圖35 高自立

首先對作者高自立稍作介紹。高自立（又名周和生、周和森，1900–1950，圖35），工人出身，生於安源，即青年毛澤東帶着雨傘前去組織工人運動的礦區。高並非著名人物，但與毛澤東自井岡山時期就是戰友，長期在毛澤東身邊工作。從井岡山時期起即與毛澤東一同工作的中共黨員被尊稱為「井岡山幹部」，高自立就是其代表之一。後來，農村根據地不斷擴大、中華蘇維埃共和國成立後，高也在政府中身居要職，1934年中華蘇維埃第二次代表大會召開之後就任中央政府的土地部部長，可見其能力非凡。[65]當時共產國際通知將召開第七次大會，高於是在1934年初夏被任命為中共代表，與滕代遠一同經上海前往莫斯科。[66]

東的名字時，全場「熱烈鼓掌，歡呼萬歲的空氣，延長到五分之久」；②1930年2月紅軍在江西省擊潰國民黨軍唐雲山部、捕獲許多俘虜時，毛澤東進行講話；③毛澤東分別於1931年、1934年在瑞金舉行的中華蘇維埃第一、二次大會上的發言。在探討誰有條件知道這三個場面的過程中，可知①列席共產國際第七次大會的中共黨員約十人中，②兩次均出席中華蘇維埃代表大會的，是高自立和滕代遠二人，而③在殲滅唐雲山部的戰鬥中，滕代遠遠離戰場，而有人看到高自立就在戰場。因此，該文結論是，《傳略》的作者應是高自立。而且，《傳略》中極其少見的措辭（「九黑工友」），也見於高自立的其他文章（周和生：〈七年來的中國蘇維埃〉，《共產國際》中文版，1935年12月第6卷第11、12期合刊），也可作旁證。

65 高自立的傳記有〈高自立同志傳略〉，收錄於江西省民政廳編：《不朽的革命戰士》（江西人民出版社，1960），第一集，頁127–128。

66 寫作組：《滕代遠傳》（解放軍出版社，2004），頁200–202。

　　作為中國蘇維埃運動的代表、來自革命一線的高自立，在莫斯科受到了格外重視和破格優待，並與王明、康生一同被選入1935年7月25日開幕的共產國際大會主席團(42人)，開幕當天，還以中國代表「周和生」之名(化名)發言。前文曾提到，在共產國際大會上提到「毛澤東同志」時，全場起立歡呼、鼓掌達五分鐘之久；這一場面就出現在高自立此次發言的時候；而記述這一場面的，就是《傳略》。高自立還在正式會議上代表中國革命根據地(蘇區)作了工作報告，並在大會後被選為共產國際監察委員會中唯一的中國委員。

　　那麼，有如此經歷的高自立寫於1936年的《傳略》，是怎樣的一篇文章？一言以蔽之，該文比此前所有傳記都更詳細，通篇都以生動筆觸讚頌毛澤東這位革命家。其所介紹的多則逸聞──如毛澤民是毛澤東胞弟，毛擅長演講、馬上就能俘獲民眾及俘虜的心等等──非常生動，能知曉這些細節的，只可能是長期在毛澤東身邊工作的人。他還提到毛曾在黨內受過處分、性格急躁等。

　　就這樣，整體而言，該傳略的確是較好的毛澤東傳記；與此同時，一味地讚頌毛澤東如何「天才」，也是該傳的特點。該傳讚揚毛澤東具有優秀革命家的品質時，反覆使用「治國的天才家」、「革命的天才家」、「偉大的軍事天才家」、「天才的能幹家」等措辭，甚至稱毛是「偉大人民底公認領袖」、「全國全世界全黨所公認的領袖」。前文介紹的哈馬丹的毛傳稱頌毛澤東時，也不過是「真正的布爾什維克」、「具有鐵一般的意志」的「中國人民的領袖」，頂多是「卓越的革命統帥」，相較之下，可見高自立對毛澤東是極其崇拜的。

　　此外，《傳略》雖稱傳記，但對青年毛澤東的記述很少，絕大部分篇幅用來介紹毛成為領導人之後的功績。傳記通常要在開篇記述傳主的出生、青少年時期的軼事等；但高自立該傳幾乎不見此類內容。雖然也寫到毛生於湖南的貧困家庭，但並沒提到出身農

民;該傳還寫到毛有胞弟毛澤民,曾求學於湖南省立第一師範,五四運動後積極從事社會改造運動,是共產黨最早的一批黨員等;但關於他成長為革命家之前的生平,也僅止於此。就篇幅看,全文約一萬兩千字,對加入共產黨之前經歷的描述只有不到五百字,僅佔約4%,其餘則全部用以介紹毛澤東在國共合作中及領導農村革命的活動。

導致內容有此偏重的原因何在?首先,或許,高自立雖然長期在毛澤東身邊助其開展工作,但並不太了解毛的成長過程和早年經歷。這更可能是毛沒有講過,而不是高沒有聽到。眾所周知,在向斯諾談過自己前半生的經歷後,毛再也沒有完整地講述過生平。可見,他不是那種喜歡談自己的人。這一點,似乎是中國共產黨的領導人和一般紅軍將士的共通之處,而非毛澤東獨有的特點。正因如此,如斯諾之於毛澤東、史沫特萊(Agnes Smedley,1892–1950)及韋爾斯(Nym Wales,1907–1997,原名Helen Foster Snow,即斯諾夫人)之於朱德那樣,歐美記者萬里跋涉、認真傾聽並記述中國共產黨領袖前半生的經歷,是非常難能可貴的。[67]

其次,高自立在執筆《傳略》時,很可能並未看到斯諾的採訪報道,也沒有閱讀過《紅星》。而這或與上述第一點有關。假如讀過《紅星》,自己寫毛澤東傳時,是不會不參考的。關於《紅星》和毛澤東自述傳記的出版和翻譯,後面將有詳述;就自述傳記而言,其英文版發表於1937年7月,俄文版(抄譯本)刊於同年12月。所以,高自立在執筆《傳略》的1936年不可能讀得到。沒有參考資

---

[67] 史沫特萊的朱德傳為《偉大的道路:朱德的生平和時代》(*The Great Road: The Life and Times of Chu Teh*),該書於1956年作者逝世後出版,1979年三聯書店出版中譯本。尼姆‧韋爾斯的朱德傳收於《續西行漫記》(*Inside Red China* [New York: Doubleday, Doran, 1939])。另,近年出版的史沫特萊研究較為重要的著作,有劉小莉:《史沫特萊與中國左翼文化》(浙江大學出版社,2012)。

料，毛澤東的成長經歷及其青年時代，高自立即使想寫也寫不出來。

　　作為傳記，《傳略》的內容存在明顯偏重，或許也反映了高自立寫作該傳的主要目的，本來就在於強調毛澤東是卓越領導人。高並非傳記作家，而是從中國革命一線被派來莫斯科的一名中共黨員；作為黨員，高需要介紹的當然不是毛的生平、學歷等一般情況，而必然是毛在中國農村如何開展工作、取得了哪些成就，並以實例加以證明。文中一再稱毛澤東是「天才」，不免有些誇大；但應該承認，高自立通過強調毛作為領導人而具有的卓越素質和能力，充分達到了宣傳毛澤東所領導的中共和中國革命之偉大的目的。

　　這篇傳記應寫於1936年的莫斯科；由此推斷，高自立撰寫該傳，肯定是高所屬的中共駐共產國際代表團所組織、實施的建黨15週年紀念活動的一環。由於崗位、工作地點不同，共產黨員也不一定都熟悉毛澤東。就這點而言，常駐莫斯科、又通過個人交往而熟知毛澤東因而有資格撰寫毛傳的，恐怕只有高自立。

　　考慮到上述哈馬丹的評傳（德文版、俄文版）並不盡如人意，高自立撰寫該傳時，中共代表團應該向他提過要求，即希望有一篇更好的中文傳記，以便公開刊行。實際上，高的《傳略》中確有跡象顯示，該傳寫於哈馬丹的評傳之後，並對其有所修正，而且所設想的讀者是中國人。下一節將在力避繁瑣的前提下，對此稍作詳細探討。

4.　莫斯科的毛澤東傳 ——
　中共高級幹部也是《社會新聞》讀者

　　本節擬就哈馬丹和高自立的毛傳作一比較。具體逸事、事實等，高自立的毛傳要豐富且準確得多，而且有不少在哈馬丹毛傳裏看不到。同樣，哈馬丹毛傳所述毛的生平、逸事，有一些也不見

於高文。如前所述，哈馬丹毛傳中摻雜着捏造，如毛澤東因從小受地主驅使而體弱多病、曾在北京被捕等，這在高自立毛傳中當然都不存在。反之，有些內容在哈馬丹毛傳中有準確記述，而高文卻未提及。如毛澤東曾在辛亥革命時從軍、曾編輯發行《新湖南》雜誌等。

這些現象似乎顯示高自立可能並未讀過哈馬丹的毛傳，但仔細比對可知，高無疑是讀過的。其證據就是「《大公報》報道」的紅軍戰士被國民黨軍俘虜後的供述（講述有關毛的見聞）。[68] 哈馬丹、高自立二人都從該報道中引用了幾乎相同的語句，但有關毛澤東體弱多病的部分，在高的《傳略》中卻被刪除。這表明，高的確參考了哈馬丹的毛傳，但關於毛疾病纏身的部分，高則基於自己對毛的了解知道是誤傳，因而沒有採用。

前文已經觀察過，哈馬丹的毛傳是對愛倫堡毛傳潤色、加工而成的。據其內容列出愛倫堡、哈馬丹、高自立三傳的參考關係，即為表1。前文的考察已經顯示，莫斯科編刊的中國革命刊物中的毛澤東肖像是經過多次複製、加工而成；而表1則告訴我們，以文字為載體的早期各毛傳之間，也存在同樣的複製、加工過程。

其中，高自立因曾是毛澤東的部下，其《傳略》所提供的信息比哈馬丹等已有傳記更準確，對毛的評價也更高。我們有理由推斷，身在莫斯科的高自立所設想的讀者是中國人。何以見得？除稿件用中文寫成外，另一個根據是他所使用的資料。高自立毛傳的特徵之一，是通過引用國民黨反共分子誹謗毛的言論來說明毛的偉大。亦即，其論述方法是，毛澤東被革命的敵人如此痛恨，正說明毛澤東在為人民工作。令人吃驚的是，他所引用的反共分子的誹謗言論，正來自本書第一章介紹過的《社會新聞》。

68　如本書註58所指出，關於被俘紅軍士兵的供述一事，《大公報》未見類似報道。

表1　各傳內容之參考關係

	愛倫堡毛傳，《國外》(1934年11月)	參考關係	哈馬丹毛傳，《真理報》版 (1935年12月13日)	哈馬丹毛傳，《共產國際》俄文版 (1935年12月)	參考關係	高自立《毛澤東傳略》手稿 (1936年)
兄弟姐妹	–		–	–		弟弟毛澤民
出身	–		生於湖南農村貧困農民家庭，敘過地主、商人的催工	生於湖南農村窮困農民家庭，為地主、富農幹過活		生於貧困家庭
學歷	–		師範學校	師範學校		湖南省立第一師範學校
所編刊物	《新湖南》	→	《新湖南》	《新湖南》、《新時代》		–
中共一大	1921年7月，上海，作為湖南代表出席	→	1921年，上海，作為湖南代表出席，農民、工人也出席	1921年，上海，作為湖南代表出席，農民、工人及陳獨秀也出席	→	1921年，作為湖南代表出席
一大後職務	中央委員	→		中央委員	→	中央委員
外貌、身體狀況	瘦高、病弱，像農民		身材修長、清瘦、身患疾病	病弱		–
從軍經歷			在軍閥軍隊(指辛亥革命後的湖南新軍)當過兵	在軍閥軍隊(指辛亥革命後的湖南新軍)當過兵		–
被捕經歷	在北京被捕	→	在北京被捕	在北京被捕		–
農民運動著作	《湖南農民革命》	→	–	《湖南農民革命》		《中國農民》雜誌
對待士兵的態度	負責對俘虜士兵的短期教育		在井岡山親自教戰士學文化	在井岡山親自教戰士學文化		1930消滅唐雲山旅後對俘虜士兵講話
某被俘紅軍戰士的描述	–		–	與紅軍士兵同吃同睡。病得很厲害，不停地咳嗽、臉色蒼白、渾身乏力(稱引自《大公報》)	→ 部分	與紅軍士兵同吃同睡(稱引自《大公報》)

註：灰底內容與事實不符。

　　《社會新聞》在本書開篇曾有介紹，讀者或許已經淡忘，此處再作簡單說明。該雜誌是宣示效忠蔣介石的國民黨內的秘密組織（藍衣社）或曰諜報部門，為傳播各種政界消息及歷史內幕以製造輿論，而於1930年代前半期在上海發行的八卦政治雜誌。曾於1932年7月刊載中國第一篇毛澤東傳記〈共黨主席——毛澤東〉的，就是該《社會新聞》的前身《文化日報》；同年10月改稱《社會新聞》後，又刊載過〈毛澤東在中宣部〉、〈毛澤東的專橫錄〉、〈毛澤東落草井岡山〉等文章。經確認，高自立引用的是〈毛澤東在中宣部〉（署名「雨銘」，1933年2月）、〈毛澤東的專橫錄〉（署名「克誠」，1933年8月）、〈全國匪患與剿匪軍事〉（署名「育之」，1933年8月）等文，有的還註明引自《社會新聞》某期。

　　這些文章都是高自立離開中國約一年前發表的。也就是說，刊載這些文章的《社會新聞》，不是他在上海偶然買了帶到莫斯科的，而是莫斯科在那之前就有收藏。換言之，共產國際（蘇聯）認為上海發行的這份八卦雜誌有其情報價值，並一直在收集。當然，實際情況應該是，中共方面發現該雜誌的發行方不同尋常，因而着意搜求並定期向莫斯科傳遞。中共中央的幹部也曾私下閱讀該雜誌，即其明證。秦邦憲（博古）就是讀者之一。

　　秦邦憲，19歲留學莫斯科，使用俄文名字「博古諾夫」。後來通稱「博古」，即俄文名縮略而來。由此可知，秦是留蘇派色彩十分濃厚的幹部，如前所述，也是排擠本土派毛澤東的留蘇派代表人物。後來，秦被剝奪領導權，在毛澤東主持和推動總結歷屆領導核心的路線時，不得不進行自我批判。秦被指出的罪狀之一，是留蘇派曾為篡奪黨中央而成立派系「二十八個半的布爾什維克」。令人驚詫的是，1943年9月，在被追問是否真有過這個派系時，秦邦憲回答說，「至於二十八個半的布爾什維克問題，我第一次在上海社會新聞上才看到。」[69]

69　博古：〈我要說明的十個問題〉（1943年9月），收於黎辛、朱鴻召主

秦邦憲的回答至少在兩個方面令人驚訝。其一，秦身為黨的最高領導幹部——儘管任期較短——竟然閱讀國民黨方面的輿論工具、內容真假難辨的八卦政治雜誌，而且將其當成把握自己黨內派系及其活動狀況的信息來源；其二，在中國共產黨歷史上，「二十八個半的布爾什維克」曾長期是引發紛爭和追究責任的導火索，沒想到其判定根據竟然來自《社會新聞》這一八卦雜誌刊載的文章。實際上，據稱因中共黨員1929年在莫斯科開會時發生意見分歧和衝突而產生的所謂「二十八個半的布爾什維克」這一「內幕消息」，確曾屢屢見諸《社會新聞》。[70]不妨說，中共是相信了國民黨方面——更準確地說是國民黨情報機構——亦真亦假的情報，而在夢魘中與「二十八個半的布爾什維克」的幻影進行了長期纏鬥。[71]

現在，沒人會把《社會新聞》真正當作歷史資料；但在當時，它卻是連中共領導核心都用以了解和把握黨內狀況和歷史的參考材料，如此想來，不免令人心驚。不過，若說中共方面在明知其為敵方媒體的前提下，為了解敵方對本黨持何種態度、在多大程度上掌握了什麼信息而收集《社會新聞》，也並非不可思議。

關於《社會新聞》，我們已談得夠多，下面回到高自立引用《社會新聞》所寫的《傳略》上來。前文曾說，高寫該傳，是以中國人為

編：《博古，39歲的輝煌與悲壯》(學林出版社，2005)，頁160。

70　如小中：〈陳紹禹政治生活史〉(1933年5月15、18日)、黃琮：〈立三路線失敗後之共黨分裂狀況〉(1932年11月30日)、迪人：〈史大林奪取中共領導的經過〉(1933年3月27、30日)等。

71　關於文革時期成為批判對象的「二十八個半的布爾什維克」的定義、稱呼之由來，及其內涵、實際狀況、作用、評價等問題，相關人士在文革後開過幾次會議，會上似乎曾討論應如何對其在黨史上加以定位。經過一番曲折，1981年8月，相關的19人在北京開會決定，以後在黨內不再使用該稱呼，並將決定整理成〈關於莫斯科中山大學王明教條宗派問題調查紀要〉送交中共中央書記處。請參閱柳百琪：〈二十八個半的布爾什維克稱號的由來〉，《炎黃春秋》，1999年第12期；《楊尚昆回憶錄》(中央文獻出版社，2001)，頁44–45、213–215。

讀者的，其根據正在於他引用時特意舉出《社會新聞》的名稱，而只有部分中國人才知道這是什麼雜誌；那些不了解該雜誌背景、色彩的人，即中國知識分子以外的人，對《傳略》的邏輯和文理——利用敵方媒體誹謗毛澤東的言論來讚頌他——是無法理解的。反而言之，高自立寫該傳，原本就是為了向中國人宣傳毛澤東作為革命家何以偉大、如何偉大。為此，他採用了對反共派的誹謗予以反駁的方式，強調毛並非敵人誹謗的那樣是無知的野蠻匪徒，而是對國學即傳統學問造詣深厚、擅長書法、長於詩詞的知識分子。顯然，這些話也是對那些尊敬傳統文化的中國知識分子說的。

實際上，毛澤東的確精通古典文化（包括通俗文學），詩詞和書法也自成一家，在中共領導人中是絕無僅有的。那時的中共領導人多為知識分子，雖有高下之別，但不少人都有傳統學養和作詩賦詞的技巧；但毛澤東顯然高人一籌。當然，高自立的毛傳並沒忘記強調毛澤東是馬克思主義的深刻理解者、成功實踐者，是列寧和斯大林的忠實弟子。要之，毛澤東是學貫古今東西的知識分子。

如上所述，《傳略》稱得上不錯的傳記，但似乎最終沒有發表。從標題看，該傳不會是高自立閒來無事的無聊之作，據執筆時間和地點、作者的身份地位等綜合判斷，該傳顯然是為完成組織交給的任務——宣傳黨的工作——並以公開發表為前提而寫。但是什麼原因導致它最終沒能發表？上文推測，或許俄文版、德文版宣傳冊出版後不能令人滿意，為另外出版更準確的中文版，才由高自立重寫毛傳；果真如此，意味着包括高自立該傳在內的中文宣傳冊本身因故沒有付印。而另一種可能性則是，該傳內容存在某種瑕疵，導致發表被推遲。比如讚頌毛澤東而失之誇大、談及國民黨則貶抑過度等。

高自立的毛傳反覆使用「○○的天才」、「天才的○○」等句式稱讚毛澤東，甚至稱毛是「偉大人民底公認領袖」、「全國全世界全黨所公認的領袖」。當時已經開過遵義會議，毛澤東的確已在黨內

贏得了相當大的領導權；但被稱為「全黨公認的領袖」，卻是後來的事。或許高自立對毛的稱讚超過了駐莫斯科的中共代表團對毛的評價，因而未被採納。

　　過度貶低國民黨，為什麼也可能是問題呢？為革命領導人寫傳而貶低國民黨，不是理所當然嗎？一般而言的確如此，但高撰寫該傳的 1936 年，情況有所不同。因為，由於前一年有共產國際第七次大會召開和〈八一宣言〉發表，中國共產黨已經改變方針，試圖與國民黨聯手抗日；尤其是，起草和發表〈八一宣言〉的是莫斯科的中共代表團，因而其最重要的工作就是改善與國民黨的關係，所以不能再像從前那樣一味批判、揶揄，而需講究策略和尺度。從這點看，高自立的毛傳對國民黨的攻擊顯得過於激烈，從追求抗日統一戰線的角度看，已經不合時宜。

　　不過，這些所謂瑕疵稍作修改即可，不至於導致稿件作廢。當然，也不能否定高自立本人遇到不測、致使發表被推遲的可能性。在莫斯科有可能發生在共產黨員身上的不測是什麼？對，清洗！如 1936 年的莫斯科大審判所示，斯大林推行的「大清洗」當時正呈山雨欲來之勢。事實上，在莫斯科的中共幹部，不少人都被當作托派、日本特務等，含冤被殺。

　　不過，高自立本人倒是平安無事，也沒有健康受損的跡象。比如，和俄文版、德文版宣傳冊同年 (1936) 也是在莫斯科出版的上述《烈士傳》（中文傳記集，紀念為革命犧牲的黨員）中，就收有高自立用筆名「和生」為幾位烈士寫的追悼文章；[72] 翌年即 1937 年，

72　署名「和生」的文章有兩篇，即〈趙博生同志傳略〉和〈悼北上抗日民族英雄尋淮洲同志〉。另，《烈士傳》收入的其他文章及作者如下：大生（武胡景）〈紀念反日戰士顧正紅同志〉，康生〈悼劉華同志〉，成綱（陳剛）〈李大釗同志抗日鬥爭史略〉，煥星（廖煥星）〈蕭楚女同志傳略〉，洛華（許光達）〈熊雄同志傳略〉，康生〈陳延年同志傳〉，蕭三〈悼趙世炎同志〉，陳紹禹（王明）〈紀念我們的回族烈士馬駿同志〉，李光（滕

高還在俄語雜誌上發表文章回憶井岡山時期的革命活動。[73] 或者，原因出在中共代表團內部也未可知；若真是如此，也就無從查考。而假如稿件寫成後因某種原因遲遲未能發表，那麼，後來就再也不可能重見天日。因為，就在1936年秋，毛澤東本人向斯諾詳細回顧了其半生經歷，不久後即作為毛澤東自述傳記公之於世，並引起轟動。如此，高自立的毛傳也就永遠失去了與讀者見面的機會——除非在斯諾著自述傳記基礎上大幅改寫。

在某一時代佔支配地位的知識體系、觀察框架，有時被稱為「典範」(Paradigm)。如果借用這個術語，那麼，斯諾的採訪和報道就是一種「典範轉移」(Paradigm shift)，它使此前有關中共的信息、看法突然不再有任何意義。高自立的毛傳，其內容、水準在

代遠)〈張太雷同志傳略〉，杜寧(楊之華)〈羅亦農同志傳〉，李明(李立三)〈悼向警予同志〉，中夏(鄧中夏)〈蘇兆征同志傳〉，王德〈彭湃同志傳略〉，李明(李立三)〈楊殷同志傳略〉，伯林(潘漢年？)〈紀念惲代英同志〉，李明(李立三)〈紀念蔡和森同志〉，李光(滕代遠)〈黃公略同志傳〉，康生〈追悼我們的羅登賢同志〉，大生(武胡景)〈鄧中夏同志傳略〉，孔原〈紀念民族英雄吉鴻昌同志〉，杜靜(楊之華)、蕭三〈瞿秋白同志傳〉，梁樸(饒漱石)〈方志敏同志傳〉，賀彪〈韓國同志李斗文傳〉。

73　Чжоу Хо-син, "Воспоминания о Цзинганшане," *Национально-колониальные проблемы* (〈井岡山的回憶〉，《民族及殖民地問題》)，№ 38, 1937. 此外，《共產國際》中文版1936年第4、5期合刊載有內容、標題與此相同的〈井岡山的回憶〉，但署名為李光(滕代遠)。該文也記有滕代遠來井岡山以前的內容，故實質上應為滕、高二人共同撰述。滕、高從中華蘇維埃地區同路來到莫斯科，故他們在莫斯科的活動時常被搞混(其中一例，請參閱前引楊奎松：《民國人物過眼錄》，頁259)。另，高自立的筆名，除「周和生」外，還有「周和森」，因此也時常被誤作蔡和森。指出、梳理此類錯誤的文章有李永春：〈《中華蘇維埃的七年》的報告人是周和生不是蔡和森〉，《上海黨史與黨建》，2009年第11期。

1936年還堪稱上乘；但在一年後，因斯諾發表其報道而變得陳舊，不再具有發表價值。做事情須講究時機，信息、情報也有發揮作用的最佳時機。高自立的《毛澤東傳略》錯過了最佳發表時機，後來再也無人提起，被遺忘在莫斯科的檔案館裏，最後連作者是誰都不再有人知道。

5. 回國後的高自立

本書旨在探討毛澤東的形象在人們眼中的變化，卻拐進了傳記、文字記述的範疇。但在重回主題之前，借此機會對第一位撰寫毛傳的中共黨員高自立後來的經歷作一補充，也不無意義。高自立的人生，是否因撰寫毛傳而受到影響？因為高自立在中國也幾乎無人了解，故下文論述部分涉及1940年代，還望不棄冗長。

前文已經介紹，在撰寫毛傳前，高自立已作為中國共產黨的代表在莫斯科受到破格優待。他除與王明、康生一同列名共產國際大會主席團 (42人) 外，還曾在大會開幕式上代表中國共產黨致辭、在正式會議上作過工作報告。[74]當然，這次大會上有關中國的最重要的發言是由王明進行的；他闡述了抗日民主統一戰線方針，直接形成了後來的〈八一宣言〉。但在形式上，代表中共的是高自立。高在大會上的致辭、發言除了被《真理報》(1935年7月27、30日) 大幅報道外，蘇聯共產黨中央的機關報《布爾什維克》等也曾予以介紹。[75]對外國共產黨員而言，其文章在《布爾什維克》雜誌發

---

74 〈周和生同志致賀詞〉(1935年7月25日)，〈周和生 (中國蘇區代表) 在共產國際第七次代表大會上的報告〉(1935年7月29日)，前引《共產國際有關中國革命的文獻資料》，第2輯 (1929–1936)，頁349–352、367–372。

75 Чжоу Хо-син, "Вооруженные силы советов Китая," (〈中國蘇維埃的

表，證明他已獲得一流革命家的地位；而中共黨員中得到這份殊榮的，只有王明等極少數人。在這個意義上，可以說高自立是在其人生最為得意的時期寫下毛傳的。

高自立結束在莫斯科的任務、由陸路經迪化（今烏魯木齊）回到延安，是在1938年1月底。[76]他前往蘇聯時，共產黨還在贛南，而現在則經長途跋涉遷到了氣候、風俗迥異的陝北；對此，他心頭想必曾湧起無盡的感慨。而且，他曾讚頌為「天才」的毛澤東，數年後果然成了全黨的領袖。而他自己也曾登上過共產國際這一舉世矚目的大舞台，其後又在共產國際任過要職（共產國際監察委員），[77]現在也算是衣錦還鄉。

在延安，黨中央安排他任陝甘寧邊區政府副主席（主席為林伯渠，代理主席為張國燾），不久後就任代理主席。簡單地說，就是當時中共中央所在地政府（相當於首府）的實際最高負責人，其地位，私下裏被認為在當時最為毛澤東信賴的林彪、鄧小平等人之上。圖36是共產黨領導人攝於1938年的合影，照片中的人物都是「井岡山幹部」，即曾經在井岡山共同戰鬥過的共產黨領導人，也可以說是毛澤東引為親信的部下。領導人合影時各人所處的位置、順序能夠如實反映其地位。這一點，當時與現在沒有不同。在這

武裝力量〉）*Большевик*, №14, 1935年7月。署名「周和生」的文章還有發表於《共產國際》中文版第6卷第11/12期（1935年12月）的〈中國蘇維埃是殖民地被壓迫民族解放鬥爭底先鋒隊〉，和〈七年來的中國蘇維埃〉（目錄作〈九年來的中國蘇維埃〉）。

76　高自立曾出席1937年11月22日的共產國際統制委員會會議（「俄藏檔案」，全宗505，目錄1，案卷51，頁885），因此，他此前一直在莫斯科，當無疑問。另，當時派駐蘭州的中共幹部謝覺哉的日記載，高於1938年1月23日由迪化到蘭州，27日隨10輛裝有軍需物資的卡車前往延安。請參閱《謝覺哉日記》（人民出版社，1984），頁221、223。

77　〈共產國際執行委員會委員名單〉，《共產國際》中文版，1935年10月第6卷第8/9/10期合刊。

圖36　「井岡山幹部」1938年合影。前排中央為毛澤東，其左側即高自立

張合影中，坐在前排中央的當然是毛澤東，其右側是林彪，而左側就是高自立（用圓圈標出）。顯然，高自立當時是毛澤東的左膀右臂之一，與林彪平起平坐。

但是，令人費解的是，高自立後來逐漸淡出了人們的視野。抗日戰爭結束後，高曾任中共中央冀察熱遼分局委員兼財經委員會書記、東北行政委員會冀察熱遼辦事處副主任等，職位雖不低，但已非要職。中華人民共和國成立後的1950年1月9日高自立在瀋陽病逝。作為曾經在國際共產主義運動的大舞台上致辭、發言的中共代表，其晚年不免寂寥冷清。推測他回國後之所以受到「冷遇」，其伏線似乎恰恰始於他在共產國際的工作，說來多少具有諷刺意味。

曾經在莫斯科宣傳、扶持毛澤東的王明，比高自立早一步，於1937年底回國並參與黨中央的工作；但圍繞黨的日常工作和路線、尤其是在抗日戰爭中應與國民黨建立怎樣的合作關係問題上，

逐漸與毛發生對立。後來，1930年代末至1940年代，毛澤東試圖
通過總結黨的歷史、剷除王明等人的影響而確立其在黨內的領導
權。亦即，毛認定1930年代前半期的黨中央犯了錯誤，並將其歸
咎於借用共產國際權威控制全黨的王明等留蘇派。[78]

在總結歷史的過程中，王明等人被嚴厲指責曾執行錯誤路
線，從而使黨陷入了危機。留蘇派面對譴責紛紛認錯，唯獨王明
拒絕承認錯誤。於是，毛澤東等黨內主流派提高了批判王明的調
門，矛頭直指他在共產國際的工作；到了1943年，批判愈加激
烈，連王明出席共產國際第七次大會、起草〈八一宣言〉等功勞似
乎也被抹殺。在這種情況下為王明辯護的就是高自立。

據王明回憶，在毛澤東的絕對權威基本鞏固的1943年秋，曾
經召開過批判王所犯錯誤的幹部黨員大會，會上有人對王是否曾起
草〈八一宣言〉提出質疑，[79]試圖借眾人聲討王明之機，將其起草〈八
一宣言〉的最大功績一舉抹殺。1943年11月，毛澤東授意再度召開
批判會，時王明有病在身，其妻孟慶樹代為出席會議。她對開會
認定王明未曾起草〈八一宣言〉忍無可忍，大聲喊道：「我想問問你
們大家，共產黨員應不應該知羞恥？」然後根據自己所知陳述了〈八
一宣言〉在莫斯科起草的經過。據說，就在孟慶樹孤立無助的傾訴
被批判聲浪蓋過的時候，高自立站起來說了這樣一段話。

> 我參加過那時的〔中共駐共產國際〕代表團會議，還出席過共
> 產國際第七次代表大會。我聽過王明在代表團會議上所做的

78　《胡喬木回憶毛澤東》(人民出版社，2003)，增訂本，頁211–231、
279–301。

79　Ван Мин, *Полвека КПК и предательство Мао Цзэ-дуна* (Москва: Изд-
во полит. лит-ры, 1975), стр. 144–145 (中譯本：徐小英等譯：《中共
50年》〔東方出版社，2004〕，頁140；英語版：V. Schneierson trans.,
Mao's Betrayal [Moscow, Progress Publishers, 1979], pp. 136–137)。

報告和結束語，我記得，大家是怎樣討論這個檔的草稿的。我可以說……[80]

　　了解〈八一宣言〉起草過程的高自立，或是不忍目睹孟慶樹陷入四面楚歌，或是其共產黨員的良心被孟的呼聲喚醒，竟然不顧會議劇本為王明作了辯護。高的發言使會場一片譁然，會議未能實現預定目的即行收場。據說毛澤東很惱火，曾當着眾人的面呵斥主持人說，「今天的會議充滿了低級趣味，毫無教育意義。」[81]也就是說，高自立發言證實王明在共產國際確有功勞，惹惱了毛澤東。高為什麼如此莽撞？很難想像他這樣的人物會看不清當時的形勢。他應該知道，自己的證言對黨中央批判王明不僅是潑冷水，更是公然對抗。

　　高自立從駐共產國際時起與王明的關係如何？是否有意擁捧王明？很遺憾，沒有這方面的詳細資料可資參考。但可以肯定的是，假如高的上述表態確有其事，他在延安的仕途也就走到了盡頭。因為，在1940年代的延安，曾出席催生〈八一宣言〉的共產國際第七次大會、曾在莫斯科與王明共事，都已不再是值得自豪的經歷。附言之，1940年代前半期，就在毛澤東確立其領導權前後，延安曾開展「整風」，對黨員進行再教育、再審查，黨員和黨的幹部被要求主動、誠實地交代自己的經歷。就高自立而言，他應該也曾寫過材料交代自己在共產國際的工作狀況；而曾寫過《毛澤東傳略》一事，當然也應是交代事項之一。只不過，他是否還記得這件事並寫進了交代材料，則不得而知。

　　然而，有一點沒有疑問，那就是高自立後來再也沒有寫過有關毛澤東的傳記性文字。大膽設想一下，即使曾有那樣的機會，

80　同前 стр. 144；中譯本頁 141。

81　同前 стр. 145；中譯本頁 141。

目睹過毛澤東如何批判王明的高自立，恐怕也不會再把毛澤東稱為「治國的天才家」。當然，回國後的高自立沒有做出什麼值得一提的成績，不能僅憑他與毛澤東的個人關係加以解釋，肯定還有其他重要原因。比如，年僅五十就辭世，或許顯示他健康不佳。

　　上文本來意在探討 1930 年代前半期在莫斯科可以看到哪些毛澤東的肖像，筆觸卻偏向了文集和傳記。下面讓我們回到原題。

第四章

「胖子毛澤東」照片之謎

1. 「胖子毛澤東」的出現 ── 山本實彥著《支那》

　　本書第二、三章主要考察了蘇聯刊發的毛澤東肖像，還舉了不少例子。由此大體可了解到，僅就肖像而言，在斯諾出版其《紅星》以前，亦即1930年代前半期出現、流傳的，無不源自國民黨幹部在1927年的合影。然而，不得不承認的是，經過多方搜求，始終沒有發現一張照片與本書開篇所示胖子照片近似，甚至沒有一絲線索。

　　1937年8月的日本政府公報附錄《週報》登載的、據稱為毛澤東和朱德的奇怪照片到底來自何處？實際上，《週報》上的這兩張照片，並非首次出現。在此約一年前，山本實彥《支那》之「毛澤東和朱德」一章，就已有與此十分相似的兩張照片(圖37、38)，[82] 將其與《週報》載圖1、圖2比較可知，幾乎完全一樣；若說差異，不過是山本所用毛澤東照片背景為樓房，而《週報》載照片為單色背

82　最早論及政府公報附錄《週報》載有毛澤東和朱德的奇怪照片、山本實彥著《支那》也收有類似照片的，應是今村与志雄〈毛沢東の顔〉(《中國》，1967年第49號)。不過，今村當時認為《週報》和《支那》所收照片都不是毛澤東、朱德。

景。不過，這一點差異，或恰好暗示着外務省情報部用於《週報》的照片取自山本的著作，不過把背景略作處理而已。從時間順序看，山本著《支那》在前，《週報》則在其一年之後，故可據此推斷《週報》載照片或是山本提供，或是外務省情報部自己複製。又或許，署名外務省情報部的〈談支那共產軍〉一文正是出自山本實彥之手。山本實彥（1885–1952）是日本20世紀著名綜合雜誌《改造》（1919–1955）的創刊人，也是發行該雜誌的改造社的社長、日本近代新聞出版界的領軍人物。通過發行雜誌和出版活動，山本不僅為許多文化界人士、作者提供創作和發表天地，他本人也寫過許多文章、留下不少著作。1936年2月，山本曾短期赴上海、南京採訪，並根據所見所聞，就中國的各種問題寫下隨筆，於1936年9月由改造社結集出版，取名《支那》（後序日期為「8月6日」）。其內容包括與蔣介石、魯迅等人會見的記錄、當代中國人物評述等，隨處可見山本的獨特觀察和敏銳見解。

《支那》所收二人照片，分別僅註「毛澤東氏」、「朱德氏」，並未說明來自何處。考慮到該文收在基於1936年2月的訪華見聞而寫成的隨筆集，該照片或為山本訪華時得自中國；但讀遍該書所收文章，都不見提及照片。山本在中國知己不少，本人也是著名記者，能夠得到蔣介石、魯迅的接見；但要見毛澤東，恐怕也是束手無策。山本的〈毛澤東和朱德〉一文介紹了毛、朱的近況和簡要生平，並根據傳聞對二人加以比較、評論，認為最終居於人上的將是出身貧窮、飽嘗艱辛的高個子毛澤東，而不會是曾在軍閥世界養尊處優的朱德。不過，該文是利用傳聞再加以推測寫成，作為人物介紹卻並不出色，讀來總覺得是抄自其他中國通的文章。

作為出版商的山本的確很了解中國，多次訪華，也出版過不少論述中國的著作。但他對中國的了解卻遠不及當時的所謂「中國通」，尤其關於中國共產黨的情況，更不是那種自己收集和分析資

圖37　山本實彥著《支那》載毛澤東照片

圖38　山本實彥著《支那》載朱德照片

料的專家。因此，他在文中使用中共首腦的照片而又未作任何說明，極可能照片並非山本自己所收集，而是由他人提供，而山本不過欣然採用而已。

實際上，仔細閱讀《支那》可知，山本在中國旅行時，曾得到各種人的協助和建議。也就是說，山本雖然大名鼎鼎，但似乎並不具備以外務省情報部名義撰文分析中共現狀的學識和條件。而且，山本作為出版商，主業應異常繁忙，無閒暇代人捉刀；與外務省情報部之間既無特殊關係，更無任何義務。因此，〈談支那共產軍〉不大可能出自山本之手。

2. 從朱德肖像入手

此處擬換個角度，先就與毛澤東比肩的共產黨領袖之一朱德的肖像作一觀察。本書至此一直將焦點對準毛澤東，但實際上，蘇聯刊載的有關毛澤東的報道、肖像，多半將朱德與之並列。而介紹毛澤東的《週報》和山本著《支那》，也把「朱德」令人感到強悍兇狠的肖像——且不論像與不像——與「胖子毛澤東」的照片並列。

如紅軍又被稱作「朱毛軍」所示，朱德是經常被與毛澤東並列介紹的傳奇軍人；毛領導黨，而朱則指揮紅軍；因此，朱德的肖像也時時出現在共產國際的宣傳刊物中。此處無暇一一介紹，僅舉最有代表性的一張，即圖39。該肖像為前文介紹過的俄文中國革命文獻集《蘇維埃在中國——資料文獻集》中的插圖。如本書第二章所介紹，該文獻集附有毛澤東肖像（圖20），而與之並列的就是這張朱德肖像。同時期朱德本人的照片如前文圖3所示；比較二者可知，圖39要年輕得多，而且難以斷定就是朱德。

但是，這張肖像無疑就是朱德，其源頭就是圖40所示照片。該照片是朱德1922年出國前在上海拍攝的。當時，朱德還沒有加

Тов. Чжу-Дэ. Председатель Революционного военного совета Китайской советской республики.

圖39 《蘇維埃在中國——資料文獻　　　圖41 《今日之革命中國》載朱德肖像
　　　集》載朱德肖像

Тос. Чжу Дэ—председатель Реввоенсовета.

圖40　1922年的朱德　　　　　　　　圖42 《中華蘇維埃第二次代表大會》
　　　　　　　　　　　　　　　　　　　　載朱德肖像

入中國共產黨,已決定到德國留學,學習軍事科學。或許考慮到出國後與人結交,有時需要和名片一起贈送照片,他於是穿上白色西服、打上領結,拍下了這張紀念照片。

把圖39和圖40擺在一起,二者的關係一目了然;如果再將其與共產國際、蘇聯刊物中的朱德肖像加以比較,則其間的變化更加清楚。圖41是上文介紹的法文宣傳冊(1934)中與毛澤東照片一同刊載的朱德肖像,圖42則是翌年(1935)蘇聯出版的宣傳冊《中華蘇維埃第二次代表大會》(*Второй Съезд китайских советов*)所收朱德肖像。這兩張肖像中,朱德都打着領結,所以更接近他出國前的照片(圖40)。朱德出國留學,先到德國,在那裏加入了中國共產黨;而後赴莫斯科(1925)學習共產主義及軍事科學。在上海拍的照片,或是他在莫斯科申請進入培養革命家的學校時,和入學申請材料一同提交給學校的,並在他成名後被找了出來,登上刊物並廣為流傳。最早的照片是白色西服配領結,或許有人認為這不符合革命軍人的形象,因而給他換上了豎領的黑色軍服(圖39)。的確,相比之下,圖42的朱德怎麼看都像一位闊少。

經過多次複製、換裝,1935年底被插入共產國際機關雜誌《共產國際》俄文版載朱德傳(哈馬丹執筆)的,就是圖43所示朱德肖像。該雜誌同期還載有毛澤東的素描肖像(圖27)。不過,毛的肖像源自1927年、即近十年前的合影,而朱德則是1922年(時年36歲)的照片在15年後(50歲)仍在使用。也難怪乍一看認不出是朱德。

在我們收集的朱德肖像中,有一張尤其引人注目;此即圖44,載於美國左翼雜誌《今日中國》1934年11月號。如前所述,該雜誌曾在同年5月號上刊載「其貌不揚」的毛澤東素描畫像。5月號載畫像完全走樣,可以說是敗筆;而這張朱德肖像,單看或許也不像,但若與前面介紹的莫斯科刊行的宣傳冊、雜誌上的朱德肖

Tschu De

圖43　共產國際機關雜誌載朱德肖像

圖44　《今日中國》載朱德肖像

像——比如圖39——比較,可知《今日中國》載朱德像是從圖39臨摹而來,無疑就是朱德本人。

在這裏,請讀者仔細觀察圖44。對這張顯得有些強悍兇狠、弗蘭肯斯坦的怪物般的面孔,各位是否還有印象?不錯,就是先出現在山本實彥著《支那》(圖38)、後載於日本政府公報附錄《週報》(圖2)上的那張肖像。《支那》和《週報》載面貌可怖的肖像,原來真是朱德;弗蘭肯斯坦的怪物般的面孔,則是拍攝於上海的照片在經過莫斯科和紐約而抵達東京的地球之旅中屢經加工,最終導致面貌全非。[83]

朱德肖像的變化,讓人想起傳話遊戲。讀者肯定也玩過這種遊戲,就是把一句話用耳語方式不斷向後傳,由於內容在傳遞過程中或多或少地發生變化,最後一個人複述出來的話往往與最初大相徑庭。雖然每個人都試圖把聽到的如實傳遞,但被反覆傳遞的信息卻總是會改變。肖像的傳播也一樣。在複製、加工的過程中,偶爾有一兩人功夫不到家,圖40的真實照片最終就變成了圖2、圖38所示的怪誕面孔,讓人不禁感到信息傳遞有多麼不可靠。

---

83 附言之,本書將走形的「朱德」肖像比作「弗蘭肯斯坦的怪物」,但在中國,由於雪萊夫人(Mary Shelly)的小說《弗蘭肯斯坦》(*Frankenstein: The Modern Prometheus*, 1818年刊;又譯《科學怪人》)長期未有譯介,異想天開的想像曾使對怪物的印象發生過巨大變化。它在清末曾被解釋為獅子模樣的機械怪物,而後又被想像為「睡獅」。將中國比作「睡獅」的説法流傳至今,即源於梁啟超的獨特解釋。詳見拙稿〈晚清「睡獅」形象探源〉(收於《中國近代歷史的表與裏》〔北京大學出版社,2015〕)及楊瑞松《病夫、黃禍與睡獅:「西方」視野的中國形象與近代中國國族論述想像》(增訂版,台北:政大出版社,2016)。另,下文將介紹的《紅星照耀中國》1937年版第455頁、1968年版第408頁,也有將中國比作「弗蘭肯斯坦的怪物」的表述(不僅斯諾,歐美稱中國是「弗蘭肯斯坦的怪物」的著述並不少見),但1938年中文版《西行漫記》將此處意譯為「神話中作法自斃的怪物」。這也顯示,在當時的中國,「弗蘭肯斯坦的怪物」還沒有被廣泛認知和承認。

附言之，傳話遊戲，英語叫做「中國話耳語遊戲」(Chinese Whisper Game)，意為英語圈的人把發音困難的「中國話」用耳語方式傳遞的遊戲。如果借此名稱打比方，則朱德這位「中國革命家」形象的傳播，恰如視覺版的傳話遊戲。日本的外務省情報部不過臨摹了《支那》一書中的肖像，而《支那》的作者山本也不過是借用了《今日中國》的肖像而已，二者都無意加以改變，甚至會着意避免失真；但從整個傳播過程看，外務省情報部也好，山本也罷，都成了傳話遊戲臨近結束時的複述者。

就結果而言，外務省情報部得到的無疑就是朱德的肖像；從這個角度看，外務省情報部應該受到讚賞。但是，這幅肖像的底本又的確是15年前的照片，拿着它說這就是朱德，也難免有些敷衍。當然，當時要找到1936年或1937年的朱德照片極其困難（斯諾在陝北採訪時，朱德還在長征途中，沒有抵達陝北。所以，斯諾也沒有見到朱德）。而就傳播路徑而言，《週報》載朱德肖像既然間接來自《今日中國》，或可理解為這份美國左翼雜誌當時已引起日本部分有識之士或相關機構的持續關注。[84]總之，朱德肖像的謎底就此得以揭開，《支那》、《週報》載「面貌可怖」的肖像就是朱德。

但是，同時載於《支那》、《週報》的「胖子毛澤東」的照片從何而來，卻仍然不得其解。毛的照片的傳播，用傳話遊戲的邏輯解釋不通。當然，從1927年國民黨幹部的合影，到毛澤東的素描、肖像登上蘇聯及共產國際的刊物，可以比作傳話遊戲；但按照調查朱德肖像的思路去翻閱《今日中國》，卻找不到「胖子毛澤東」的照片，因而只能設想該照片來自其他途徑。借用警察辦案的說法，

84　日本駐紐約總領事館曾定期購入《今日中國》寄往東京的外務省。請參閱〈在紐育總領事より外務大臣宛 雜誌「チャイナ・ツーデイ」12月号送付ノ件 1935年12月6日 普通第376号〉，外務省外交史料館藏件，檔案索引號：B02030483300。

一切又回到了原點。不過，這並不意味着我們此前對肖像的觀察、對傳記的分析是徒勞無益的。實際上，上文對毛澤東、朱德肖像傳播路徑的觀察和分析，能夠為破解「胖子毛澤東」照片之謎提供關鍵線索。下面就讓我們去尋找這個線索。

不過，或許有人會提出質疑：「朱德的肖像雖說有所改變，但的確是朱德，這一點是明確了；但那個胖子肯定不是毛澤東吧？既然如此，對那些錯誤的信息、肖像尋根溯源又有什麼意義呢？假如信息、肖像是真的，探究其來源和意義還算值得；但為什麼要找假信息、假肖像的來源呢？而且是幾乎不值一提的小事。」

的確，這種質疑也不無道理。但是，假信息、假肖像就真不值得探究嗎？實際上，有許多現象，現在看來明顯是假，但在過去的某個時期卻曾被認為真切無誤。人（歷史人物）的行為不一定都有正確的、準確的信息作根據。如果是那樣，歷史上也就不會發生那麼多悲劇和錯誤，人的選擇也應該更加合理才對。但在現實中，人有時會根據錯誤的信息、形成錯誤的認識和判斷、最後選擇了錯誤的行為而導致無可挽回的後果，歷史就是這樣形成的。如此說來，了解錯誤的信息如何產生和傳播、又如何為人所接受，無疑也是歷史學的重要使命。

振振有辭的辯解到此為止。看到朱德肖像如傳話遊戲那樣經歷改變，肯定有人感到有趣，而無需任何解釋。眼見某些事情的發展出乎意料，我們天生的好奇心、探索欲望自然會被喚醒，進而希望知道下文。人性本來如此。事情小得不值一提也沒有關係。讓我們繼續探究吧。

3. 刊載「胖子毛澤東」的是誰

在政府公報附錄《週報》於1937年8月刊登據稱是「毛澤東」的胖子照片以前，更準確地說，在山本實彥著《支那》於1936年秋收

入該照片以前，日本的媒體是如何看待毛澤東的？或者，毛澤東的肖像、簡筆頭像是否曾在日本的報紙、雜誌上出現？回答這個問題，也就等於探究「胖子照片」上的人物到底是誰，故需仔細梳理這張照片的來歷。

如前所述，日本媒體開始關注、報道中國的共產黨，其轉捩點是紅軍部隊於1930年7月佔領長沙。國共合作破裂後的1927年下半年開始執行暴動路線、後來逃散到農村的「共匪」，因這次事件突然成了萬眾矚目的軍事集團。中共黨史對此的記述一般是這樣的：1930年紅軍大規模進攻城市，係執行時任領導人李立三的一系列「左傾冒險主義」計劃。但當時的人自然不知道是這麼一回事。

自從國共合作時期，日本就有一些專家分析中共的動向。進入1930年代，報刊紛紛報道共產黨的軍事行動，這些專家們也隨之越來越多地發表文章對共產黨進行分析，毛澤東的照片也開始在報道中出現。此處介紹幾張日本報紙當時刊載的毛澤東的照片、肖像。圖45是東京的日報《時事新報》在1933年9月刊登的毛澤東肖像。

在日本刊物刊載的毛澤東肖像中，這張人工繪製的肖像不敢斷定是最早的，但無疑是較早的。雖然摹寫欠準確，但已反覆比對過此類肖像的讀者應該一眼就能看出，它與蘇聯流傳的一樣，也來自1927年的合影。同類畫像、照片在蘇聯是1934年才出現的，所以就時期來看，這張畫像甚至更早一些。這顯示，國民黨領導人1927年的那張合影不僅到了蘇聯，傳播範圍也許更廣。合影中的毛澤東影像太小，《時事新報》或許認為放大了也不清晰，不如重新繪製，於是有了這張肖像。仔細觀察可知，原照片放大後的圖22中呈白色的脖頸部分，在圖45中成了白色領口。

源自1927年合影的照片另外還有幾張，有的一直使用到1937年初，如《東京日日新聞》刊登的圖46。在斯諾發表他在1936年拍

圖45　1933年9月4日《時事新報》
　　　載毛澤東肖像

圖47　1936年4月《朝日畫報》載毛澤
　　　東肖像

圖46　1937年1月16日《東京日日
　　　新聞》載毛澤東照片

圖48　1936年6月《世界知識》載毛
　　　澤東肖像

攝的照片以前，紅軍及其首領毛澤東宛如籠罩在迷霧中，所以，此類照片、肖像也就成了毛澤東的標準像。圖45好像製作於日本，出現時期早於蘇聯；但同樣源自合影的肖像，也有的是從蘇聯傳來日本的。刊登於《朝日畫報》（アサヒグラフ，1936年4月第651號）、《世界知識》雜誌（同年6月）的圖47、48就是這樣。

這兩張肖像，應該都是利用本書第二章第三節介紹的俄文版《蘇維埃在中國 —— 資料文獻集》（1934）所收圖20複製的。該俄文書是公開發行的，在日本也能買得到。1936年這一年，除《朝日畫報》、《世界知識》等雜誌外，這張高顴骨的肖像還曾登上全國性日報如《大阪朝日新聞》（10月21日）、《東京朝日新聞》（11月1日）、《讀賣新聞》（11月3日）等，在1936年，即斯諾的採訪記錄發表以前，是日本最為人熟知的一張。然而，就在這種情況下，上述山本及外務省情報部卻換用了全然不同面孔的「毛澤東」照片。

來自蘇聯，被《朝日畫報》、《世界知識》等雜誌轉載的高顴骨肖像，實際上是我們接近「胖子毛澤東」照片謎底的線索之一。不過，如果只看肖像，終究無法得其要領。線索不在肖像本身，而在插入肖像的文章。那就是《世界知識》1936年6月號載進士槙一郎的〈「赤豹」毛澤東傳〉一文（圖49）。該文在標題上方配有毛澤東肖像，已屬不同尋常，更加引人矚目的是標題中的「赤豹」二字。我們稱讚毛澤東時，會用「紅太陽」來比喻，斯諾的說法是「紅星」。但此類說法當時還不存在，人們或許曾給他冠以各種稱謂。「赤豹」給人的印象是兇悍的猛獸在廣袤的中國大陸上疾馳。當然，此文所使用的肖像並不怎麼符合這個形容。

不過，這篇文章實際上是非常出色的毛澤東傳。雖然語氣稍帶諧謔，但所寫的毛澤東生平，卻有最大限度收集的資料做基礎。說來也不奇怪，因為筆名進士槙一郎的該文作者，原名波多野乾一（1890–1963），是一名專門研究中國共產黨的學者，放在現在可稱作中共問題專家。戰前和戰爭期間專門研究中共及共產主義運動

圖 49　進士槇一郎〈「赤豹」毛澤東傳〉

的學者，左翼較知名的有鈴江言一、尾崎秀實、田中忠夫；立場持中的，則有著名的大塚令三和這位波多野乾一等人。此外還有在上海設事務所、類似情報販子的日森虎雄等。其中，屢屢前往中國收集資料、研究中共的，則是波多野。

　　波多野是大分縣人，1912年從上海的東亞同文書院畢業後，曾任《大阪朝日新聞》等數家日本一流報社的駐華記者十餘年，1928年起專注於中共研究，到1936年，已經成為公認的日本數一數二的中共問題專家。除了原名外，波多野有時也使用進士槇一郎（槇一郎）、榛原茂樹等筆名，尤其以榛原茂樹之名發表、出版的麻將入門及講解著作，對麻將在日本普及發揮過重要作用。他

還是中國傳統京劇首屈一指的評論家，這方面著作也不少；對現在
的很多人來說，他作為京劇評論家或許更加知名。也就是説，他
是對政治和文化二者均有精深研究的真正的中國通。[85]附言之，刊
載〈「赤豹」毛澤東傳〉的《世界知識》，是當時日本的主要出版社之
一誠文堂新光社發行的一般性海外知識雜誌。

　　波多野的這篇文章所使用的資料，除上述哈馬丹的毛傳外，
還參閱了前述《社會新聞》刊載的各種有關共產黨內幕的文章（如稱
毛為「湖南王」），如〈毛澤東在中宣部〉（1933年2月）、〈毛澤東印
象記〉（1933年5月）等。其中前一篇，上文介紹的高自立未刊毛傳
也曾參考過。波多野和高自立分別撰寫毛傳，而竟參閱同樣的文
章，再次讓我們認識到，《社會新聞》對共產黨員和共產黨研究者
都是不可忽視的有特殊價值的資料。後一篇還曾被翻譯成日文刊
載於《世界知識》1934年9月號，並註明原文出處，標題作〈毛澤
東——中國共產黨的首領——印象記〉；未署譯者姓名，但的確
是波多野本人所譯。[86]

　　就這樣，〈「赤豹」毛澤東傳〉值得關注，是因為其作者波多野
是當時日本最著名的中共問題專家。但更值得關注的，是波多野
該文提到了毛的容貌及照片。波多野收集的，除共產黨的刊物及
《社會新聞》雜誌等文字資料外，似乎也有圖片資料。在提到對迷
霧中的毛澤東存在各種猜測、謠傳時，波多野寫道：

85　波多野的略傳有：山本文雄：〈中國研究の第一人者　波多野乾一〉，
　　《月刊官界》，1990年第16卷第10號；波多野真矢：〈民国初期の北京
　　における日本人京劇通：波多野乾一を中心として〉，《人文研紀要》
　　（中央大學人文科學研究所），2010年第69號。

86　日文標題為〈毛沢東——支那共産党の首領——印象記〉，後收入波
　　多野的文集《現代支那の政治と人物》（現代中國的政治與人物）（改造
　　社，1937）。

……就他的照片而言，兩年前看到的明顯顴骨隆起，但最近
看到的卻是胖乎乎的，根本沒有患肺病的樣子，簡直判若兩
人。

蘇聯刊行的毛傳曾反覆稱毛澤東患肺病，波多野似乎也已得
知此說。附言之，據說斯諾在前往「紅色中國」之前也曾相信「毛患
不治之病」，看來，當時研究中國的人都認為毛澤東病得厲害。[87]
然而，波多野好像看到了完全不同的照片，上面的毛澤東「胖乎乎
的」，根本不像病人。波多野好像感到非常詫異，在同一篇文章中
再次寫道：

……最近看到他的照片。原來聽說他是肺病患者，但〔照片上
的他〕胖得滾圓，就好像某家公司的老闆，令我大吃一驚。

波多野的話顯示，在寫這篇文章時，他手頭應有兩張毛澤東
的照片。一張臉型消瘦，顴骨隆起，讓人相信果真就是肺病患
者；另一張則是不久前得到的，胖乎乎的臉龐，看得出大腹便便，
像個大老闆。而他用於〈「赤豹」毛澤東傳〉的是圖48，是蘇聯的刊
物長期以來多次刊載過的，也就是兩張照片中顴骨隆起、臉型瘦削
的那張。那麼，另一張就應該是新近得到的、「好像某家公司的老
闆」的「毛澤東」照片。

讀者可能已經猜到了，波多野所謂新近得到的，應該就是《週
報》和山本實彥著《支那》刊載的「胖子毛澤東」照片（圖1、37）。那
麼，結論應該是，波多野手頭有兩張照片，但在1936年發表〈「赤
豹」毛澤東傳〉、需要插圖時，選用了一直持有的臉型瘦削的那張；

87　據斯諾介紹，在西方鼓吹「毛患不治之病」說的，是英國遊記作家彼
得·弗萊明於1933年在中國旅行僅七個月後所寫的《獨行中國》（Peter
Fleming, *One's Company* [Jonathan Cape, 1934]）。請參閱 *Red Star Over
China*, 1938, p. 67。

不久前得到的另一張，或許覺得不像、不自然，而沒有採用。

波多野發表〈「赤豹」毛澤東傳〉，比山本實彥出版《支那》還早數月，更比《週報》刊載〈談支那共產軍〉早一年餘。那麼，《支那》和《週報》載「胖子毛澤東」照片和波多野的關係到底如何？對此，我們僅看波多野經歷中

圖50　家中的波多野乾一（1930年代中期）

如下一段就足夠了。他在1932年5月辭離《時事新報》，不久入外務省情報部成為編外職員，從事有關中共的資料編輯、情報分析，供外務省內部參考，直至1938年。亦即，1936至1937年，波多野正供職於外務省情報部。

對！結論就是，《週報》載〈談支那共產軍〉一文的作者，以及把「胖子毛澤東」的照片用作該文插圖的，肯定都是波多野乾一。

4.　波多野乾一的中國共產黨研究成就

1937年8月的政府公報附錄《週報》刊載的〈談支那共產軍〉一文，其署名雖是外務省情報部，但真實作者是情報部編外職員、中共問題專家波多野乾一（圖50）。當然，文章未署波多野名，不可排除作者另有其人的可能。但翻檢當時的外務省職員錄，情報部（1932年以後，部長依次為白鳥敏夫、天羽英二、河相達夫）在編職員不多，而且，其中無人足可稱作中共問題專家。在外務省，就此類專業性較強的領域收集情報、撰寫報告等實際業務，官員本人不會做，一般是由編外職員承擔的。

　　當然，雖說是編外職員，波多野的地位、待遇是相當高的。
比方說，後來因官制改革，波多野從外務省調到興亞院（1939），
雖仍屬編外，但他獲得的調職獎金高達700日元（高等官員待遇），
遠高於其他同類職員，第二位也只有480日元。[88]當時日本的大學畢
業生在銀行或政府就職，第一年的月薪只有70至75日元。可見，
波多野的地位，絕非人們按「編外職員」一詞所想像的那樣低。

　　波多野也曾使用筆名在《改造》雜誌發表文章，1937年改造社
出版過他的《現代中國的政治與人物》（現代支那の政治と人物）。
他和創造社老闆山本實彥也頗有交誼。考慮到二人關係之密切，
山本收入其《支那》的「胖子毛澤東」照片和強悍兇狠的朱德肖像，
應該不是山本自己所收集，而是波多野把剛得到的照片贈給了他。
其經過應該是這樣的：1932年，當時日本數一數二的中共問題專
家波多野，被外務省以豐厚待遇聘為編外職員，開始收集並編輯有
關中共的資料，並承擔有關中國問題的對外宣傳工作。1936年上
半年，他要在《世界知識》雜誌發表毛澤東傳時，通過某種途徑獲
得了頭戴禮帽、胖得像闊佬的「毛澤東」的照片，和面相強悍兇狠
的朱德肖像（或為《今日中國》所載）；但他在自己寫的毛傳中並未
使用這張照片，而是使用了一直持有的來自蘇聯的肖像。在此前
後，波多野將該照片贈給山本，山本於是將其插入不久後出版的
《支那》一書。次年，波多野接受外務省情報部指示撰寫、發表分
析中共的〈談支那共產軍〉，又出於某種意圖，將前一年還有所懷
疑的「胖子毛澤東」的照片，與前述朱德肖像一同刊登在《週報》上。

　　實際上，波多野所收集的中共資料，儘管並非完全準確，但
所涉範圍極其廣泛。在進入外務省情報部以前，他就用「榛原茂樹」

88　〈興亜院事務嘱託波多野乾一外三十七名賞与ノ件外一件〉（1939年
　　12月8日），《昭和十四年公文雑纂　內閣（四）各庁高等官賞与一　卷
　　四》，國立公文書館藏件，檔案索引號：A04018435100。

的筆名，就中共的歷史和現狀發表過〈支那共產黨略史〉(《日本讀書協會會報》，1931 年 7 月第 129 號) 和〈中國共產黨概觀〉(東亞研究會，1932 年 2 月)。尤其是篇幅逾百頁的〈支那共產黨略史〉，是日本有關中國共產黨歷史的第一篇研究論文，而且內容涉及「共產主義」一詞在中國的來歷、中國共產黨第一次代表大會日期考證，是非常正規的黨史研究論文。他被時任外務省情報部部長白鳥敏夫看中並被聘到外務省，正是因為他分析問題水準極高。入外務省不久，波多野即於 1932 年 10 月將此前的研究輯為一冊，印成厚達七百頁的《支那共產黨史》(省內機密圖書)。該書雖然是外務省內部資料，卻是日本最早的中共黨史研究專著 (資料集)。

波多野當時對毛澤東的評價已經很高。在成為外務省編外職員後的 1933 年，他曾在《世界知識》雜誌 (6 月號) 發表概論性的〈中國共產黨的核心人物〉(中国共産党の中心人物) 一文，其中稱毛澤東為「巨星」，對毛的介紹也頗為詳細 (無肖像)。他自那時起就稱當時的共產黨是「毛澤東時代」，説留蘇派懾於毛的實力而無所作為，不過是共產國際的電話機。實際上，毛澤東當時正受到冷遇，波多野作為局外人是無法窺知的；但他對毛澤東的評價極高，後來也從未改變。

1932 年以後，他繼續在外務省帶領其他人收集中文及俄文、德文、英文等中共資料，翻譯後附上解説，冠以外務省情報部編《中國共產黨〇〇年史》之名印製成冊，從 1932 年史至 1937 年史，共印六冊，供外務省內部參考。戰後，這些曾經只有外務省內部人員才能讀到的中共黨史資料集的價值受到高度評價，以上述《支那共產黨史》為第一卷 (敘述 1920 至 1931 年共產黨史)，出版過七卷本《資料集成 中國共產黨史》，並註明為「波多野乾一編」。

然而，戰後日本的中國史研究界對波多野的評價並不高。他所收集的豐富資料且不提，其研究被視為站在敵視中共的政治立場，是日本帝國主義的幫兇。在這點上，除外務省的波多野外，

滿鐵調查部系統以大塚令三為核心的中共研究，也曾被批判為「調查乃出於當時日本的國家目的」，「官方的研究」。[89]因為，在中國共產黨取得勝利（中華人民共和國成立）之後，戰後日本的中國近現代史研究即開始受到反向意識形態（即左翼意識形態）的強烈限制，認為研究活動應該肯定中國革命，必須符合共產黨的立場和敘述。[90]

隨着冷戰體制的結束，此類共產黨中心史觀逐漸不再具有影響力。不過，對波多野而言，這種狀況仍難言幸運。因為，其後的日本，越來越多的人不再關心中國共產黨的歷史；波多野的研究，或因原本即未出外務省，其價值至今仍很少為人所知，也沒有受到恰當評價。但在中國共產黨經過長征而出現在華北、其勢力經「西安事變」再次趨於強大的1936至1937年，波多野在追蹤、分析中共動向的同時，在《中央公論》、《改造》、《國際評論》、《世界知識》等刊物上發表了一系列論述中國共產黨的文章，是當時最受歡迎的「中國通」。

包括以外務省情報部名義發表者在內，波多野的著作堪稱宏富。僅就毛澤東的略傳、傳記而言，如外務省情報部編、1932年底刊行的《現代中華民國・滿洲國人名鑑》「毛澤東」條等之記述（本書第25頁），形式上雖為外務省收集所得，實際上應皆出自波多野之手。他後來撰寫的論述中共領導人的文章，都少不了毛澤東；〈朱、毛之亂〉（1933）、〈中國共產黨的核心人物〉（1933）、〈「赤豹」毛澤東傳〉（1936）等即其代表。這一系列評論，後來被編輯成大部

89　衛藤瀋吉：〈中共史研究ノート〉（中共史研究筆記），《東洋學報》，1961年第43卷第2號。

90　關於戰後日本中國近現代歷史研究的狀況（相關學者的口述史），請參閱石之瑜等編：《戰後日本的中國研究：口述知識史》（台北：台灣大學政治學系大陸暨兩岸關係教學與研究中心，2011–2013），全3冊。

頭論集《現代中國的政治與人物》，在《週報》刊載「胖子毛澤東」照片的1937年8月由改造社出版。

不可忽視的是，曾提及毛澤東兩張照片的〈「赤豹」毛澤東傳〉雖然也收入該論集，但談到照片的兩處記述，有一處卻被刪除，即文章末尾包括上述「最近看到他的照片。原來聽說他是肺病患者，但胖得滾圓，就好像某家公司的老闆，令我大吃一驚」的一段未再出現；但「就他的照片而言，兩年前看到的明顯顴骨隆起，但最近看到的卻是胖乎乎的，根本沒有患肺病的樣子，簡直判若兩人」一段仍在，顯示他這時對「胖子毛澤東」照片仍然持懷疑態度。該論集出版於1937年8月，與《週報》刊載「胖子毛澤東」照片同時。這顯示波多野讓「胖子毛澤東」照片登上《週報》，是出於某種意圖而有意為之。

那麼，持有胖、瘦兩張毛澤東肖像的波多野，為何在1937年選擇他一直懷疑的「胖子毛澤東」照片，用作〈談支那共產軍〉的插圖而登在《週報》上呢？答案就在這篇文章之中。實則，除上述毛、朱外，該文還插入了另一張照片（圖51）。該照片註明為「紅軍炮兵」，展現紅軍士兵正在操作或從國民黨軍隊繳獲來的山炮的場面。該照片的來源很清楚，即1937年4月15日——先於《週報》約四個月——的《救國時報》，原註為「紅軍炮兵之一部」（圖52）。

《救國時報》是中共在巴黎刊行的大版面雜誌（基本上每五日刊行一次）。與前文介紹的法文版宣傳冊《今日之革命中國》一樣，該雜誌也是由莫斯科的中共駐共產國際代表團編輯，在巴黎印刷、發行的。該雜誌仿巴黎雜誌特色，經常刊載照片；而其中一張和《週報》所載相同。波多野每年點滴收集、編輯的資料集《中國共產黨1937年史》，就收有採自《救國時報》的文章。[91] 故波多野及外務省

91　《中國共產黨1937年史》翻譯、收入了〈一年來華僑救國運動之檢閱〉
　　（1937年1月8日，第75/76期合刊），註明譯自《救國時報》。

圖51 《週報》載「紅軍炮兵」照片

圖52 《救國時報》載「紅軍炮兵之一部」

圖53 《生活》畫報載斯諾拍攝的紅軍炮兵照片

情報部無疑曾收集《救國時報》。當然，應該不是波多野直接訂購，而是日本駐巴黎大使館等收集後，定期寄回外務省的。

《救國時報》是中共的雜誌，刊載紅軍炮兵的照片，本不奇怪。但拍攝這張照片的記者不是別人，正是斯諾。關於斯諾著《紅星》及該書所使用的照片，後文將作詳細探討；要之，這張照片，1937年秋在英國出版的英文版並未使用，而1938年初美國出版的英文版卻予以收錄，並註明是斯諾所攝。説到這裏，讀者或許會奇怪：1937年4月發行的《救國時報》，怎麼可能轉載1938年才出版的書中的照片？事情是這樣的。《紅星》1937年出版英文版之前，斯諾曾把在陝北採訪的記錄和部分照片向某些大型媒體公開，其中40餘張照片被美國《生活》(Life)畫報刊載於1937年1月25日號和2月1日號上，並附有説明。這張紅軍炮兵照片即其中之一（圖53）。[92]

據此，我們可以推斷，與毛、朱肖像同時刊於《週報》的這張紅軍炮兵照片，先由《救國時報》轉載自《生活》畫報，而外務省情報部又從《救國時報》複製而來。當然，也有可能是外務省情報部直接取自《生活》畫報，而未經過《救國時報》；但因下述兩條理由，這個推測不成立。第一，假如直接看到過《生活》畫報，毛澤東等人的照片也應從該畫報一併借用，而不太可能只複製炮兵照片；第二，照片的剪裁範圍（尤其山炮炮身部分），《救國時報》和《週報》完全重合。

波多野手頭有中共在巴黎刊行的雜誌；此類雜誌在1937年上半年已經轉載斯諾從陝北帶回的照片。比如，斯諾為頭戴八角帽的毛澤東拍的那張最有名的照片（圖6），就在登上《生活》畫報五個月後的1937年6月13日出現在《救國時報》上，同時刊載的還有斯

---

92 丁曉平：《解謎〈毛澤東自傳〉》(中國青年出版社，2008)曾就《生活》畫報載照片作過介紹(頁248–249)。

諾為騎在馬上的周恩來拍攝的照片。難道説，波多野在《救國時報》上看到了斯諾拍攝的紅軍炮兵照片，卻沒有看到真實的毛澤東、周恩來的照片？又或者，外務省情報部唯獨沒有收集到載有毛澤東照片的那一期《救國時報》？顯然，那是不可能的。

5. 外務省情報部要隱藏什麼

本書至此所探討的信息複製、傳播的複雜過程，如圖54所示。左側上、中兩張圖片是1927年國民黨領導人合影的衍生品。從合影截取的毛澤東照片，經過剪切、加工，在1933至1936年間在蘇聯被收入革命刊物，其中數張成為波多野的收藏品。其藏品還包括一張來路不明的「胖子毛澤東」照片。後來，斯諾成功進入陝北採訪，這些資料的偏差得到糾正。斯諾的照片通過《生活》畫報、《救國時報》等刊載、轉載而流傳開來，使舊有資料不再具有意義，並一舉取而代之。而這對毛澤東形象的傳播而言，意味着《紅星》一枝獨秀時代的開始。

就這樣，在波多野以外務省情報部的名義在《週報》發表〈談支那共產軍〉的1937年8月，斯諾從中國共產黨根據地帶回的採訪記錄和照片的一部分，已逐漸登上各種媒體。提起《紅星》，人們首先認為它是「名著」，所以更多地關注其單行本。但實際上，由於斯諾在單行本出版前先行公佈、發表了毛澤東等共產黨領導人的照片及採訪記錄，其影響在「名著」出版前的1936至1937年間已經出現並逐漸擴大。

1936年10月31日的《時事新報》（東京），曾以〈美國記者成功採訪共黨地區／珍貴的採訪記錄〉（共産区踏査に米人記者成功／貴重な視察記）為題，報道了斯諾結束採訪回到北平（今北京）一事。該文剪報收於波多野留下的剪報集，現保存在東京的東洋文庫（專門收藏東方學資料的圖書館）。該剪報的存在顯示，斯諾進入共產

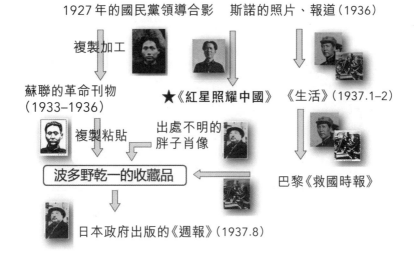

圖54 毛澤東照片和信息的傳播

黨支配地區採訪並已取得重要成果一事，波多野幾乎在同時就已知曉。那麼，連中國的八卦雜誌《社會新聞》、法國的中文雜誌都巨細靡遺進行收集的外務省情報部及波多野，對公開媒體《生活》畫報有關斯諾的報道，真的可能粗心到看漏或者視而不見嗎？顯然不可能。

僅就毛澤東照片而言，波多野選用「胖子毛澤東」照片時，是否知道已有斯諾拍攝的、頭戴八角帽的毛澤東照片？換言之，他是故意為之，抑或是信息不足而導致的疏忽？這個問題值得思考。而疏忽還是故意，導向的結論顯然是不同的。

第一，假如波多野真的認定毛澤東就是「胖子」，那麼，極而言之，「七七事變」時的日本就是沒有搞清敵人是誰就發動了戰爭。孫子說，「知己知彼，百戰不殆」；但如果波多野真的有此誤解，那就是「不知己，不知彼，每戰必殆」。我們都已知道，和中國之間

發生的「事變」，日本本來以為揮揮手就能解決，但結果竟拖了八年之久，而且最後沒能取勝。附言之，斯諾在《紅星》中就日本如何評價毛澤東曾寫道，「許多日本人都認為他是中國現有的最有才幹的戰略家」，[93] 似乎認為日本的情報分析水準相當高。但如果連波多野這樣的人物都沒有能力鑒別一張照片，那麼，斯諾的評價也太隨便了。

第二，假如波多野等人明知道「胖子」照片上的人物不是毛澤東，卻故意登在《週報》上予以公開，那就是有意散佈虛假信息，其目的是讓國民都對「共匪」帶上負面印象。「共產黨的首領胖乎乎的，好像某家公司的老闆，紅軍司令則是嘯聚山林的土匪」——要讓讀者對中國共產黨產生這樣的印象，這兩張照片的效果勝過洋洋灑灑數千字的論文。再次借用中國古代經典（《論語》）的說法，這分明就是「民可使由之，不可使知之」的愚民手法。

那麼，當時日本的媒體對待斯諾的態度怎樣？首先看斯諾採訪報道的譯載情況。實際上，在《週報》於1937年8月刊載「胖子毛澤東」照片之前，斯諾報道的譯文已經登上日本的著名雜誌。圖55就是該年7月《世界知識》雜誌譯載的斯諾的文章〈中國共產軍根據地探訪〉。其原文連載於倫敦的日報《每日先驅報》，但所用毛澤東及其夫人賀子珍、騎馬的周恩來等人的照片，應該採自《生活》畫報。也就是說，在《週報》刊載「胖子毛澤東」照片一個月前，人們就已經能夠在書店擺放的雜誌上看到真正的毛澤東照片。而且，《世界知識》正是波多野屢屢投稿的雜誌，按常識來說，他不可能沒有看到這篇譯文。

再舉一個例子。圖56是日本著名雜誌《改造》於1937年6月——即《週報》刊載「胖子毛澤東」照片前兩個月——譯載的斯諾

93　*Red Star Over China*, p. 93; 董樂山譯：《西行漫記（原名：紅星照耀中國）》，頁65。

圖55 《世界知識》1937年7月號載譯文

圖56 《改造》1937年6月號譯載斯諾採訪記

的採訪報道，題名〈中國共產黨領袖毛澤東會見記〉，是從前一年即
1936年11月上海的英文雜誌《密勒氏評論報》所載文章直譯而來。
該文中頭戴紅軍帽的毛澤東照片，是英文雜誌原有的。也就是
說，波多野經常投稿的雜誌相繼刊載過毛澤東的照片，如果說他竟
然沒有察覺，那只能說情報部過於懈怠、工作也太不合格。但實
際上，波多野所編資料集《中國共產黨1936年史》(1937年2月發行)
曾經譯介過斯諾發表的對毛澤東的採訪記錄。因此，要說他唯獨
沒有看到採訪記中的照片，豈非古今奇談。

再來看一條證據。細讀〈談支那共產軍〉，文中錄有紅軍士兵
的統計資料；而這正是波多野當時已經讀過斯諾採訪記的鐵證。
該文稱，紅軍指揮官的平均年齡是24歲；又說第一軍團戰士的出
身，農民58%、農村勞動者(手藝人、木匠、學徒等)25%、工業勞
動者3%、小資產階級知識分子4%；這些資料與上海的英文報紙
《大美晚報》(*Shanghai Evening Post & Mercury*)載斯諾論文〈共產黨
與西北〉(The Reds and the Northwest，1937年2月3–5日)一字不
差。而該文的原文和日本駐上海總領事館翻譯該文後遞交外務省
的報告(3月24日)，至今還保存在日本外務省外交史料館中。[94]

證據已經足夠了。真相就是，外務省情報部當時早就讀過斯
諾的採訪記，也已看到採訪記中的照片，但卻將其隱藏了起來。
而之所以隱藏，是因為滿懷善意描述共產黨及其領袖毛澤東的斯諾
的姿態不能令他們滿意。他們也擔心毛澤東頭戴紅軍帽、端正瀟
脫的照片，會在國民心中植入對「共匪」的好感。假如刊載了斯諾
拍攝的毛澤東照片，就不得不提到斯諾的採訪，其結果，就會導致
對共產黨及其領袖毛澤東抱有樸素共鳴的斯諾的見解流傳開來。

---

94 〈公信第377号「エドガー・スノー」ノ発表セル西北「ソ」区視察記訳
　　報ノ件(1937年3月24日)〉，《支那各地共匪関係雑纂 第10巻》，外務
　　省外交史料館藏件(檔案索引號：B02032001000)。

當然，政府可對有關斯諾的報道進行審查。事實上，當時當局對出版物——尤其對左翼文獻和反對帝國主義的著作——的審查十分嚴格，哪怕是翻譯的文章，文中如有「日本帝國主義的侵略」的字樣，都會被刪改成「×××主義的××」（「侵略」和「日本帝國」均為避諱詞）。這雖然是當時的通常做法，但在政府官報上，顯然不能這樣做。

本來，外務省情報部是為向國內外公開、宣傳正確和準確的信息而設。政府公報創刊《週報》，目的也本應是「公開政府各機構所獲得有關內外形勢、經濟學術等之信息，密切政府與一般國民之接觸，以利公正光明政治之推行」。[95]但擔負如此使命的機構，其職員竟然在媒體發表文章操縱輿論，不能不說日本政府對信息公開已不僅是遲鈍和麻痹，而是有利用和操縱之嫌。反過來或許可以說，當時日本的政府和官員對共產主義的戒備已到了神經過敏的程度。

當然，波多野所處的立場也不難理解。或許，對斯諾進入中共支配地區採訪，並帶回採訪記錄和毛澤東等人的照片，最能夠理解其價值的，在日本恐怕也只有波多野本人。作為長年收集中共資料的專家，他馬上就能明白斯諾的採訪非同尋常。因為，當時人們都傳說中共的根據地陝北很可怕，沒有外國人進去了還能出來。

附言之，就在斯諾試圖進入陝北的1936年春夏之交，波多野和大塚令三這兩位日本著名的中共問題專家，也相繼前往中國進行實地考察。不過，波多野只是在上海收集資料；大塚倒是在同年10月在《中央公論》上發表過旅行記，名為〈中國蘇維埃地區跋涉周遊記〉，但也不過是在5月乘火車和長途客車從杭州到長沙的沿途

---

95 〈發刊詞〉，《週報》，第1期，1936年11月。

記錄而已，[96]連一個「共匪」也沒有碰到。這樣的內容竟也稱在共產黨支配地區「跋涉周遊」，還刊載於著名雜誌，無疑反映出當時日本人在中國考察的局限；也可知斯諾的陝北之行及其採訪記錄，對當時的日本是如何地石破天驚。換言之，對以中共問題專家自居的人來說，刊載斯諾拍攝的毛澤東照片，無異於承認自己在收集情報方面徹底吃了敗仗。

話說回來，即使不想公開斯諾拍的照片，不刊載就行了，何必拿出另一張來路不明、難辨真偽的照片？或許，波多野有理由認為這可能就是毛澤東，因而不忍割捨。不過，隨着斯諾拍攝的照片越傳越廣，外務省似乎也不能再佯裝不知而繼續使用「胖子毛澤東」的照片。例如，後來，《憲友》(憲兵職員團體雜誌)等其他雜誌曾相繼轉載〈談支那共產軍〉，但都刪除了照片。[97]也就是說，這些雜誌認為內容尚可，但對照片卻都感到莫名其妙。

考慮到上述情況，對上述圖54加以修正後，即為圖57。左側圖片沒有變化，但看得出斯諾帶回的採訪記錄、照片已經傳到日本。至於毛澤東的肖像，斯諾拍攝的照片已先於《週報》而刊載於《世界知識》、《改造》等日本雜誌，斯諾發表在上海《大美晚報》上的文章和資料，無疑也已為波多野及外務省情報部所掌握。但是，如上所述，日本政府的正式刊物卻隱瞞了斯諾文章(毛澤東的採訪記錄和照片)的存在，對國民秘而不宣。

96　〈中國蘇維埃地區跋涉周遊記〉(支那ソウエート地区踏破記)，《中央公論》，1936年10月號。他的行程是杭州至南昌(火車)、南昌至長沙(長途客車)。

97　轉載〈談支那共產軍〉的刊物有：《憲友》，1937年11月第31卷第11期；外務省情報部編：《國際時事解說》(三笠書房，1937年11月)。

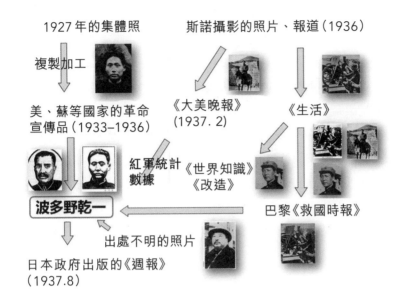

圖57 毛澤東照片和信息的傳播

6. 「胖子」到底是誰？

曾作為中共問題專家在外務省收集、分析中共資料的波多野乾一，後來轉到興亞院、大東亞省工作，身份仍是編外職員；戰爭結束後任《產經新聞》社論委員。其間仍繼續發表有關中共的著作，並於1961年將他在外務省時編到1937年的《中國共產黨〇〇年史》重新出版，此即七卷本《資料集成：中國共產黨史》。他曾表示將繼續刊行1938年以後的中共黨史，但因兩年後去世而未能實現。其藏書中，價值較大的贈給東京的東洋文庫，作為「波多野文庫」妥善保存。不過，據其家人稱，波多野去世後不久，曾有學者模樣的人來到家裏，拿走了不少藏書。

至此，上文提到的照片上的「胖子」到底是誰，就成了波多野留下的最後一個謎。不過，說實話，本書作者至今沒有答案，對

照片上的人到底是誰不得而知。當然，肯定不會是毛澤東。而關於誰、出於什麼目的將其刊載出來，上文已有明確論述。因此，最後這個問題，未嘗不可留給有興趣的人去解決。但是，既然本書已經就毛澤東早期的肖像等問題進行了多方探究，如果最後無法弄清這張最有趣的面孔屬於誰，難免留下遺憾。

不用說，為解決這個問題，本書作者曾經像發佈通緝令那樣，每逢見到國內外相關學者就指着這張照片問是否認識此人，也閱讀了波多野在刊載這張照片前後以及戰後所發表的文章，還仔細查閱了「波多野文庫」。可是，借用辦案警察的口吻來說就是：十分遺憾，本專案組至今沒有得到可靠線索，無法斷定此人是誰。不過，嫌疑人是有的。那就把嫌疑人請來先問問吧。照片上的容貌是唯一線索：體型微胖、不太濃密的八字鬍。

第一位是圖58所示人物，名叫馮玉祥（1882–1948），民國時期活躍於中國北方的軍人。他原來屬於直系，1924年以後支持國民黨，也曾支持北伐，是位開明之士。南京國民政府時期屢屢與走向獨裁的蔣介石發生衝突，也曾集結反蔣陣營與蔣展開大戰。他本人生活極為節儉，而且是虔誠的基督教徒，因而又被稱為「基督將軍」。這壯實的身軀和容貌五官，是不是像那個「胖子」？

只是，如果「胖子」照片是波多野所收集、而他又因某種理由認為這可能就是毛澤東的話，「胖子」是馮玉祥的可能性就幾乎為零。因為，馮玉祥是民國時期無人不曉的大人物、一等一的將軍，隨處都有他的照片。不知他是誰的外行姑且不論，像波多野這樣有名的「中國通」，不可能連馮玉祥的照片都認不出。「胖子」應該是波多野也從未見過的人物。

那麼，圖59所示這位如何？上半身稍微前傾，但看得清臉型、五官相近，尤其那八字鬍，是不是很像？把照片中「胖子」頭上的帽子摘下來，可能更像。他叫李杜（1880–1956），也是民國時期活躍於東北的軍人。李杜不如馮玉祥那樣著名，而且，在1935至1936年的行動有些神秘，被誤認成毛澤東，也不是沒有可能。

圖58 馮玉祥

圖59 李杜

因為，為把毛澤東的孩子秘密護送到蘇聯而扮成商人、一路陪同到歐洲的就是他。這件事有些複雜，大體經過如下。[98]

　　李杜原為張作霖、張學良帳下愛將。眾所周知，1931年「九一八事變」後，張學良的東北軍未予抵抗即行南撤，但在黑龍江一帶，部分不肯投降的將士卻奮起抵抗關東軍。李杜就是這些將士之一。失敗後，李杜於1933年避往蘇聯，後途經歐洲於同年6月回到上海。在上海，李杜通過參加抗日救國活動逐漸與共產黨建立了聯繫，後來，為了在東北再次興兵抗日和得到蘇聯的武器供應，李杜甚至曾向共產黨提出合作抗日，並要求入黨。[99]

98　〈關於劉鼎36年6、7月間到上海的情況和其它一些事情的參考材料〉，《馮雪峰全集》（人民文學出版社，2016），第8卷，頁374；王希亮：《李杜將軍傳》（黑龍江人民出版社，1985），頁101–103；孔繁玲、史紀辛：〈也談毛岸英兄弟赴蘇過程中的相關事實〉，《中共黨史研究》，2003年第6期。

99　史紀辛：〈李杜入黨問題考〉，《黨的文獻》，2004年第3期。史紀辛推斷，經此申請，李杜被接納為「特別黨員」。

　　已於1935年冬到達陝北的中共中央，為重啟已經癱瘓的城市工作，翌年春派文化工作幹部馮雪峰 (1903-1976) 前往上海。他的任務是設法開展抗日統一戰線工作，並重建黨組織。此外還帶有一項特殊使命，那就是找到流落上海的毛澤東的孩子，並把他們護送到安全地點 (莫斯科，當時設有撫育革命家子弟、遺孤的機構)。[100] 毛澤東和楊開慧育有三子，一直隨母親生活。1930年，楊開慧被湖南軍閥逮捕、殺害後，孩子們失去依靠，黨組織於是把他們安排在上海的幼稚園生活。後來，上海的黨組織又遭破壞，亟須再次轉移這三個孩子。

　　在上海保護孩子的，是後來幫助斯諾前往陝北的神秘的「王牧師」，原名董健吾。他表面上是一位熱心人道活動的牧師，經營孤兒院等，實際上是共產黨的秘密黨員。[101] 通過董健吾等人找到孩子的馮雪峰，把護送孩子去莫斯科這一間諜故事般的絕密任務交給了已要求入黨的李杜。李杜隱瞞身份，帶孩子離開上海，據說是在1936年6月底。中國至今存有李杜用「王元華」之名申領的護照，上面還附有三名偕行幼童的照片，[102] 即毛澤東的長子岸英、次子岸青和董健吾的兒子。毛澤東還有三子岸龍，據說在上海失蹤，上海的黨組織多方尋找無果。李杜等一行中，還有中共交通員楊承芳。[103]

　　7月下旬，李杜和孩子們順利抵達巴黎，王明派親信康生專程從莫斯科趕來迎接。李杜一行希望繼續前往莫斯科，但蘇聯方面

100　前引〈關於劉鼎36年6、7月間到上海的情況和其它一些事情的參考材料〉，《馮雪峰全集》，第8卷，頁373–374。

101　董霞飛、董雲飛：《神秘的紅色牧師董健吾》(北京出版社，2001)。

102　劉鳳仁、廖懷志、石成柱編：《李杜將軍畫傳》(中國文史出版社，2011)，頁114。該書稱李杜一行共九人。

103　〈關於36–37年間我和楊承芳聯繫的經過〉，前引《馮雪峰全集》，第9卷，頁167。

對李杜似乎不太放心，只接納了毛澤東的兩個孩子，而沒有給李杜和董健吾的孩子發放簽證。[104]把毛澤東的孩子與其他人區別對待，是共產國際最高負責人季米特洛夫報告斯大林後決定的，可見是高度政治性的選擇。[105]就這樣，李杜把毛澤東的孩子託付給康生後，又帶着董健吾的孩子踏上回國的旅程；而說服蘇聯首腦為東北抗日提供支援的目的則落了空。後來，李杜繼續持同情、支持共產黨的立場，還向莫斯科的中共代表團傳送過情報等；[106]但終其一生沒有再登上政治舞台的中心。

與毛澤東淵源如此之深、容貌又和被誤作「毛澤東」的照片如此相像——現實中還真有這樣的人，簡直太過巧合。他在旅途中如慈父般照顧毛澤東的孩子，被人當作毛澤東也不奇怪。或許可以創作這樣的故事情節：不清楚毛澤東容貌的日本情報組織獲得情報，稱毛的兒子與父親一同去了歐洲，於是不知從哪裏搞到了「毛澤東兒子之父」的照片，然後⋯⋯

不過，要使此類情節成立，還必須將常識暫且擱置一旁，啟動更大的想像力，以回答下述問題：且不管是日本的外務省還是其他機關，他們既然獲知中共組織將執行確保領袖家人安全的特殊任務，而且予以監視，甚至搞到了照片，怎麼可能沒有其他情報、報告加以辨識和驗證？[107]而且，哪家情報機構如此沒有常識，會相信毛澤東本人會帶着自己的孩子滿世界跑？

104 王金昌：〈馮雪峰憶1936年毛岸英兄弟赴蘇經過〉，《百年潮》，2010年第2期。

105 〈季米特洛夫給斯大林的信〉(1936年7月29日)，「俄藏檔案」，全宗495，目錄79，案卷294，頁5。

106 王明：〈關於來自李杜將軍的信息(1937年1月1日)的報告〉(1937年3月4日)，「俄藏檔案」，全宗495，目錄74，案卷278，頁59。

107 前引史紀辛〈李杜入黨問題考〉稱，李杜未能實現訪蘇，乃因日本方面事先獲得了情報；但沒有日本方面的資料佐證。

　　而上述想像不可能成立的關鍵根據是，在據信為李杜的所有
照片中，至今沒有一張與「胖子」照片一致。近年來，李杜被稱作
愛國軍人，而且還曾搭救過毛澤東的孩子，中國學者為他出版了幾
部傳記；有的傳記還附有幾張李的照片，[108]但都不是上述「胖子」照
片。除非固守「陰謀史觀」，堅稱李杜的歐洲之行被日本情報機構
探知，所以有了這張照片，否則，「胖子」是李杜也好、不是李杜
也罷，都只能在找到與此一致的照片之後才能下結論。而在那之
前，不能認定李杜就是那個「胖子」。

　　在李杜帶毛澤東的孩子出發前往歐洲，也是波多野面對兩張
「毛澤東」照片撓頭的時候，有一個外國人為了一睹毛澤東真容而
正準備前往陝北的「紅色中國」。他就是斯諾，也是本書後半部分
的主角。本書至此介紹和分析的有關毛澤東的肖像、評傳以及人
們由此形成的對毛的印象和認知，都因為斯諾的此次採訪，而一下
子不再具有任何意義。

108　前引《李杜將軍畫傳》。

第五章

斯諾前往「紅色中國」

1. 絕佳的採訪時機

　　美國記者斯諾離開陝北延安進入中共支配地區，是在1936年7月7日前後。這位密蘇里州的青年懷揣着成為世界著名記者的夢想而遊歷世界各地，途經上海時下船，原打算只作短期停留。自那時起，已經過去將近八年。其間，斯諾迷上中國並住了下來，作為歐美報社（倫敦《每日先驅報》、紐約《紐約太陽報》）的特約記者專門報道中國，逐漸萌生了親自到「紅色中國」採訪的想法和願望。現在，多年的願望眼看就要實現了。

　　之所以說他進入中共支配地區是在7月7日「前後」，是因為延安當時還在國民黨方面支配之下，從延安越過相當於分界線的「兩不管」地帶進入中共根據地，徒步需要走一到兩天。斯諾此後在陝北的經歷充滿傳奇。他結束全部採訪計劃回到西安是10月22日，抵達當時在北平租住的家裏是10月25日。算起來，實際採訪時間約三個月。

　　斯諾說，前往「紅色中國」時，北平的中共地下組織事先給了他一份用「隱色墨水」寫給毛澤東的介紹信；除了瘦毛驢馱着寢具和一些食物外，他自己身背兩部相機，還帶了二十四隻膠卷。[109] 不

109　*Red Star Over China*, pp. 46, 57；董樂山譯：《西行漫記（原名：紅星照

過，《紅星》一書雖然也零星地提到他本人在採訪中的經歷，但對
採訪過程卻始終諱莫如深。比如事先如何準備、誰為他居中介紹
和聯繫等重要問題，都隻字未提。當然，這樣做的目的是要避免
累及幫助他的人；用現在的說法，為報料人保守秘密是記者必須遵
守和履行的原則。但也難說斯諾不是有意為之，即避而不談反倒
可以為自己的經歷罩上神秘的面紗。比如「隱色墨水」寫的介紹信
云云，就很像間諜小說裏使用的小道具。

後來，甚至在《紅星》早已確立其名著之地位後，斯諾仍不願
意談論陝北之行的詳細經過，偶爾披露的一些所謂內幕，也不完全
是事實。其結果，《紅星》中的斯諾就給了讀者這樣的印象，即不
顧危險、隻身勇闖「赤匪巢穴」的冒險記者。

當然，他的採訪無疑充滿了危險。西北內陸十分貧困，是包
括「赤匪」在內的「匪」的世界，而且屢屢有鼠疫、傷寒等傳染病流
行。事實上，美聯社在得知他進入陝北後，曾於10月下旬引用西
安某傳教士的話報道說，美國記者斯諾已經遇害；這個消息還登上
了斯諾故鄉密蘇里的報紙。[110]因此，斯諾回到北平後的第一件事，
就是在眾多記者面前公開露面，以澄清謠傳。[111]連斯諾的「死訊」都
被傳得沸沸揚揚，可見他前往陝北採訪，在外界看來純粹是不要命
的莽撞行為。

但是，斯諾的採訪實際上並非莽撞行為，而是經過慎重、縝

耀中國）》，頁15、29；Edgar Snow, *Journey to the Beginning* (Random
　　House, 1958) , p. 155（中譯本：宋久等譯：《斯諾文集 (1)：復始之旅》
　　〔新華出版社，1984〕，頁186）。

110 "American Newspaper Man Reported Killed in China," *Joplin Globe*
　　(Missouri) , October 27, 1936.

111 〈共產区踏查に米人記者成功／貴重な視察記〉，《時事新報》（東京），
　　1936年10月30日。該文報道，從陝北採訪歸來的斯諾於10月29日發
　　表了談話。

密的準備和交涉，在經過失敗後才得以實現的。他曾在1936年春第一次嘗試進入陝北而遇阻，後來再次向中共中央書面遞交了採訪計劃。對主動前來的美國「愣頭青」記者，答應採訪的中國共產黨，當時也並未豁達、寬容到可以讓他自由採訪、隨便發表。共產黨對來自外部的人一直充滿戒備和警惕。當時，陝北的中共根據地有一位蘇聯來的外國軍事顧問（李德，原名奧托・布勞恩 [Otto Braun]），據說他曾懷疑斯諾是美國派來的特務。一位自由記者出於個人興趣而要採訪共產黨，本身就不可思議；更何況斯諾來得也過於順利。[112]

當然，毛澤東等共產黨領導人在答應斯諾進入根據地之前，肯定對斯諾進行過必要調查；他們也是經過反覆權衡、深思熟慮的，此點不應忘記。不過，斯諾的採訪雖說是雙方目的吻合且經過周密準備的結果，綜觀起來，卻也可以說是「天時、地利、人和」三種要素絕妙結合才得以實現的奇蹟。

如果把天時稱作時機，那麼，1936年夏就是斯諾實現其採訪計劃的最好不過的決定性時機。假如放在一年以前，共產黨幾乎不可能接受斯諾前來採訪。1935年秋天到達陝北的共產黨及紅軍，剛剛結束一年有餘的漫長行軍。還有，〈八一宣言〉在1935年發表後，為抗日而結成統一戰線已經成為共產黨的基本路線，中共正在積極爭取統一戰線的支持者與合作者，也正需要有記者向外界宣傳這一新方針。〈八一宣言〉是在莫斯科起草、發表的，毛澤東等中共中央在到達陝北之前並不知情；後來共產國際派來張浩（林育英），新方針這才傳達到陝北。[113]

112　Helen Foster Snow (Nym Wales), *My China Years: A Memoir* (New York: William Morrow and Co., 1984) , pp. 200, 263；中譯本：華誼譯：《旅華歲月——海倫・斯諾回憶錄》(世界知識出版社，1985)，頁192、253。

113　李海文、熊經浴：《張浩傳》(當代中國出版社，2001)，頁115–120。

在陝北安頓下來的共產黨，為按照新方針在上海、天津等地重新開展工作而開始派出交通員，是在1936年春；斯諾通過宋慶齡（孫中山遺孀，當時秘密支持共產黨的工作）、史沫特萊向中共中央提出採訪要求，也正是這個時期。要採訪，當然不可能說去就去，需要有相應的「後勤支援」，即必須有信息溝通、人員轉送的渠道和通道。而上一章提到的馮雪峰（委託李杜護送毛澤東之子去蘇聯的共產黨交通員）受命來到上海是4月下旬；斯諾的採訪要求正是經過史沫特萊、由馮雪峰傳遞給中共中央。此前（同年3月），斯諾曾經嘗試進入根據地而沒能成功，很大程度上就是因為他和中共中央之間還沒有建立起聯絡渠道。

斯諾提出採訪要求時，陝北的中共中央和莫斯科之間的無線電聯繫尚未恢復，這對斯諾是又一幸事。陝北完成大功率通訊設備的安裝和密碼調試並恢復了長征開始後被迫中斷的無線電聯繫，是在1936年6月；[114] 而這時中共中央已經決定允許斯諾前來採訪。為什麼說無線電尚未恢復對斯諾有利呢？因為，如後所述，當時的共產國際未必完全相信斯諾的政治立場，假如知道有美國記者要來採訪，至少會「提醒」中共中央要對他好好審查。或許，無線電的開通再早幾個月，或者斯諾的採訪要求再晚幾個月，共產國際都很有可能插手阻攔。

下面再看地利。共產黨和紅軍在長征之前和之後，其根據地都在內陸；但是，長征後的新根據地陝北已經是華北，而在陝北對紅軍實施軍事封鎖的則是張學良的東北軍。東北軍先是統帥張作霖被關東軍炸死，「九一八事變」後又被日本趕出東北，被迫移駐內地。當時的東北軍在抗日方面與共產黨立場一致，雙方正在開展秘密談判，至斯諾前往陝北時，兩軍事實上已經停戰，張學良的

114　李永昌：〈中共中央與共產國際電訊聯繫〉，《百年潮》，2003年第11期。

指揮部所在地西安也已有了共產黨的秘密交通站。蔣介石（國民政府）當然已察覺到雙方動向可疑，並十分警覺，西安周圍的特務組織也瞪大眼睛嚴密監視。在這種情況下，斯諾仍被從西安護送到延安、又從延安被護送到封鎖線，就是因為得到了張學良的默許。[115] 放在共產黨在贛南根據地被重兵長期圍困的時候，要如此長途跋涉、突破封鎖是難以想像的。

最後是人和，也就是人脈關係。即使有了天時、地利，如果提出要求的不是斯諾，而是其他人，那麼採訪是否能被接受、是否能夠成功，也很值得懷疑。中國當時有許多外國記者為報社、通訊社採訪、撰稿，就職業經歷、對中國社會的理解以及語言水準看，許多外國記者比斯諾強得多。單就語言而言，斯諾雖然具備日常會話能力，但讀寫漢字仍很困難，閱讀中文資料時必須有助手幫助。[116]

但是，斯諾卻擁有通過支援救國運動和採訪、交流而建立起的深厚而廣泛的社會關係。從1934年發表其第一部現場報道《遠東戰線》（*Far Eastern Front*）時起，他就對日本的對華政策持批判態度；後來，日本加緊策劃所謂「華北自治」後，北平、天津爆發抗議運動，斯諾與妻子一起多方支援學生們的抗日救國運動，並參與

115　關於「西安事變」前中共與張學良的關係，請參閱楊奎松：〈「西安事變」新探〉，《楊奎松著作集：革命》（四）（廣西師範大學出版社，2012）。

116　關於斯諾的中文水平，各說不一。馬汝鄰：〈和斯諾相處的日子〉（收於前引《紀念埃德加・斯諾》）、黃華：〈隨斯諾訪問陝北和目擊紅軍大會師〉（《百年潮》，2006年第10期）等文稱，口頭交流勉強過得去，但可以說讀不懂文章。斯諾的夫人尼姆・韋爾斯也差不多，甚至還鬧過笑話。據說她自以為是在說中文，但陝北的紅軍士兵卻回答說「我不懂英語」。Helen Foster Snow, *My China Years: A Memoir*, p. 277; 中譯本：前引《旅華歲月：海倫・斯諾回憶錄》，頁266。

發動了1935年的「一二·九運動」。他本人並非所謂左翼黨派人士
（共產黨員），這反倒讓人相信他是公正、誠實、敢於行動的記者，
贏得了傾向共產黨的中國學生和青年的好感。將斯諾希望到陝北
採訪的願望間接傳達給共產黨組織的，就是因參加救國運動而遭到
追捕時被他搭救過的左翼愛國學生。

　　而且，斯諾與魯迅、宋慶齡等著名人士也建立了他人不可比
擬的牢固的信賴關係。尤其是宋慶齡，斯諾曾為撰寫她的傳記而
數次前去採訪，通過她加深了對中國的了解，並受到她的巨大影
響。[117]雖然至今仍未見公開詳細經過，但實質上等於共產黨秘密黨
員的宋慶齡，無疑曾為之牽線搭橋，提供了全面支援。[118]從宋的角
度看，斯諾雖然十分關注共產黨且抱有強烈好感，卻又不屬於任何
左翼黨派，這或許再理想不過了。斯諾的這一立場和姿態，也使
《紅星》的敘述和描寫贏得了廣泛信賴，並富有非同尋常的感染力。

　　可以說，上述時間、空間、人脈三個要素的絕妙結合，造就
了斯諾具有歷史意義的陝北採訪的巨大成功。若非彼時、彼地、
彼人，《紅星》這部名著是不可能問世的。

117　Snow, *Journey to the Beginning*, pp. 82–84；中譯本：前引《斯諾文集
　　（1）：復始之旅》，頁96–99。

118　楊奎松稱，當時的宋慶齡似乎是中共特殊黨員。請參閱前引楊奎松：
　　《民國人物過眼錄》，頁362–365。另，斯諾在談到他與宋慶齡的關係
　　時說，「我不知道宋慶齡那時是否是共產黨員。也許，她是根據共產
　　黨的原則行事的，但又留在黨外，因為作為孫中山的遺孀，她首先對
　　他負有義務」（Snow, *Journey to the Beginning*, p. 86；中譯本：前引《斯
　　諾文集（1）：復始之旅》，頁101）。

2. 同行者和支持者 ── 海德姆、史沫特萊、馮雪峰、劉鼎

一名外國記者懷揣着用「隱色墨水」寫成的介紹信──《紅星》這種頗為刺激的描述，讓許多讀者認為斯諾進入「紅色中國」是隻身探險。實際上不是那樣。他進入陝北的中共根據地時，還有一名外國人同行，他就是黎巴嫩裔美國青年、醫生喬治・海德姆（George Hatem，1910–1988，圖60）。住在上海

圖60　海德姆（馬海德）

的海德姆與斯諾同行，進入「紅色中國」後留在了根據地，並加入了中國共產黨。後來改名「馬海德」，將畢生精力獻給了中華人民共和國的醫療衛生事業，故中國人多尊稱他為「馬海德大夫」。

海德姆與斯諾一同到陝北一事，曾長期不為人知。因為，海德姆曾要求斯諾保密。記者姑且不論，一名外國青年醫生主動跑去加入「赤匪」，如果傳出去，親朋好友肯定會受到牽累。直到1960年斯諾訪華後寫了《大洋彼岸》（又名《今日的紅色中國》，1962年刊），此事才被公開，[119] 後來海德姆本人也在回憶錄中予以承認。[120]

119　Edgar Snow, *The Other Side of the River, Red China Today* (New York: Random House, 1962) , pp. 261–265; 中譯本：新民節譯：《斯諾文集（4）：大河彼岸（又名今日的紅色中國）》（新華出版社，1984），頁202–203。1968年《紅星》英文版所附人名錄提及海德姆要求保密一事。

120　〈「我熱愛中國！」──馬海德談斯諾〉，《新聞戰線》，1982年第2期；Ma Haide,"Fifty Years of Medicine," *Beijing Review*, Nov. 17, 1984. 此

多年後才被公開的事實還不止於此。海德姆在改革開放後撰寫回憶錄披露、後來公開的有關資料予以證實的另一個令人意外的事實是，他們在1936年夏成功進入陝北根據地之前，曾在同年春天嘗試前往陝北而歸於失敗。[121] 不過，由於斯諾生前對此未做證實，恐怕許多人仍不知道他們曾兩次前往陝北。

二人前往陝北時是怎樣的關係？是否偶遇？主導者是誰？這些問題都不清楚，二人的説法也不一致。斯諾説，他和海德姆是1936年6月在西安的賓館裏初次相識，按事前約定在那裏一起等候共產黨方面使者(王牧師)的到來。[122] 不過，6月應該是第二次嘗試。但關於二人的關係，斯諾在這裏也顧左右而言他。

海德姆的記憶也左搖右擺。他説，1936年6月前往西安的途中，在鄭州火車站第一次見到斯諾；但在另外的回憶錄中又説，他在上海時就認識斯諾。[123] 還説，3月他曾嘗試進入陝北，卻沒能成功；但對斯諾是否同行卻隻字未提。關於被選中的為何是他和斯諾，海德姆還寫道，斯諾與共產黨沒有直接聯繫，而他則一直在宋慶齡身邊協助共產黨工作，因而更受信任；他的行李除了藥品外，

前，中國發行的英文雜誌上刊登的斯諾略傳也曾提到同行者有海德姆。請參閱Chiang Shan,"Edgar Snow and His 'Red Star Over China'," *Peking Review*, Apr. 21, 1978。

121　前引〈「我熱愛中國！」——馬海德談斯諾〉；前引Ma Haide,"Fifty Years of Medicine"；吳殿堯：〈劉鼎與《西行漫記》〉，《百年潮》，2013年第7期；吳殿堯：《劉鼎傳》(中央文獻出版社，2012)，頁120、125、505。

122　Snow, *The Other Side of the River*, pp. 261–265 (中譯本：前引《斯諾文集 (4)：大河彼岸》，頁202–203).

123　下文海德姆的證詞、回憶，除特別註明外，均引自Edgar Porter, *The People's Doctor: George Hatem and China's Revolution* (University of Hawai'i Press, 1997), pp. 56–61。

最底下就藏着要傳遞給中共中央的秘密文件。[124]而對斯諾的報道文章及回憶錄，他還說，「（斯諾）為了出名，總是不停地誇大其詞講一些故事……也不一定準確，但因沒有惡意，我們也就睜一隻眼閉一隻眼。」[125]

也就是説，斯諾不願多談與共產黨的事前接觸，而海德姆則試圖突出自己在其中的作用；對他們的説法反覆比對和分析，頂多只能知道宋慶齡、史沫特萊曾為他們提供過幫助，而出發前的準備過程，依然不得其詳。而且，宋慶齡和史沫特萊在其中的具體作用也不得而知：她們是僅僅轉達了斯諾的願望，還是中共方面為加強對外宣傳而先要求她們協助、恰巧斯諾也有此希望、因而順水推舟促成了採訪？對此，中國方面的一般説法是，到達陝北後的毛澤東曾致密電給上海的宋慶齡，希望她介紹醫生等醫療人員和正直、公正的外國記者來陝北，以向國內外報道中共的新政策（抗日統一戰線）；此時斯諾恰好來拜訪宋慶齡，他和海德姆遂被選中。[126]當然，沒有資料可用來確認是否如此，這種電視劇般的情節，仍是難辨真偽。

此外，將斯諾的願望報告給中共中央的馮雪峰，也只説是史沫特萊向他提出的；至於詳情，則和斯諾等人一樣，也幾乎未置一詞。[127]當事人的回憶如此相互矛盾，或許意味着斯諾和海德姆本人對接送他們到陝北的渠道也未必完全清楚。

124　*Ibid.*, pp. 58–59. 不過，海德姆所説的秘密文件（共產國際第七次大會文件），在他帶到前，早已被傳遞給陝北的中共。

125　E. Grey Dimond, *Inside China Today: A Western View* (Norton, 1983), p. 136.

126　前引武際良《埃德加·斯諾》，頁164–165。

127　〈關於劉鼎36年6、7月間到上海的情況和其它一些事情的參考材料〉，前引《馮雪峰全集》，第8卷，頁374；〈關於36年在上海的幾件事〉，前引《馮雪峰全集》，第9卷，頁219。

圖61　劉鼎

總之，留在陝北的海德姆，不僅參加了陝北的醫療工作，在斯諾離開後，仍從陝北向已回到北平的斯諾隨時傳送情報。現已確認，海德姆曾向斯諾提供過自己和紅軍一起行軍的日記，還就如何報道陝北轉達過共產黨方面的要求和訂正意見。1936年12月「西安事變」後，共產黨對事變的態度和應對措施等，也曾由海德姆通報給斯諾；因此，斯諾對事變的報道和評價，一定程度上應曾受到海德姆的影響。[128]

　　如果説斯諾和海德姆是不清楚具體環節和經過的情況下被接送到陝北的「洋客人」，允許他們進入根據地的是中共中央，那麼，具體負責聯絡、接送的則是上海的共產黨員馮雪峰和劉鼎。馮雪峰，如前所述，是中共中央為重建組織而於1936年4月派到上海的地下黨組織負責人。而劉鼎 (1903–1986，圖61) 則是共產黨派到張學良身邊做統一戰線工作的交通員，同時負責在上海、西安、陝北之間秘密轉運物資，也就是地下交通線負責人。由於事涉機密，《紅星》避談劉鼎，[129] 但具體安排斯諾往返陝北的就是他。

---

128 海德姆寫給斯諾的書信及日記等部分資料，請參閱 Porter, *The People's Doctor: George Hatem and China's Revolution*, pp. 86–97; Snow, *Random Notes on Red China, 1936–1945* (Harvard University Press, 1957)，p. 1；中譯本：奚博銓譯：《紅色中華散記》(江蘇人民出版社，1991)，頁1。

129 比如，斯諾等來到西安郊外見到鄧發後，和他們同行的「穿着東北軍將校軍服的青年」(英文1968年版，頁52)，或許就是劉鼎。此外，

據劉鼎回憶，原定斯諾和海德姆1936年3月到西安，由劉安排他們進入陝北；但隨後張學良和周恩來要舉行秘密會談（4月9日夜，延安），劉必須陪同，故突然離開了西安；二人無法取得聯繫，空等數日，不得不返回上海。[130]這就是《紅星》沒有提到的未成功的第一次嘗試。不過，打亂了斯諾二人計劃的這次秘密會談，加強了張學良和共產黨的合作，已經停戰的兩軍間的人員來往、物資輸送及通訊也更加密切；而這也保障了斯諾二人第二次陝北之行的成功。這就是所謂「福禍相依」吧。

這些動向，斯諾等人當然無從知曉。不過，他們並未因失敗而放棄。回到上海後，他們再次通過宋慶齡提出採訪要求。[131]幸運的是，延安秘密會談結束後陪周恩來回到瓦窰堡（陝北中共中央所在地）的劉鼎，於4月13日向中共中央報告了斯諾的希望，[132]而馮雪峰也已於4月底來到了上海。也就是說，第一次嘗試失敗後，陝北和上海之間的聯繫終於建立了起來。至此，斯諾要來陝北一事才開始出現在共產黨方面的記錄中。

1957年刊《紅色中華散記》所收苗劍秋有關「西安事變」的回憶中，曾出現「劉鼎」的名字；1962年刊《今日之紅色中國》中，也述及曾影響過海德姆的共產主義者 "Liu Ting"（Snow, *Random Notes on Red China, 1936–1945*, pp. 8–9；前引《紅色中華散記》，頁11）；Snow, *The Other Side of the River: Red China Today*, pp. 263–264（前引《斯諾文集（4）：大河彼岸》，頁206）。

130　前引吳殿堯：〈劉鼎與《西行漫記》〉；程中原：〈在斯諾「西行」之前〉，《黨的文獻》，1992年第1期。程中原認為第一次嘗試進入是3月20日前後。

131　斯諾首先回到上海，4至5月間似曾與魯迅等人會面，5月19日暫時返回北平。關於斯諾這段時間的情況，請參閱張小鼎：〈一次長達「幾小時」的重要會晤考〉，《魯迅研究動態》，1987年第6期。另外，宋慶齡本人留下的文章中沒有關於斯諾前往陝北的內容。

132　前引吳殿堯：《劉鼎傳》，頁187–188；前引吳殿堯：〈劉鼎與《西行漫記》〉；金沖及主編：《周恩來傳》（中央文獻出版社，1998），第1卷，頁381。

　　首先是中共中央政治局5月15日的會議記錄。記錄顯示，當日討論了如何回答外國記者的書面提問（共產黨的基本對外政策）。[133]記錄中不見提問記者的名字，但提問內容與後來斯諾在陝北對毛澤東的採訪完全一致。[134]由此可知，「外國記者」就是斯諾，而且斯諾本人的採訪要求，至遲在這之前已經傳遞給毛澤東等人，中共中央也已在認真考慮如何回答。

　　另一件顯示斯諾第二次前往陝北經過的重要資料，是5月28日馮雪峰寫給陝北中共中央的長篇報告。這是身負多項秘密使命的馮從上海發給陝北的第一份報告。報告中，馮明確提到海德姆和斯諾的名字，轉達了他們的行程，並要求準備接應。相關部分如下：

> 前次要進來之外國醫生堅決要來，現在已送來，他的名字叫S. G. Hatem，另有一個叫Edgar Snow的美國記者亦來，此人係來參觀，三月後即要出來，此二人均十分熱情並十分可靠，尤其是醫生他買了三四百元的藥帶來⋯⋯收到此信後，即刻請派人到延安接兩個外國人 —— Hatem與Snow，他們六月三日從滬動身，估計六月十三四日一定可到延安。[135]

133　程中原：《張聞天傳（修訂版）》（當代中國出版社，2006），頁187–188。最早注意到該會議記錄的意義的，應是前引程中原：〈在斯諾「西行」之前〉。

134　1936年7月15日，毛澤東就書面提問接受了斯諾的採訪，相關內容在1937年8月發表於《美亞》（*Amerasia*）。

135　前引吳殿堯：《劉鼎傳》，頁249；史紀辛：〈對魯迅先生送禮物慰問中共領導人一事考〉（《北京黨史》，2001年第5期）。當時控制延安的是東北軍，而非中共。斯諾等人乘坐東北軍的汽車從西安到達延安，然後由此進入中共控制地區。

　　這份報告值得注意的有這樣幾點。首先，報告稱海德姆和斯諾都「十分可靠」，但斯諾是要「參觀」三個月，即期限既定的考察和採訪，而一直希望進入共產黨地區的海德姆則隨身攜帶許多藥品，似乎已決心投身中共。關於採訪時間，斯諾在《紅星》中寫道，進入根據地後第一個見到的人周恩來就給了他一份為時92天的採訪計劃，建議按此採訪，而他對共產黨方面如此大度深感震驚；[136]但馮雪峰的報告則顯示，如此長時間的採訪計劃，應是斯諾事前提出的。此外，假如該報告所言不虛，那麼，斯諾和海德姆是從上海一路同行的。

　　馮雪峰的報告也有令人費解之處。首先，如前所述，劉鼎等人稱斯諾曾與海德姆一同嘗試進入陝北而沒有成功；馮報告中的確稱海德姆曾希望進入陝北，但卻沒有說斯諾也曾如此。其次，斯諾的書面提問雖然早已傳給中共中央，但從報告看，馮似乎對此並不知情。最後，交通等應是由劉鼎安排的，但報告對此也沒有提及。

　　當然，馮雪峰剛來上海，或許僅是不了解此前經過。報告現在只公開一部分，上述引文中省略部分，公開時已經被隱去，[137]因此全文無從查考。省略部分前面寫的是海德姆「買了三四百元的藥帶來」，據此推斷，省略部分應與斯諾有關。本書作者曾就省略部分是何內容請教過引用該報告的中共中央文獻研究室的專家，得到答覆說，檔案館也看不到全文。這部分被隱去，就無法準確了解馮雪峰如何看待斯諾和海德姆，讓人懷疑就接受斯諾前來採訪一事是

136　Snow, *Red Star Over China*, p. 71；董樂山譯：《西行漫記（原名：紅星照耀中國）》，頁42–43。

137　馮雪峰的這份報告，前引史紀辛〈對魯迅先生送禮物慰問中共領導人一事考〉曾有部分引用，後來，前引《劉鼎傳》又引用、介紹了一部分；但最近出版的《馮雪峰全集》（人民文學出版社，2016）之第7卷，仍僅收節錄，且「內容尚未公開的文字」等字句被刪除。

否曾發生過什麼至今不便公開的事情。或許，該報告也談到護送
毛澤東之子前往莫斯科事，所以不便全文公開。在這裏，我們只
好期待該報告全文早日公開。

3.　未能送達的禮物 ── 劉鼎和「魯迅的火腿」

　　在上海送走斯諾的是馮雪峰，在西安迎接斯諾的則是劉鼎。6
月 12 日，劉從西安電告陝北的周恩來，斯諾二人已到，馬上安排
他們去陝北。[138] 但斯諾等人進入陝北卻一再被推遲。因為，6 月下
旬，中共中央所在地瓦窰堡突然遭到國民黨部隊襲擊，中共中央不
得不向保安緊急轉移，根據地形勢撲朔迷離。[139] 斯諾的目的地也因
之從瓦窰堡改為保安。他們從延安 (當時有東北軍駐守) 徒步進入
「兩不管」地帶後，險些遇到真正土匪的襲擊；在安塞縣的一個小
村莊見到前來迎接的周恩來，已是抵達西安一個多月後的 7 月 9
日。周恩來提前一天在此等候。[140]

　　保安鎮的居民們好像已得到斯諾等人要來的通知，預定到達
的 7 月 12 日那天，許多人一大早就湧上街頭等待兩個「洋人」的到
來，街道也提前打掃得乾乾淨淨；但白等了一整天。[141] 第二天，二
人被眾人迎進保安，場面之熱烈，在小鎮保安難得一見。《紅星》
所記述的，就是斯諾從那時起所看到的情景。

　　斯諾結束採訪、離開「紅色中國」時，其交通、安全同樣由劉

138　前引《劉鼎傳》，頁 250。

139　有學者認為，瓦窰堡被攻陷，是中共方面的大意和形勢判斷錯誤所
　　　致。請參閱劉東社：〈赤都瓦窰堡失陷史事鈎沉 ──「西安事變」縱橫
　　　考之六〉，《陝西教育學院學報》，2004 年第 2 期。

140　前引《劉鼎傳》，頁 251。

141　童小鵬：《軍中日記》(解放軍出版社，1986)，頁 219–222。

鼎負責安排。斯諾順利往返陝北和成功採訪，離不開劉鼎在幕後鼎力相助。同年秋天，劉鼎還安排同為記者的斯諾夫人進入陝北，但因不具備條件，未能成功。[142]

　　斯諾在《紅星》中沒有提及助其實現採訪的劉鼎和馮雪峰，其理由不難理解；但後來也一直對他們避而不談，則應是考慮到他們在新中國建國後的處境（如後所述，《紅星》本身實際上也被禁止發行）。建國後，馮雪峰曾在文藝界佔有重要地位，擔任過中國作家協會副主席、人民文學出版社社長等要職，但後來文藝界運動不斷，馮也被打成「右派」、「叛徒」；雖然1979年恢復了名譽，但馮本人和斯諾都已經不在人世。

　　劉鼎在1953年突然被解除第二機械部副部長職務，黨內也受到留黨察看兩年的處分。不久後文革開始，劉因過去的各種經歷受到批判，最後被囚禁七年。[143]斯諾對劉鼎的境遇自然不會不關心，他在文革期間的1970年訪華時，曾與周恩來談起1936年的事，問劉鼎現在怎麼樣了，但周沒有作答。[144]斯諾肯定明白周恩來為何不回答。在這種情況下，斯諾如果提到曾在1936年得到過劉鼎的幫助，對劉沒有任何好處。劉1975年出獄，改革開放後曾寫過回憶錄，但對曾協助斯諾前往陝北一事，一直不願多談。[145]

　　在時過境遷，斯諾採訪陝北開始受到稱讚後，劉鼎仍不願公開談論自己在其中的貢獻，恐怕不純粹因為長年在地下戰線工作而養成了寡默、謙虛的性格特點，而是仍在痛悔隨斯諾一同捎到陝北

142　前引《劉鼎傳》，頁472。

143　前引《劉鼎傳》，頁421–432、471–478。

144　前引《劉鼎傳》，頁472。

145　直至1985年前後，海德姆去看望在同一家醫院住院的劉鼎和艾黎，三人談起往事時劉鼎才提到他曾暗中幫助斯諾採訪，後來才為人所知。請參閱前引《劉鼎傳》，頁505。

圖62　魯迅一家與馮雪峰（前排左）家人合影（1931）

的「魯迅的火腿」中途丟失。火腿的確是至今仍享有盛譽的高級饋
贈珍品「金華火腿」，但也只是火腿而已，何至如此？問題絕非如
此簡單。因為，這與魯迅曾在多大程度上支持共產黨有關，因而
對魯迅和共產黨都是極其重要的問題。下面簡單介紹和斯諾一同
上路的這份珍貴禮品的故事。

　　晚年的魯迅和共產黨關係較為密切，這無可置疑。馮雪峰被
派往上海時，高層曾指示他要首先與魯迅取得聯繫，[146] 魯迅本人也
對故交馮雪峰十分信任（圖62）。然而，對共產黨堅持要文化、文
藝政策反映政治路線變化的僵化態度，以及部分左翼共產黨員對他
的批判，魯迅也並非完全接受。[147] 據說魯迅為祝賀長征結束而贈給
已在陝北的共產黨領導人的禮品，就是所謂「魯迅的火腿」。假如
真有其事，火腿無疑就是中國文學界泰斗、中國知識分子良心象徵

---

146 〈有關1936年周揚等人的行動以及魯迅提出「民族革命戰爭的大眾文
　　學」口號的經過〉（1966），《馮雪峰全集》，第8卷，頁3。

147 同前，頁4–8。

的魯迅曾經支援共產黨的物證。但是，1936年夏隨斯諾由上海捎
去的火腿卻不知所蹤；[148]事後被追究責任的，就是地下交通負責人
劉鼎。

當時，魯迅所患肺結核已至晚期，臥床不起，數月後即去
世；購、送火腿的當然不是他自己，而是委託別人代辦。這個「別
人」就是馮雪峰。[149]在此前後，馮雪峰還曾代魯迅寫了〈答托洛茨
基派的信〉，並用魯迅的名義發表。[150]該信稱中國托派「之所為恰恰
為日本侵略者所歡迎」，換句話說，把托派與漢奸相提並論，在多
大程度上體現了魯迅的本意？臥床的文豪魯迅是否真正同意發表？
關於這些問題，學術界至今仍有爭論。[151]總之，深得魯迅信任的馮
雪峰，按魯迅囑託給共產黨領導人送去了火腿，但火腿卻在途中不
翼而飛。

馮雪峰給中共中央的上述5月28日報告明確寫道，受魯迅委
託購八支火腿，送給黨的八名領導人，已讓斯諾等外國人一行捎

148　史紀辛：〈對魯迅先生送禮物慰問中共領導人一事考〉，《北京黨史》，
　　　2001年第5期；史紀辛：〈再談魯迅與中國共產黨關係的一則史實〉，
　　　《魯迅研究月刊》，2001年第7期；史紀辛：〈魯迅託送金華火腿慰問
　　　中共領導人史實再考〉，《魯迅研究月刊》，2003年第10期。

149　〈談有關魯迅的一些事情〉（1972年12月25日），前引《馮雪峰全集》，
　　　第9卷，頁384。

150　前引〈有關1936年周揚等人的行動以及魯迅提出「民族革命戰爭的大
　　　眾文學」口號的經過〉（1966），《馮雪峰全集》，第8卷，頁10–11。

151　認為〈答托洛茨基派的信〉並非出自魯迅授意的代表性著作，是長堀
　　　祐造：《魯迅とトロツキー ── 中国における『文学と革命』》（平凡
　　　社，2011）；中譯本：王俊文譯：《魯迅與托洛茨基》，台北：人間
　　　出版社，2015。有關討論，請參閱楊姿：〈「同路人」的定義域有多
　　　大？──論長堀祐造近作《魯迅與托洛茨基 ──〈文學與革命〉》在中
　　　國〉，《魯迅研究月刊》，2016年第7期。

去，所以，火腿隨斯諾等人一同到了西安，應屬無疑。[152] 何以丟失，真相已無從稽考，但受到懷疑的自然是劉鼎。事實上，馮雪峰得知陝北沒有收到火腿，大為吃驚，又送了一次，並於9月給黨的領導人遞交報告，指責負責地下交通的劉鼎在西安截留了物資，魯迅的火腿也因此未能送達。[153] 馮後來甚至說，火腿被劉鼎等人在路上吃掉了。[154]

馮雪峰雖然再次送了火腿，但陝北的共產黨領導人收到後要致信感謝時，魯迅已不在人世。從某種角度看，魯迅送火腿給共產黨領導人，其政治意義比斯諾前往陝北有過之而無不及，弄丟火腿實在是責任重大，尤其在魯迅和毛澤東皆被神化的20世紀六七十年代，怎麼定性也不過分。假如劉鼎就如何護送斯諾撰寫回憶錄，就不得不提到並解釋火腿的事；但他無疑不願再觸及這個問題。

4. 董健吾和韋爾斯

斯諾成功採訪陝北、《紅星》橫空出世，幕後曾得到許多人協助；除上述馮雪峰、劉鼎外，還有本書屢屢提及的宋慶齡，以及斯諾等人到西安後前來接應的說英語的「王牧師」（Pastor Wang）等。不過，在《紅星》中，馮、劉、宋三人的名字基本被隱去，具體接應、護送的秘密交通員只有「王牧師」一人。

152　前引史紀辛：〈對魯迅先生送禮物慰問中共領導人一事考〉。

153　前引史紀辛：〈魯迅託送金華火腿慰問中共領導人史實再考〉。該文所引馮雪峰1936年9月12日給中共中央的報告，內稱「劉（鼎）常將我送去之人與物隨意延擱，我今始知將魯（迅）送給兄等之火腿隨便扣留，尤為豈有此理」。

154　〈關於劉鼎36年6、7月間到上海的情況和其它一些事情的參考材料〉，《馮雪峰全集》，第8卷，頁378。

關於「一度在國民黨中擔任過高級官員」的這位牧師，斯諾在1938年還在說，「我現在也不能洩露他的真實姓名」。[155]不過，這一說法應屬故作神秘，實際上斯諾也不知道「王牧師」的真實身份（如前章第6節所述，「王牧師」是在宋慶齡周圍工作的中共秘密黨員董健吾），而且後來在很長時間內也一直想知道他到底是誰。據說，1960年訪華、與毛澤東談話時，斯諾曾問那位「王牧師」後來怎麼樣了；毛澤東不知道「王牧師」的事，但周恩來聽到詢問後，隨即讓工作人員去查。中國紅十字會當時的黨組書記浦化人後來查明，有位叫董健吾的，就是當年的「王牧師」。[156]

調查結果似乎轉告給了斯諾，1968年出版的《紅星》英文版，第一次在「王的原名」處加了 "Wang Hua-jen, a member of the national executive committee of the Chinese Red Cross"（王化人，現任中國紅十字會全國執行委員會委員）的註釋（第419頁）。但是，或許是中國方面將調查結果轉告斯諾的過程中產生了誤解，該註顯然把「浦化人」的身份安到了「王牧師」身上。也就是說，斯諾去世前一直認為「王牧師」的真名叫「王化人」。

據說，把斯諾平安護送到陝北後，董健吾在抗戰時期又潛入淪陷區的傀儡政權，為共產黨的工作提供諜報支援。但在1949年以後，他因地下工作的經歷（尤其在潘漢年領導下工作過的經歷）受到懷疑而遭到迫害，疾病纏身，沒有得到充分治療，於1970年去世。同年訪華的斯諾與十年前一樣希望見到「王牧師」，但沒能實現。[157]

---

155 Snow, *Red Star Over China*, p. 17；董樂山譯：《西行漫記（原名：紅星照耀中國）》，頁16。

156 周蕙：〈董健吾〉，《中共黨史人物傳》，第68卷（中央文獻出版社，2000），頁408。

157 同前，頁412。

　　直到董和斯諾都已去世多年之後的1979年，「王牧師」的真實身份（中共秘密黨員董健吾）才被公開。該年，董健吾恢復名譽，《紅星》新譯本（董樂山譯）也在中國出版。實際上，董樂山在1979年初以前，也沒有懷疑1968年版原著的註釋，說王牧師是「後來在紅十字會工作的王化人同志」。[158]但在該年底新譯本出版時，原註被另一條短註「這個王牧師的真名叫董健吾」所取代。[159]董樂山或許在校訂譯稿的過程中得知了上述浦化人的調查結果。董健吾其人及其貢獻，大概在其子等人在新譯《西行漫記》出版時撰文載於《文匯報》後，方為世人所知。[160]

　　《紅星》本身影響極大，而且書中記述的人物後來發生了歷史性的成長和巨大變化，其著者自不待言，與採訪及該書有關的許多人的命運都因之被改變。上述馮雪峰、劉鼎如此，宋慶齡或董健吾也如此。關於宋慶齡的作用，因多與她在新中國成立後的境遇有關，故將在下一章專門論述，此處就對斯諾的採訪和撰述貢獻最大的、斯諾當時的伴侶尼姆・韋爾斯的作用，以及所謂毛澤東曾審查《紅星》之說，一併加以探討。

　　海倫・福斯特早就有志做一名記者，1932年與斯諾結婚後，即成為斯諾報道中國的夥伴。斯諾自陝北歸來後的1937年，她自己也進入中共的陝北根據地，並從各方面深入採訪達四個月之久。後來以「韋爾斯」之名發表的《紅色中國內幕》（*Inside Red China*，中文版名《續西行漫記》）、《阿里郎之歌 —— 中國革命中的一個朝鮮共產黨人》（*The Song of Ariran*），也與《紅星》一樣，都是享譽世界的報告文學傑作。關於其一生歷程，她本人寫有自傳，也有詳傳出

158　〈斯諾在西北蘇區的攝影採訪活動〉，《董樂山文集》，第2卷，頁76。

159　前引董樂山譯：《西行漫記（原名：紅星照耀中國）》，頁16。

160　董惠芳等：〈寫在《西行漫記》重印出版的時候〉，《文匯報》，1980年2月26日，收於前引《紀念埃德加・斯諾》。

圖63　尼姆‧韋爾斯在陝北採訪

版。[161]斯諾在北平撰寫《紅星》時，韋爾斯曾從陝北寄來照片等新資料；共產黨方面希望改動某些內容時，也通過韋爾斯向斯諾轉達。

　　以《紅星》所收照片為例，1937年英國第一版的16張中，有5張出自韋爾斯之手；1938年美國版照片較多，計61張，其中12張為韋爾斯所拍攝。對韋爾斯的採訪成果，斯諾也非常尊重，使用其照片時都註明拍攝者是韋爾斯。韋爾斯的照片、信件，通過共產黨的信使或來中共地區短期訪問的外國人（如拉鐵摩爾 [Owen Lattimore]，1937年6月訪問陝北）傳遞到斯諾手中。[162]斯諾戲劇般

161　分別是Helen Foster Snow (Nym Wales), *My China Years: A Memoir* (New York: William Morrow and Co., 1984)（中譯本：華誼譯：《旅華歲月：海倫‧斯諾回憶錄》〔世界知識出版社，1985〕）；Kelly Ann Long, *Helen Foster Snow: An American Woman in Revolutionary China* (Denver: University Press of Colorado, 2006)（中譯本：馬煥玉〔馬珂〕、張雨金譯：《海倫‧斯諾評傳》〔北京出版社，2016〕）。另有武際良：《海倫‧斯諾與中國》（人民出版社，2011）。

162　Thomas, *Season of High Adventure*, p.164；前引《冒險的歲月》，頁200。

地成功採訪陝北，激起了人們對陝北根據地的好奇心，尤其在中共中央於1937年1月（「西安事變」後）遷至延安後，國內外記者為一睹「紅星」的風采而紛紛來到陝北。

斯諾結束採訪回到北平是1936年10月底，《紅星》脫稿是翌年7月底，亦即斯諾耗時九個月才寫成《紅星》。其間有「西安事變」等發生，共產黨所處的政治環境巨變連連，黨的方針也隨之不斷變化；而由於韋爾斯從陝北傳來最新消息，斯諾才能在撰寫《紅星》時反映共產黨對時局的最新立場。《紅星》早期版本獻辭 "To NYM"（獻給尼姆），無疑是對韋爾斯通力合作的感謝。

不過，必須清楚認識的是，韋爾斯向斯諾傳遞情報，卻不止是記者間互相合作的美談，有些內容是共產黨方面對撰述提出的要求。既然共產黨方面在採訪結束後曾要求訂正，難免讓人懷疑斯諾的職業操守，即他是否曾因此違心地屈從採訪對象。而這又與《紅星》是否可信有直接關係。

5. 《紅星》是否經過毛澤東審查？

張戎（Jung Chang）曾出版《毛：不為人知的故事》（*Mao: The Unknown Story*，2005，本書簡稱《故事》），主張《紅星》在出版前曾經過毛澤東審查並被迫修改，因而令世界譁然。該書充滿狡辯和強詞奪理，嚴肅的歷史學家自然不會信以為真。但是，張氏堅持把毛澤東描寫為獨裁者，其言之鑿鑿讓讀者不自覺間受到感染；而面對那些無法驗證的「陰謀」、似是而非的「秘密資料」，人們似乎極易被征服。這些都使張氏該書至今仍受到熱捧。

關於對提高、確立毛澤東的聲望厥功至偉的《紅星》的成書過程，《故事》是這樣寫的：

……毛澤東把重要的情報和完全虛構的內容混在一起講給斯諾聽，斯諾完全相信了，他評價毛澤東和中國共產黨領導層率直、無心計、純潔。……許多人都被這些完全欺騙了。毛澤東小心上再加小心，還檢查了斯諾寫的所有東西，並加以改正。……斯諾在《紅星照耀中國》中沒有談到這些背景，反而寫到毛澤東「從來不加任何檢查」。[163]

按此說法，斯諾不僅完全被毛澤東改善自己形象的謀略所欺騙，而且竟然拋棄記者應該堅守的原則而接受了毛澤東的審查，還隱瞞了接受審查的事實；假如這一切都是真的，那麼，《紅星》的價值，從其執筆時起就需大打折扣。實際上，日本也有些作家、記者對《故事》獨特的敘述方法和解釋囫圇吞棗、不辨真假，煞有介事地說毛澤東曾檢查過《紅星》，斯諾上了他的當、被他當槍使了。[164]

斯諾的確曾請毛澤東檢查、確認過採訪記錄。但必須指出，對此，他在書中並未隱瞞，而是坦承無諱。為什麼要請毛檢查？因為斯諾的採訪都是通過翻譯進行的。如前所述，斯諾的中文連日常會話都勉強，而毛澤東的湖南方言口音又很濃重，雙方無法直接溝通；斯諾讀寫漢字也很困難，對方寫下來也讀不懂。

163　Jung Chang and Jon Halliday, *Mao: The Unknown Story* (London: Jonathan Cape, 2005), p. 190. 張戎的這個看法，似乎受到了布萊迪《洋為中用》(Anne-Marie Brady, *Making the Foreign Serve China: Managing Foreigners in the People's Republic* [Rowman & Littlefield Publishers, 2003], pp. 43–50) 的影響。

164　池原麻里子：〈斯諾遺孀披露丈夫斯諾著《紅星照耀中國》被毛澤東所騙〉(《紅星照耀中國》スノー　未亡人の激白／夫、エドガー・スノーは毛沢東に騙されていた)，《諸君》，2006年6月號；譚璐美：〈毛沢東とエドガー・スノー〉(毛澤東與埃德加·斯諾)，《外交》，2014年第24號。

因此，重要的採訪自然都通過翻譯（採訪毛澤東時，翻譯是時任中共中央宣傳部副部長吳亮平）進行，斯諾做筆錄，然後請人把英文筆錄譯成中文，再請毛澤東本人確認，以期準確傳達毛的發言。對此，《紅星》這樣記述道：

> ……我把毛澤東對我所提出的問題的回答，〔按照翻譯所翻譯的那樣〕用英文全部記下來，然後又譯成了中文，由毛澤東改正，他對具體細節也必力求準確是有名的。[165]

考慮到採訪的許多內容都與共產黨的基本政策有關，極其敏感，因此，毛澤東「對具體細節也必力求準確」而要求檢查採訪筆記，毋寧說是理所當然的；而對斯諾而言，既然採訪需要跨越語言障礙，則在採訪過程中請毛澤東確認自己的記錄是否有誤，也是必要之舉。這種做法，一般不稱之為「審查」。更何況，雖說《紅星》中借助翻譯採訪的部分的確曾經過採訪對象確認，但全書逾半內容是斯諾回到北平後用英文寫成的，共產黨方面要在出版前對這一部分進行檢查是不可能的。

當然，要說毛澤東等人對斯諾的稿件全然無意事前檢查，恐怕也不是事實。因為斯諾曾說：「有一兩次毛澤東要我在他們的區域內寫出對他的採訪文章來」；但斯諾稱那樣做得不到出版社和讀者的信任，堅持回北平後再動筆，毛澤東最後也表示同意。[166] 也就是說，作為記者，斯諾堅守住了自己的立場。此外，毛澤東自傳部分，毛本來希望使用第三人稱（即傳記體），但《紅星》依然使用

---

165 Snow, *Red Star Over China*, p. 106；董樂山譯：《西行漫記（原名：紅星照耀中國）》，頁79。為確保準確，斯諾曾請毛澤東審閱採訪記錄一事，在1936年採訪記錄最早發表於《密勒氏評論報》時就已作了說明。

166 Snow, "Author's Preface," *Random Notes on Red China, 1936–1945*；前引《紅色中華散記》，頁41。

了第一人稱（即自傳體）。自傳體當然更顯真切，但斯諾後來披露，他這樣做，事先並未徵得毛澤東的同意。[167]

　　為證明毛澤東「檢查了斯諾寫的所有東西，並加以改正」，《故事》還舉出另一個證據，即北平的斯諾於1937年7月26日寫給延安的韋爾斯的信。就在戰火日漸迫近的情況下，終於寫完《紅星》的斯諾，卻從韋爾斯處收到共產黨有關人士的傳話，希望他能刪除部分內容。對此，斯諾甚為不滿，回信說：「不要再給我寄人們希望更改他們〔中共幹部〕生平的便條了。……如此下去，那麼多東西被砍掉，讀起來真像《恰爾德·哈羅爾德》（Childe Harold）了。」所謂「恰爾德·哈羅爾德」，指英國詩人拜倫的遊記體敘事長詩《恰爾德·哈羅爾德遊記》。斯諾是在諷刺，假如採訪部分刪除過多，《紅星》就變成遊記了。

　　多年後，韋爾斯將其採訪記錄整理後出版了《延安採訪錄》，上述斯諾的回信也收入其中。[168]由該信可知，1936年，斯諾採訪的幾位共產黨人，的確曾要求斯諾暫時不要發表，其中有周恩來和陳賡。二人的要求，通過尚在延安的韋爾斯轉達給了正在執筆《紅星》的斯諾。[169]

167 《西行漫記》（復社版，1938），頁215。強烈主張使用自傳體的是韋爾斯。請參閱 Helen Foster Snow, *My China Years: A Memoir*, p. 202；前引《旅華歲月：海倫·斯諾回憶錄》，頁195。

168 Nym Wales, *My Yenan Notebooks*, Helen F. Snow, 1961, p. 166（中譯本：安危譯：《延安採訪錄》〔貴州人民出版社，1989〕，頁346）。不過，韋爾斯為斯諾該信加了一條短註，稱該信並未寄到身在延安的她的手中，她也不記得曾讀過該信。

169 周恩來的要求見於1937年6月18日信（由韋爾斯轉給斯諾），陳賡的要求見於1937年5月21日、6月23日信（由韋爾斯轉給斯諾）。請參閱 Wales, *My Yenan Notebooks*, pp. 21–22, 162–164；前引《延安採訪錄》，頁45、335、337–338。

　　為什麼要推遲發表？一切都因為，較之1936年夏秋採訪的時候，中國的政治形勢、尤其是國共關係走向在1937年夏天已經發生了巨大變化。周恩來和陳賡都與蔣介石因緣頗深。周恩來在第一次國共合作時期曾在黃埔軍官學校任政治部主任，頂頭上司就是校長蔣介石。陳賡與蔣介石的關係更具傳奇性。他也曾在同一時期任蔣介石的侍衛參謀，而且在戰場上救過蔣一命；後來在國共兩黨對抗時期他曾被逮捕，但或因蔣介石念及舊恩，陳不僅免於死刑，而且竟能夠越獄逃出樊籠。

　　面對斯諾，他們談得比較自由、隨便，甚至不避諱對蔣介石的挪揄和嘲諷。但在「西安事變」後，國共兩黨就合作抗日開始協商，情況因之大變；到了1937年春夏，共產黨幹部被禁止發言冒犯蔣和國民黨，否則將被視為破壞統一戰線。所以，周、陳一年前對斯諾講過的話，無論如何不能公開發表。[170]

　　在轉達共產黨方面的要求時，韋爾斯建議斯諾要認真對待，而斯諾也在權衡利弊後，接受要求刪除了相關內容。[171]比如，關於周恩來，斯諾曾於同年3月9日在倫敦《每日先驅報》上發表過他採訪到的周恩來的生平，其中寫道，蔣介石鑒於周恩來的影響太大，未能將他趕出黃埔軍校；但在《紅星》中卻不見此類與蔣有關的記述。至於陳賡，《紅星》原本單立一章述其生平，但交稿前該章被

---

170 Snow, *Journey to the Beginning*, p. 158；前引《斯諾文集（1）：復始之旅》，頁190。

171 在前引1937年7月26日的信中，斯諾請韋爾斯轉達周恩來、陳賡，他同意他們的要求，並請他們放心。此外，周恩來還通過韋爾斯對斯諾的報道暴露了中共機密（軍事和情報通訊）表示不滿（Wales, *My Yenan Notebooks*, p. 16；前引《延安採訪錄》，頁340），但斯諾表示他沒有做那樣的事情，也不打算那樣做（*Ibid.*, p. 166；前引《延安採訪錄》，頁346）。

臨時刪除；直到1957年《紅色中華散記》重新收錄該章，陳與蔣介石相互救助的傳奇經歷才為世人所知。

　　不探討當時的具體經過、時代背景，而僅抓住斯諾曾接受共產黨有關人士取消發表的要求，就得出《紅星》曾經過毛澤東審查的結論──《故事》的這種邏輯，與該書其他敘述方法一樣，完全是強詞奪理。實際上，比如斯諾回到北京後的1936年12月，毛澤東曾通過海德姆傳話給斯諾，希望修改、刪除採訪記錄（已登載於11月的《密勒氏評論報》），但斯諾卻並未理睬。[172]可見，他的立場是，發表過的東西，即使採訪對象有要求，也絕不答應修改；這足以表明，在事關記者的職業操守時，斯諾是從不妥協的。

　　不過，《故事》的評述──毛澤東只把精心準備的內容告訴斯諾，而天真的美國記者信以為真，照本宣科，以充滿熱情的筆觸寫出《紅星》，為共產黨抬轎子──換個角度和立場看，似乎也有那麼幾分道理；但那唯有在如下情況下才能成立，即把毛澤東沒有如實講述置於道德是非觀之下加以衡量，認為沒有說實話是有悖於倫理的行為。

　　在歷史研究中，以及在傳媒界，毛是否說了實話或者是否說了全部實話，這並不是一個簡單的是非問題，甚至一般不被視為一個需要嚴肅處理的問題。因為，假如看不透採訪對象的真實意圖，對其敘述全盤接受，只能證明記者不成熟；因此責備採訪對象避談於己不利的內容，是沒有道理的。採訪者與受訪者之間，本身存在一種「博弈」的關係。

172　海德姆1936年12月3日通過書信傳達的毛澤東的訂正要求，請參閱 Porter, *The People's Doctor: George Hatem and China's Revolution*, pp. 90–91；不過，斯諾並未同意。請參閱該書頁315之註42；Hamilton, *Edgar Snow*, p. 95（前引柯為民等譯：《埃德加‧斯諾傳》，頁94–95）。

斯諾的第二任妻子羅伊斯‧惠勒 (Lois Wheeler，1922–2018；斯諾和韋爾斯於1949年離婚) 在2006年接受日本記者電話採訪時說，斯諾在1970年訪華時，對中國的現狀如文化大革命等難以理解，面對《紅星》描述的革命前景與現實的巨大落差，曾表示「十分傷心」。[173] 斯諾在其最後一次訪華時，曾對中國的現狀感到不滿甚至幻滅，而且曾向毛澤東吐露過，這應該沒有疑問。[174] 某日本記者似根據上述電話採訪，並將《故事》的相關敘述加以發揮而寫成的文章載於《諸君》雜誌2006年6月號，其標題為〈斯諾遺孀披露丈夫斯諾著《紅星照耀中國》被毛澤東欺騙〉。不過，「斯諾遺孀」作何想法不得而知，斯諾本人應該從未感到自己寫《紅星》時受到了毛澤東及共產黨的欺騙。因為，如果那樣認為，不僅否定了《紅星》的價值，也等於承認自己作為記者的人生毫無意義和自豪可言。

《故事》對《紅星》提出的另一個罪狀是，該書美化毛澤東領導的中國革命，在國內、國際上引發了對中共的好感，使得眾多讀者後來感到上當受騙。那麼，對《紅星》的內容全盤接受的讀者，是否有權利自認「上當」而責備斯諾呢？的確，站在某一特殊立場看，報告文學的讀者或許擁有那種莫名其妙的權利；只不過，能夠享有那種權利的人恐怕不多。因為，只有天真到深信「報告文學作品描寫的都是真實的，而這真實性必須自始至終得到保證」的讀者，才會主張擁有那種權利。

總之，斯諾在韋爾斯等許多人幫助下，完成了史無前例的採訪。三個月的採訪結束時，斯諾把相機和未用的膠卷贈給新結交的「赤匪」朋友陸定一，請他拍了好照片寄到北京，然後就踏上了

173　前引池原麻里子：〈斯諾遺孀披露丈夫斯諾著《紅星照耀中國》被毛澤東所騙〉。

174　Thomas, *Season of High Adventure*, pp. 320–340；前引《冒險的歲月》，頁403–429。

回程。斯諾似乎期待他拍一些採訪期間未能謀面的朱德的照片，但據説後來收到的照片上卻是盛開的鮮花。[175]或許，相機就得用來拍美麗的物品，是中共黨員的樸素觀念吧。斯諾在「紅色中國」生活三個月，對這些中共黨員產生了極大好感。記者在採訪過程中，其感情、價值觀不知不覺間傾向採訪對象，這種情況，現在稱作「融洽」(rapport)，過於接近則稱為「過分融洽」(over rapport)。而斯諾通過其特殊的採訪經歷，的確曾有過「融洽」，這是不可否認的。

　　共產黨方面也有不少人對斯諾頗有好感，有些人還把用自己的相機（應該是從土豪、地主那裏沒收來的）拍攝的照片以及日記送給斯諾作參考。[176]反映共產黨在瑞金時期、長征時期狀況的照片十分罕見，現存該時期的照片，許多都是斯諾從陝北帶回的。[177]

175　Snow, *Red Star Over China*, p. 437（李方准、梁民譯：《紅星照耀中國》〔河北人民出版社，1992〕，頁381）；Helen Foster Snow, *My China Years: A Memoir*, p. 258（前引《旅華歲月：海倫‧斯諾回憶錄》，頁248）。這件事，陸定一本人曾這樣説：「原來，斯諾先生離開陝北的時候，把他的照相機留交給我，囑咐我拍些照片，留作記錄。由於我對此沒有恒心，未能成功。文革大劫，這個照相機不知去向。」陸定一：〈序〉，《歷史的腳印：童小鵬攝影資料選集》（文物出版社，1990）。

176　如《紅星》記述，鄧發曾將他收藏的照片及日記贈與斯諾。Snow, *Red Star Over China*, p. 53；董樂山譯：《西行漫記（原名：紅星照耀中國）》，頁23。鄧發拍攝的部分照片，收於中共廣東省委宣傳部等編：《鄧發百年誕辰紀念畫冊》（中共黨史出版社，2006）。

177　斯諾在陝北拍攝、收集的照片，與韋爾斯所拍照片一道，藏於密蘇里大學堪薩斯分校檔案館（埃德加‧斯諾檔案）、楊百翰大學檔案館（海倫‧斯諾檔案）、斯坦福大學胡佛研究所檔案館（尼姆‧韋爾斯檔案），可自由查閱。其中，密蘇里大學檔案館（埃德加‧斯諾檔案）的資料狀況，曾有張虹：〈美國密蘇里大學特藏館所藏斯諾文獻概況及其學術價值〉（《中共黨史研究》，2016年第9期）加以專門介紹。另外，斯諾及相關人等在1949年以後曾將部分照片贈與中國。這部分

　　就這樣，斯諾帶着「好幾磅重的共產黨雜誌、報紙和文件」[178]
等，於10月12日離開保安。當時，蔣介石的嫡系部隊正在不斷向
陝西集結，以替代不願進剿共產黨的張學良部。「兩廣事變」解決
後，國民黨內已經不存在反蔣勢力，蔣介石於是再次組織大規模圍
剿，試圖消滅最後的敵人共產黨。毛澤東擔心戰事一起就再無可
能越過封鎖線，因此反覆催促劉鼎安排斯諾離開陝北。[179] 已經與共
產黨建立合作關係的張學良部則準備了卡車，將斯諾捎到了西安。
驚天動地的「西安事變」——即張學良發動兵諫、動用部隊監禁前
來西安督戰的蔣介石——則發生在12月12日拂曉，亦即斯諾結束
在「紅色中國」採訪的兩個月之後。正在整理採訪記錄、撰寫《紅星》
的斯諾得知此一消息，想必非常震驚。

　　照片極難查閱，但後來經各種方式複製、加工、轉用，已廣為流傳，
　　只是其拍攝者、拍攝時間、拍攝地點等方面的錯誤信息也傳播甚廣。
　　因此，有必要構建一資料庫，以整合斯諾所拍攝、收集的照片，及最
　　早發表情況等信息。

178　Snow, *Red Star Over China*, p. 368；董樂山譯：《西行漫記（原名：紅星
　　　照耀中國）》，頁353。

179　前引《劉鼎傳》，頁253。

第六章

「紅星」終於升起
——名著的誕生及其後

1. 《紅星》的誕生與「紅星」的升起

斯諾於1936年10月25日回到北平，無暇與妻子韋爾斯分享重逢的喜悦，就立即着手整理從陝北帶回的資料；這些資料中，僅採訪筆記就有16冊之多。[180] 呈現毛澤東等「赤匪」真正形象的寶貴的膠卷，則委託給德國人經營的北平最好的照相館沖印。[181] 膠片在陝北保安也能沖印，[182] 但偏僻鄉下的設備老舊，為慎重起見帶回了北平。照片洗印得很清晰，而且，據傳是納粹黨員的照相館老闆也沒有太關注拍攝內容。[183] 斯諾在韋爾斯幫助下對照片進行了整理，並依次郵寄給了美國的出版社和代理人。後來《生活》畫報和《紅星》刊載的，就是這些照片。

---

180 Snow, "Author's Preface," *Random Notes on Red China, 1936–1945*；中譯本：《紅色中華散記》，頁40。

181 Helen Foster Snow, *My China Years: A Memoir*, pp. 198–199；中譯本：前引《旅華歲月：海倫·斯諾回憶錄》，頁190–191。

182 前引童小鵬：《軍中日記》，頁239。

183 Helen Foster Snow, *My China Years: A Memoir*, pp. 198–199；中譯本：前引《旅華歲月：海倫·斯諾回憶錄》，頁190–191。

　　此外，鮮為人知的是，斯諾去陝北時，還帶去了16毫米攝影機，並拍了不少膠片，留下了珍貴的鏡頭。攝影機是從北京大學的外國教員詹姆斯・懷特（James White）那裏借來的，現保存在北京的國家博物館。[184] 斯諾在陝北拍攝的鏡頭，後來由他本人編輯成數分鐘的紀錄短片，在小範圍放映過。[185] 斯諾1968年編輯製作的紀錄片《人類的四分之一》（*One Fourth of Humanity*）也使用了1936年拍攝的影像。考慮到攝影機是當時最先進的器材，這一切顯然表明斯諾對陝北採訪傾注了巨大熱忱。[186] 附言之，此時的膠片中有斯諾和騎在馬上的周恩來握手的場面，估計攝影者應是海德姆。因為，能夠理解斯諾的意圖和指示，並會操作先進攝影機的，當時只有海德姆。

　　斯諾回到北平後，採訪報告還沒寫一個字，就已成為名人。因為，謠傳進入「紅色中國」後就不知去向、據信已遇害的他，竟突然完好無損地出現在人們面前。他從採訪別人的記者成為受訪對象，不得不首先對其他報社講述此次採訪的大致過程。因此，斯諾關於共產黨的第一篇評論，不是由他本人執筆，而是出自其同行記者之手。管見所及，最早報道斯諾談話（10月29日）的，是華北的主要英文日報之一《京津泰晤士報》（*Peking and Tientsin Times*）（30日）。在斯諾本人的文章見報之前，這篇所謂路透社消息，作為報道斯諾探險和陝北共產黨最新動向的第一篇文章而被各地報刊

184　中國革命博物館編：《中國革命博物館藏品選》（文物出版社，2003），頁152。

185　前引武際良：《埃德加・斯諾》，頁270–271。

186　所拍攝的影像資料，現藏於密蘇里大學堪薩斯分校檔案館（埃德加・斯諾檔案）。中央電視台於2016年10月播放的文獻紀錄片《震撼世界的長征》第8集「精神永存」，插入了數分鐘的《人類的四分之一》，其中就有戈蘭茨版所收照片的影片資料，如「工人劇團的豐收舞」、「青年先鋒隊的統一戰線舞」。

爭相轉載。[187] 日本也有《時事新報》、《大阪朝日新聞》於31日報道了斯諾平安歸來的消息。

自然,斯諾本人也開始基於採訪記錄發表文章。首先於11月14日(及21日)在上海的英文雜誌《密勒氏評論報》上刊載了對毛澤東的採訪,並配以照片。此外,單行本《紅星》第一版刊行前,其各章節原稿的部分內容也曾發表於他任特約記者的倫敦《每日先驅報》等。

出版單行本之前先行零星發表,似乎讓人不好理解:不過,這種做法在當時十分普遍,而且斯諾也有這樣做的理由。即使篤定單行本必定暢銷,獨家採訪要整理成書也需要數月時間;斯諾有理由擔心其間或有其他記者再去採訪共產黨,並先於自己報道。事實上,斯諾從「紅色中國」歸來的消息傳出後,其他記者也開始前往陝北。到了1937年,在斯諾成功往返的鼓舞之下,除以共產黨支持者自任、一直試圖率先進入中共地區的史沫特萊及合眾通訊社天津特派員厄爾‧利夫(Earl Leaf,1905–1980)之外,曾報道長征途中中共和紅軍動向的《大公報》的范長江也前往陝北採訪,連燕京大學的中國學生也開始不斷前往陝北參觀。甚至還有好事的外國人嘗試娛樂性冒險,即租用汽車從西安進入「紅色中國」,在那裏停留數小時。[188] 因此,斯諾也不可能慢條斯理地專注於撰述,等到出版單行本再公開採訪內容。

---

187 斯諾回到北平後不久就接受採訪,並被以〈與中國紅軍共處四個月/美國記者不尋常的經驗〉(Four Months with China's Red Army / American Journalist's Unusual Experience)為題,發表在1936年10月30日的《京津泰晤士報》上。此後,這篇報道和斯諾本人的採訪報道一起被《救國時報》及《亞細亞》(Asia)等轉載。請參閱〈紅軍主力集中西北抗日/美記者暢談蘇區紅軍現狀,堅決執行共產黨的新政策〉,《救國時報》,1936年11月10日;"Direct from the Chinese Red Area," Asia, Feb., 1937.

188 Helen Foster Snow, My China Years: A Memoir, p. 239;中譯本:前引

　　在文章見諸報端的同時，斯諾拍攝的眾多照片，以及從共產黨有關人士那裏獲得的照片也相繼公開，並引起轟動。而集中刊載這些照片的，是創刊不久的美國《生活》畫報。該雜誌1937年1月25日號、2月1日號分兩次刊載了40餘張。據説，該雜誌從斯諾那裏共購得照片73張，每張作價50美元。[189]關於《生活》購買照片的數量，另有記錄作75張、價1,000美元；一説25張、共1,000美元。[190]考慮到英文版《紅星》單行本售價3美元，如此多的獨家照片原件僅值1,000美元，似嫌過低。但斯諾因此名揚於世，並預先為單行本作了宣傳，所以也不算吃虧。附言之，半年後，《生活》雜誌刊登據説為卡帕（Robert Capa，1913–1954）所拍攝的「倒下的戰士」(The Falling Soldier)，[191]使卡帕一舉成為著名的戰地記者。傳媒界利用照片喚起和激發讀者想像力的時代已經到來。

　　《旅華歲月：海倫·斯諾回憶錄》，頁229。1937年正式或非正式地訪問陝北的國內外記者、研究者，有史沫特萊、范長江、厄爾·利夫、維克多·基恩 (Victor Keene，《紐約先驅論壇》特派員)、詹姆斯·貝特蘭 (James Bertram) 等。這些人的情況，請參閱 Margaret Stanley, *Foreigners in Areas of China Under Communist Jurisdiction Before 1949* (Center for East Asian Studies, University of Kansas, 1987)。此外，關於范長江的報道活動，請參閱徐向明《范長江傳》(南京大學出版社，2002) 之第5至6章；關於燕京大學訪問團，趙榮聲〈步着斯諾的後塵到延安去〉(收於前引《斯諾在中國》) 述之甚詳。另，丁曉平：《世界是這樣知道長征的》(中國青年出版社，2016)，運用許多圖像資料，就有關長征等中共動向的報道概況作了介紹，很有參考價值。

189　Helen Foster Snow, *My China Years: A Memoir*, p. 219；中譯本：前引《旅華歲月：海倫·斯諾回憶錄》，頁211。

190　請分別參閱裴克安譯：〈斯諾陝北之行的自述〉，《新聞戰線》，1979年第6期；前引 Thomas, *Season of High Adventure*, p. 151；前引《冒險的歲月》，頁184。

191　眾所周知，關於該照片，至今仍有爭論，如所拍攝的是否中彈的瞬間、拍攝者是否卡帕本人等。

與此同時，《紅星》中最精彩的部分「毛澤東傳」，也由美國雜誌《亞細亞》自1937年7月開始連載（至10月）。[192]這些報刊的報道，使斯諾的名字在《紅星》出版以前就已經為傳媒界所熟知。斯諾在1937年底前發表的報道文章（僅限於對中共地區的採訪）如表2所示。

表2 《紅星》刊行前斯諾發表採訪報道一覽表

發行年月	文章名	報刊名及期號	備考
1936年10月30日	Four Months with China's Red Army / American Journalist's Unusual Experience	*Peking and Tientsin Times*《京津泰晤士報》	回到北平後接受路透社記者採訪。
1936年11月14、21日	Interviews with Mao Tse-tung, Communist Leader	*China Weekly Review*, Vol.78, No.11–12《密勒氏評論報》	毛澤東照片（圖6）第一次見諸報端。
1936年11月21日	Edgar Snow Says Original Report of His "Red" Interview Contained Misstatements	*China Weekly Review*, Vol.78, No.12	對《密勒氏評論報》11月7日刊載斯諾談話提出抗議和訂正要求。
1936年12月30–31日，1937年1月4、7日，3月9–11、17–18日	Truth about Red China	*Daily Herald* (London)《每日先驅報》	連載9次。3月18日預告 "next: Long March"，但未見下文。
1937年1月20日	Red Army Leader Directs Big Campaign — With China's Red Army	*Shanghai Evening Post & Mercury*《大美晚報》	主要為對周恩來的採訪，內容與上述《每日先驅報》1937年3月9日報道相同。

---

192 對於刊載於《亞細亞》的原文及照片，埃德加・斯諾筆錄，汪衡譯、丁曉平編校：《毛澤東自傳：中英文插圖影印典藏版》（中國青年出版社，2009）一書曾作介紹。

發行年月	文章名	報刊名及期號	備考
1937年1月25日，2月1日	First Pictures of China's Roving Communists / An Army of Fighting Chinese Communists Takes Possession of China's Northwest	*Life*, Vol.2, No.4-5《生活》	
1937年2月	Direct from the Chinese Red Area	*Asia*《亞細亞》	部分轉載上述《京津泰晤士報》10月30日報道。
1937年2月3–5日	The Reds and the Northwest	*Shanghai Evening Post & Mercury*	
1937年4月15日	Soviet Strong Man: Mao Tse-tung	*Democracy*, No.1《民主》	
1937年7月8日	Life Begins at Fifty	*Democracy*, No.5	徐特立傳。
1937年7–10月	The Autobiography of Mao Tse-tung	*Asia*	連載4次。
1937年8月	Chinese Communists and World Affairs: An Interview with Mao Tse-tung	*Amerasia*《美亞》	
1937年8–9月	Soviet China	*New Republic*《新共和》	連載4次。
1937年9月	Soviet Society in Northwest China	*Pacific Affairs*《太平洋事務》	
1937年10–11月	The Long March	*Asia*	
1937年11月6日	I Went to Red China	*Saturday Evening Post*《星期六晚郵報》	

註：帶底線者為在中國國內發行的英文刊物。

　　斯諾的採訪記錄，在雜誌上發表的同時，經不斷修改、調整，於「七七事變」發生後的1937年7月下旬終於脫稿。幸運的是，當時北平還沒有發生成規模的戰鬥，因而稿件得以順利投寄。[193] 隨後，斯諾經天津先到青島，然後移居上海。而《紅星》則由與斯諾關係密切的倫敦的左翼出版社維克多·戈蘭茨（Victor Gollancz）以「左翼圖書俱樂部」（Left Book Club）名義於同年10月出版。此即所謂戈蘭茨版，或曰英國版。該版本封面註有「非公開發售」（Not for sale to the public），顯示其讀者對象僅限於「左翼圖書俱樂部」會員。

　　三個月後，即1938年1月，美國版由紐約的大出版社蘭登書屋（Random House）正式出版。實則，早在1934年3月，斯諾已經與蘭登書屋簽下合同，準備出版有關中國共產主義運動的著作，並收到預付金750美元。[194] 如此看來，戈蘭茨版是出於某種同志情誼而出的試行版，而蘭登版才是計劃出版的正式英文版；二者的結構、內容均無變化，區別僅在於蘭登版大幅更換、增加了照片，使其增至61張。

　　照片豐富是蘭登版的重要特徵。但如前所述，斯諾在陝北拍攝以及共產黨有關人士贈給他的照片，已有相當部分轉讓給《生活》畫報，並由其先行刊載40餘張。《生活》畫報已刊載的照片，有約20張也收於蘭登版；但奇怪的是，戈蘭茨版卻一張也沒有採用。而且，較之蘭登版，戈蘭茨版所用照片品質較差，顯然是特意為試行版選用的。從這點也可知，蘭登版才是正式版，而戈蘭茨版則是暫定版。

193　Snow, *Journey to the Beginning*, p. 187；中譯本：前引《斯諾文集 (1)：復始之旅》，頁224。

194　Thomas, *Season of High Adventure*, p. 112；前引《冒險的歲月》，頁135；裘克安譯：〈斯諾陝北之行的自述〉，《新聞戰線》，1979年第6期。

　　此處就照片再作探究。如本書開篇所示，斯諾拍攝的毛澤東照片有兩張（圖5、圖6）。其中最為人熟知的是頭戴八角帽的一張，即圖6。但奇怪的是，《紅星》的戈蘭茨版和蘭登版以及後來的各版本，使用的都是圖5。換言之，除發表於《密勒氏評論報》的第一篇報道外，斯諾從未在其自著單行本《紅星》中使用過圖6。我們之所以熟悉圖6，是因為《生活》畫報先於《紅星》刊載過，並且構圖、清晰度都較好，各報刊曾爭相轉載。而《紅星》使用的圖5，其光線和毛澤東的表情捕捉，怎麼看都像是外行拍攝的粗野村夫。較之圖6，這張照片後來沒有廣為流傳，人們也就很少有機會看到它。

　　這兩張完全不同的照片，斯諾為什麼棄用端正清秀、神采奕奕的圖6，而特意選用粗野的圖5？首先可能是照片的所有權、使用權的問題。如前所述，圖6是斯諾轉讓給《生活》畫報的諸多照片中的一張。轉讓合同內容不詳，但轉讓後再使用，或許會受到限制。在這方面，歐美傳媒界的權利意識較強，比如圍繞斯諾為英語圈雜誌所撰稿件的獨家刊登權，就曾有幾家雜誌社訴諸法庭。[195] 不過，斯諾到底是這些照片的拍攝者，而且《紅星》單行本也收有其他曾刊發於《生活》畫報的照片。

　　較之合同限制等，更可能的是斯諾本人為展現毛澤東的獨特性格而有意為之。《紅星》描述毛澤東的隨和性格、甚至某些粗野舉動時，每每帶有讚賞的語氣；照片的選用或也反映了斯諾對毛澤東的觀感。《紅星》裏描寫的毛澤東，比如在和斯諾談話時，甚至會緩緩鬆開腰帶，把手伸進褲子去摸蝨子；但斯諾描寫這一場面，不僅沒有任何惡意，反而讓人感到毛澤東十分親切，是性情中

195　Snow, *Journey to the Beginning*, p. 191（中譯本：前引《斯諾文集（1）：復始之旅》，頁229–230）。

人。[196]而能夠展現共產黨領袖在人前不拘小節、性格隨和形象的照片，顯然不是圖6，而是圖5。

2. 讚揚與批判

《紅星》在1937年10月於英國、1938年1月於美國出版後，立刻引起巨大反響，並成為暢銷書；報紙、雜誌上的書評也大都評價極高，[197]斯諾就此確立了其名記者的地位。只不過，在一片讚揚聲中，也夾雜着令人沮喪的批判。批判不是來自反共派，而是出自同一戰壕的左翼陣營。

作為記者，斯諾同情中國學生的抗日愛國運動，也能夠理解社會主義，但卻不是所謂左翼黨派人士（共產黨員）。這種立場和色彩為《紅星》贏得了信賴，增加了其吸引力，但同時也讓他對共產國際代表蘇聯國家利益的傾向，以及斯大林的獨裁傾向產生了反感，並在書中偶有微妙的表述。而這招致了美國共產黨等左翼的批判。美國共產黨曾以《紅星》充滿「托洛茨基派」見解為由，拒絕在其關聯書店出售該書。[198]

在21世紀的現在，人們閱讀《紅星》，恐怕已經不會將其與托洛茨基主義聯繫起來，許多人甚至不知道「托洛茨基派」、「托洛茨基主義」為何物，故此處稍作解釋。「托洛茨基派」（托派）、「托洛茨基主義」都是從與列寧齊名的俄國革命領導人托洛茨基（Trotsky）

---

196 Snow, *Red Star Over China*, p. 96；董樂山譯：《西行漫記（原名：紅星照耀中國）》，頁69。

197 Thomas, *Season of High Adventure*, pp. 170–178；前引《冒險的歲月》，頁208–220。

198 Snow, *Random Notes on Red China, 1936–1945*, p. 20；前引《紅色中華散記》，頁26。

的名字派生而來的政治術語。列寧去世後，蘇聯徹底形成了以斯大林為核心的共產黨專政體制，表現出重視本國利益的傾向；而對此表示反對、呼籲繼續參與和領導世界革命的，就是托洛茨基。托洛茨基在包括如何指導中國革命等許多問題上批判斯大林，在激烈的權力鬥爭中落敗後，於1929年被逐出蘇聯。

然而，一些共產主義者對斯大林的蘇聯式社會主義的僵化思考方式、威權主義、官僚主義等弊病甚為不滿，其中不少人贊同托洛茨基的「永續革命」等主張（「托洛茨基主義」），中國共產黨創立時期的領導人陳獨秀，在因國民革命失敗而被撤銷職務後，得知托洛茨基的思想，覺察到自己是斯大林政策的替罪羊，也加入了中國的托派運動。[199]

只不過，所有國家托派的實力都較弱，當時共產主義運動的主流是蘇聯共產黨推行的社會主義，以及擁戴該模式的共產國際和各國共產黨，而其總帥就是斯大林。在主流派眼中，托派就是自稱共產主義者而對蘇聯、共產國際的政策吹毛求疵。而在1937年，托派批評開始採取反法西斯統一戰線政策的共產國際：「以與法西斯戰鬥為由而與資產階級攜手，不就是向階級敵人投降嗎？」共產國際也把托派的主張視為「假馬克思主義」，視托派為「革命的敵人」；到了1930年代後半期，更批判其為破壞統一戰線、為法西斯張目的叛徒，甚至指其為「賣國賊」，在各國推動揪批托派的運動。前一章曾介紹，中共黨員馮雪峰在幫助斯諾前往陝北的時期，曾代替魯迅寫過〈答托洛茨基派的信〉，並於1936年6月以魯

---

199 唐寶林：《中國托派史》（台北：東大圖書，1994）；唐寶林：《陳獨秀全傳》（香港中文大學出版社，2011），頁443–502；長堀祐造：《陳獨秀》（東京：山川出版社，2015），頁77–87。另，鑒於近年出現重新評價陳獨秀的動向，最近日本出版了陳獨秀著作集（長堀祐造等編：《陳獨秀文集》〔平凡社，2016–2017〕，全3卷），其被批為「托洛茨基主義者」時期的文章亦收入其中。

迅的名義發表；這也是借助魯迅的權威而指責托派為「漢奸」的舉措之一。

就這樣，當時的左翼陣營到處都可見這樣一種狂潮，即凡是對共產國際、斯大林的做法多少提出異議的人，都會被貼上「托派」的標籤。[200] 久而久之，一說「托派」，即指某人戴着革命家的面具反對革命，而不管他是否真地信奉托洛茨基的思想。

斯諾之所以受到批判，也並非因為他信奉托洛茨基主義，而是因為他的態度、文章流露出的反共產國際、反斯大林的傾向，和對統一戰線論的懷疑態度（就中國而言，即懷疑與國民黨合作的結果），被認為與違逆共產國際方針的托派一樣。《紅星》出版時，「托派」一詞正在脫離與托洛茨基思想的關係，而成為標示某人不忠誠於斯大林的符號。

關於自己應選怎樣的立場，以及應該與托洛茨基主義保持距離，斯諾和韋爾斯並非毫不介意。「西安事變」後，中共遵照共產國際、蘇聯的方針進一步接近國民黨（蔣介石）；對此，在北平撰寫《紅星》的斯諾就曾在寫給妻子的信中表露過擔憂。韋爾斯則回信說，「如果你要像你來信中說的那樣去寫」，「在『左翼分子被稱為托派』的情況下，『一定會樹敵不少』」。[201] 也就是說，斯諾知道那樣寫會招致批判。《紅星》出版後，韋爾斯的擔心果然成為現實，書中對共產國際路線的懷疑，被左翼黨派人士視為托派觀點的反映。

---

200 一般的觀點是，自1937年11月王明、康生從莫斯科回國後，中共反托派運動進入實質性階段，清洗運動中也曾出現許多嚴酷的情況。其實早在斯諾到達陝北後不久，中共領導張聞天就給他講解托派主張的錯誤，由此可見當時反托派運動已經滲入中共的工作。請參閱 Snow, *Random Notes on Red China, 1936–1945*, pp. 82–85；前引《紅色中華散記》，頁94–98。

201 〈斯諾寫給尼姆‧韋爾斯的信〉（1937年6月9日）和〈尼姆‧韋爾斯寫給斯諾的信〉（1937年6月23日），收於 Nym Wales, *My Yenan Notebooks*, pp. 25–26, 163–164；前引《延安採訪錄》，頁54、340。

　　中國共產黨的幹部也曾對此表示不滿。《紅星》第一版出版後，斯諾曾於1938年7月來到正在組織會戰的武漢，見到秦邦憲（博古）；秦就《紅星》論述共產國際和中共關係的部分對斯諾說：「你的批評有點過火。你說的都是真話，但現在的情況是，我們目前不願意談這些事。」[202]秦邦憲或因曾留學蘇聯而更加重視與共產國際的關係；但秦也是斯諾在陝北採訪時一起打過橋牌的牌友，對於他的此番忠告，斯諾應該不會當作耳旁風。[203]

　　至於毛澤東，他或許也不太贊成共產國際優先重視統一戰線的指示，因此並不反對《紅星》的觀點，而且對斯諾率先冒險前來採訪尤其欣賞。毛讀不懂英文原著，但1937年夏天以後，他似乎已通過翻譯對斯諾的報道有所了解。[204]對毛澤東而言，斯諾的《紅星》和其妻韋爾斯的《紅色中國內幕》（《續西行漫記》），是外國記者報道中國的兩大傑作，令他十分滿意。[205]當時，德國共產黨員希伯（Hans Shippe，1897–1941）是以抨擊托派的尖銳筆觸激烈批判《紅星》的左翼文化人士之一。據說他曾特意前往延安，直接向毛澤東追問如何評價《紅星》，但毛明確支持斯諾，還批評了希伯。當然，斯諾得知此事是多年以後了。[206]

202　Snow, *Random Notes on Red China, 1936–1945*, p. 22；前引《紅色中華散記》，頁30–31。

203　Snow, *Red Star Over China*, p. 349；董樂山譯：《西行漫記（原名：紅星照耀中國）》，頁330–331。

204　毛澤東似乎是通過本章第4節所述《外國記者西北印象記》而了解斯諾報道內容的。請參閱張小鼎：〈《西行漫記》在中國——《紅星照耀中國》幾個重要中譯本的流傳和影響〉，《出版史料》，2006年第1期。一說毛澤東曾讀過《紅星》全譯本。Snow, *Random Notes on Red China, 1936–1945*, p. 73；前引《紅色中華散記》，頁84。

205　吳黎平：（吳亮平）〈前言〉，《毛澤東1936年同斯諾的談話》（人民出版社，1979），頁5。

206　Snow, *Random Notes on Red China, 1936–1945*, pp. 20–22, 73–74；前引

　　被美國共產黨等左翼陣營指為托派、受到口誅筆伐的斯諾，多半為表示讓步而對《紅星》作了修改。密蘇里大學堪薩斯分校檔案館藏「埃德加‧斯諾檔案」，收有斯諾1938年3月就修改《紅星》致美國共產黨總書記白勞德（Earl Browder，1891–1973）的信。信中稱，《紅星》是為如實描述和評價中國革命運動而撰，並無惡意攻擊共產國際和各國共產黨之處，其容易被誤解為誹謗共產黨的部分，已通知出版社今後出改訂版時予以刪除。[207] 面對美國左翼陣營不允許對蘇聯、共產國際和斯大林有半句不滿的強大壓力，斯諾不得不選擇妥協。

　　附言之，毛澤東曾於1937年6月致信白勞德，希望美國人民支援中國的抗日統一戰線和抗日鬥爭，並期待相互支持。[208] 當時《紅星》應該快要完稿，但毛在信中對斯諾及其採訪卻隻字未提。具有諷刺意味的是，一年後，毛澤東曾求援的白勞德卻干涉斯諾出版《紅星》。假如毛當時多說一句，稱貴國記者斯諾曾前來採訪中共中央，不久應有專著出版，請予以支持云云，則美國左翼陣營批判《紅星》的調門或許要低得多。當然，那時毛澤東本人也並不知道斯諾的書到底會如何。

　　《紅色中華散記》，頁28、84–85。後來，希伯留在中共支配地區做了一名記者，後在中國去世。他的中文紀念文集，有漢斯‧希伯研究會編：《戰鬥在中華大地 —— 漢斯‧希伯在中國》（山東人民出版社，1990）。

207　Hamilton, *Edgar Snow*, pp. 93, 96（前引《埃德加‧斯諾傳》，頁92、95–96）；Thomas, *Season of High Adventure*, pp. 179–180（前引《冒險的歲月》，頁220–222）。此外，斯諾的這個想法也傳達到了莫斯科。請參閱〈美國共產黨駐共產國際代表給蘇聯國家出版社的信〉（1938年9月以後），Harvey Klehr, et al. eds., *The Soviet World of American Communism* (Yale University Press, 1998) , pp. 343–344。

208　《毛澤東年譜（1893–1949）》（中央文獻出版社，2013），修訂本，上卷，頁684。

　　斯諾受到左翼黨派的批判後，開始修改《紅星》。修改時期為第一版於1938年1月出版後招致批評的同年春夏之間，地點似為離開北平後暫時棲身的上海。改動的份量並不多，基本都是考慮到蘇聯、共產國際和斯大林的立場而進行的修改和刪除。

　　下面引用的英文段落，劃線部分在改訂版中被刪除，從中可了解修改狀況。為便於理解，附錄譯文於後。

And finally, of course, the political ideology, tactical line, and theoretical leadership of the Chinese Communists have been under the close guidance, if not positive detailed direction, of the Communist International, which during the past decade has become virtually a bureau of the Russian Communist Party. In final analysis this means that for better or worse, the policies of the Chinese Communists, like Communists in every other country, have had to fall in line with, and usually subordinate themselves to, the broad strategic requirements of Soviet Russia, under the dictatorship of Stalin. (第一版和改訂版均見於原書第374頁)

中譯：最後，當然，中國共產黨的政治思想、策略路線、理論領導都是在共產國際的密切指導之下，如果說不是積極具體指揮之下，而共產國際在過去十年中實際上已經成了俄國共產黨的一個分局。說到最後，這意味著不論是好是壞，中國共產黨像每一個其他國家的共產黨一樣，他們的政策必須符合，而且往往是必須從屬於斯大林獨裁統治下蘇俄的廣泛戰略需要。

　　出於同樣原因和傾向而修改的還有幾處。[209]不過，並非如斯諾向白勞德承諾的那樣盡數刪除，不少語句修改後仍對斯大林語含譏

209　1938年修訂版之第148、373、376、378、381、385、441、449頁也作了同樣的修訂。參見Hamilton, *Edgar Snow: A Biography*, pp. 95–96；前引柯為民等譯：《埃德加・斯諾傳》，頁93–96。

刺。比如，關於毛澤東在中共支配地區的地位，斯諾稱其影響比任何人都大，受到民眾的普遍尊敬，同時說「在毛澤東身上沒有搞英雄崇拜的一套。我從來沒有碰到過一個共產黨人，口中老是叨念着『我們的偉大領袖』」。該句顯然是對斯大林的影射，但改訂版仍保留原句。[210] 看來，記者的職業意識不允許斯諾對美國共產黨唯命是從。

那麼，托派們對《紅星》的看法又是怎樣的？就在到處開始亂貼「托派」標籤的時期，可謂真正托派的伊羅生 (Harold Robert Isaacs，1910–1986) 在《紅星》出版後不久刊行的《中國革命的悲劇》一書 (通過論述共產黨在國民革命中的失敗而批判斯大林的錯誤) 中這樣評論《紅星》：

> ……斯諾中傷說：「托派們因其『立場的邏輯』而依從蔣介石，並向警察出賣自己的同志」，其實他那句話是人云亦云，他自己一點也沒有理解托派的「立場的邏輯」。同時，他根據自己的立場這一個奇怪的「邏輯」，對依從蔣介石、並將工人農民出賣給資產階級的共產黨給予熱烈的讚美。[211]

也就是說，從伊羅生等托派的角度看，只要對信奉共產國際路線的中國共產黨作善意的描述，即使文章對該路線隱晦地表示一些懷疑，仍與盲從該路線沒有多大差別。換言之，只要把中國共產黨放在國際共產主義運動中加以評述，無論怎樣斟酌權衡，也不可能獲得在意識形態方面存在尖銳對立的所有左翼派系的稱讚。

---

210 Snow, *Red Star Over China*, p. 92；董樂山譯：《西行漫記 (原名：紅星照耀中國)》，頁64。

211 H. Isaacs, *Tragedy of the Chinese Revolution* (London: Secker & Warburg, 1938) , pp. 436–437. 此外，伊羅生對《紅星》的評價，只出現在1938年的第一版中，其後的版本都作了刪除處理。

如今，社會主義陣營的主將蘇聯解體已二十餘年，國際共產主義運動也奄奄一息，我們無法切身感受到蘇聯以及共產國際往日威望之高，名氣之盛。如撇開國際共運的背景而閱讀、評論《紅星》，那充其量是一個身處後意識形態時代的人的獨特讀法，絕不是當年知識分子群體對這本書的態度。

改訂版《紅星》於1938年秋由蘭登書屋刊行。新版除考慮到與「托洛茨基主義」保持距離而作修改外，結構也有所調整。由於時局變化，展望未來走向的最後一章被重寫，並追加了第13篇〈旭日上的暗影〉（Shadows on the Rising Sun）。新加的第13篇，如其標題所示，是對抗日戰爭全面爆發後的戰局的評述和預測，下限為1938年7月。

3. 《紅星》英文版的修改

《紅星》的再次修改，是在1944年。當時，斯諾已經離開中國回到美國。1944年版（蘭登版）刪除了1938年改訂版追加的第13篇〈旭日上的暗影〉，代之以〈尾聲1944〉（Epilogue 1944）。因為斯諾認為，隨着抗日戰爭的推進，戰爭爆發時寫的東西，到了1944年已經沒有意義；而「紅星」們借助自己的採訪而為世界所知，並已經通過長期抗戰，如他所期待的那樣成長為一大勢力，他對此深感自豪。因此，他撰寫了〈尾聲1944〉以抒發這種感受。1944年版沒有使用照片，是版面的另一顯著變化；但其原因，序文隻字未提，故不得其詳。

　　1968年的擴充修訂，使《紅星》發生了最後的重大變化。[212]1944年改訂版出版後，中國發生了巨變；先是抗戰取得勝利，後來又有中華人民共和國成立。斯諾曾在陝北採訪過的「赤匪」們成為新中國的統治者，毛澤東更是備受擁戴。其間，儘管仍存在各種限制，但中共及其領袖們的信息也越來越詳細、準確。共產黨本身也已今非昔比，《紅星》中的人物在其後的30年中經歷了人生沉浮。不妨說，正因為《紅星》是同類著作的先驅，故其缺陷也難以掩蓋，大幅修訂已屬必要之舉。

　　同時期的斯諾，因「反共風暴」(red purge) 而離開美國後，在1950年下半年出版了《紅星》的後續著作(《紅色中華散記》，整理並收入《紅星》未收資料；《復始之旅》〔*Journey to the Beginning*〕，自傳性著作)。經此類前期準備而於1968年出版的，就是紐約格羅夫出版社 (Grove Press) 出版的《紅星》。該版問世後不久，斯諾即赴華訪問。這是他1972年去世前最後一次訪華。

　　當時，毛澤東發動的文化大革命正如火如荼，這使斯諾陷入了兩難境地。《紅星》雖已入名著之列，但形勢所迫，書中信息必須作大量更改。實際上，1944年修訂時，斯諾曾嘗試全面改寫，但未能實現。[213]改寫採訪報告是十分困難的。因為即使僅更改具體信息，也無法避免運用後見之明而改變採訪時 (因不知曉而形成) 的觀點；這種行為，雖然目的是為讀者提供更準確的信息，可實際上卻必將掩蓋採訪時的認識、沖淡當時身臨其境的感受。

212　1968年，英國的戈蘭茨公司也出版了增補修訂版 (first revised and enlarged edition)，內容與格羅夫版完全相同。1972年，企鵝出版社出版過「鵜鶘叢書」版，斯諾為該版寫了序言，僅對附錄和補註作了一些修正，主體基本沿用1968年版。

213　Edgar Snow, "Introduction," *Red Star Over China* (New York: Random House, 1944).

　　最終，1968年版《紅星》只針對明顯的文字錯誤等作了訂正和補充（正文部分相關記述予以補述和註釋，如毛澤東父親毛順生名字的拼音，舊版均作 "Mao Jen-sheng"，新版本則改為 "Mao Shun-sheng"），但章節仍從1944年版，正文也未作重大改動。

　　這一態度，在處理記述朱德生平的第十篇第四章〈關於朱德〉時表現得最為明顯。斯諾1936年在陝北採訪時，朱德還在長征途中，沒有到達陝北。斯諾只好請朱德的原部下等介紹其半生經歷；《紅星》中稱朱德年輕時生活放蕩、吸食鴉片、蓄妾等，都不是朱德本人的回憶。這樣的內容，姑且不論斯諾在1937年出版戈蘭茨版時是否已發覺不妥，到了1960年代，其錯誤顯然已不容忽視。1968年修訂時，該章本可全面改寫，但「為了保持原著的形式和精神」，作為「沒有記錄的那個時代的一部紅軍故事」，[214]斯諾只作了若干修改，原來的文字基本保留。也就是說，斯諾沒有借助朱德的傳記等新資料重寫該章，而選擇保留採訪時形成的認識，表現出其作為傳統報道作家的自覺意識；而當時已明確的共產黨有關人士的經歷、因篇幅限制未能收入舊版的部分採訪報告等，則在正編外另置約八十頁附錄。此外，舊版記述使用的現在進行時，也被改為過去時，致使敘述語氣發生了較大變化。

　　較之舊版，1968年版更換了所使用55張照片的絕大部分。1938年版所收61張照片中，繼續用於1968年版的僅16張；更換的45張中，此前在雜誌及《西行漫記》等中文版中均未公開過的多達21張。可見，對斯諾而言，1968年版是其記者生涯的集大成之作。還有一點值得注意：1937年版、1938年版和1968年版所使用的照片，都是斯諾夫婦在陝北所拍攝、或自共產黨方面獲取的，而沒有一張是其他記者的作品或者後世拍攝的。

214　Edgar Snow, *Red Star Over China*, 1968, p. 436.

斯諾（和韋爾斯）都不是攝影記者，用現在的眼光看，他們所拍照片，有一些難稱佳作。而且，到了1968年，毛澤東的也好，反映中國革命的也好，拍攝技術高、印製精良的照片已極易獲取。儘管如此，斯諾一直堅持使用自己的攝影作品，可以說是身為《紅星》作者表明了一種自負，即他本人才是1936年時的中國共產黨和毛澤東的真正目擊者和見證人。

4. 中文版《紅星》——《西行漫記》和斯諾

斯諾的採訪報道用英文發表後，不久即被譯為中文，並以各種形式傳遍中國各地。而最有名的是1938年2月由上海的復社出版的《西行漫記》（圖64a），受該書感染而改變了人生的中國青年，可謂不計其數。所謂改變了人生，指開始嚮往共產黨，並決心把一生獻給革命。在中國，此類心聲甚至曾被編為文集（《〈西行漫記〉和我》）出版。[215]

但是，不可忽視的是，在《西行漫記》出版前，斯諾發表的文章就已經對中國輿論界產生了巨大影響。如前所述，還在《紅星》出版之前，斯諾就已經把正在執筆的該書原稿部分章節分別發表在中外英文雜誌上。但是，當時言論封鎖很嚴，毛澤東有關共產黨政策的談話、共產黨治下民眾的生活狀況，尤其是照片等，很難見諸公開發行的中文報刊。抗日戰爭前，確有上海的綜合雜誌《東方雜誌》曾於1937年7月刊載過〈根除赤禍聲中之赤色人物〉，還轉載過《生活》畫報刊登的8張照片；但中文報刊登載的此類文章，也僅此一例而已。

---

215 中國史沫特萊・斯特朗・斯諾研究會編：《〈西行漫記〉和我》（國際文化出版公司，1991）。

圖64a　上海復社版《西行漫記》封面

圖64b　上海復社版《西行漫記》載〈長征路線圖〉

　　中文期刊最早比較正式地譯介斯諾採訪的，是分別在北平和巴黎發行的《燕大週刊》和《救國時報》。前者是燕京大學學生自治會的期刊。眾所周知，斯諾在該校任教，也曾支持該校的救亡運動，關係極為密切。《燕大週刊》在1936年12月發表了〈毛澤東訪問記〉（E. 樂施——原署名如此）。[216] 後者則是在莫斯科編輯、在巴黎出版的中共系統的期刊，中國國內的言論政策對其鞭長莫及。該報1936年12月（第73期）也刊登了〈毛澤東先生論抗日救國聯合戰線〉，其後又從倫敦《每日先驅報》等翻譯了斯諾的報道，直至翌年。[217] 但是，《燕大週刊》是學生組織出版的小型期刊，《救國時報》也畢竟是在遙遠的巴黎發行，對中國國內的影響都極其有限。

　　在國內較為集中地翻譯、介紹斯諾採訪的，是1937年4月在北平秘密出版的有關中共根據地的評論集《外國記者西北印象記》（圖65）。該書約三百頁，書末版權頁記「上海丁丑編譯社刊1937年」；〈譯者序〉（未署名）日期為1937年4月1日；所收文章，除斯諾的採訪外，[218] 還有韓蔚爾先於斯諾發表的報告（〈中國紅軍〉、〈中國紅軍怎樣建立蘇區〉、〈在中國紅區裏〉[219]）等。

---

216 原文是 Snow, "Interviews with Mao Tse-tung, Communist Leader," *China Weekly Review*, Vol. 78, No. 11–12, Nov. 11, 14, 1936。

217 〈毛澤東先生論抗日救國聯合戰線〉原文是 Snow, "Interviews with Mao Tse-tung, Communist Leader," *China Weekly Review*, Vol. 78, No. 11–12, Nov. 11, 14, 1936；譯自《每日先驅報》的文章如斯諾〈一個非常的偉人〉（《救國時報》，1937年3月25日第90期），原文 "Strong Man with a Charmed Life," *Daily Herald*, March 11, 1937；斯諾：〈少年的長征〉（《救國時報》，1937年3月31日第91期），原文 "Crusade of Youth," *Daily Herald*, March 9, 1937。關於《救國時報》對斯諾的相關報道，請參閱藍鴻文：〈巴黎《救國時報》宣傳報道的一大亮點：斯諾陝北之行〉，《國際新聞界》，2005年第4期。

218 施樂：〈毛施會見記〉、施樂：〈紅黨與西北〉、施樂：〈紅旗下的中國〉。

219 原文分別為 "The Chinese Red Army," *Asia*, May, 1936; "When Chinese

圖65 《外國記者西北印象記》封面

韓蔚爾 (Norman Hanwell，1909-1941) 是研究中國的青年學
者，加拿大籍。他曾於1930年代中期前往四川等地，對紅軍撤退
後的中共根據地進行採訪，並在美國雜誌《亞細亞》發表過幾篇報
告 (不久後斯諾的報告也刊於該雜誌)。應該說韓蔚爾實在不走
運。因為，假如後來沒有斯諾的採訪發表，他的採訪或許會大受
關注。但斯諾的採訪見報後，韓蔚爾的報道就幾乎不再具有任何
價值。韓蔚爾距成為斯諾也僅一步之遙。

《外國記者西北印象記》於1970年代在中國被發現，後來被稱
作「《西行漫記》的雛形本」。[220] 之所以稱之為「雛形」，是因為其中收
有斯諾的三篇採訪 (包括來歷、最早出處不詳者)，而且載有斯諾

Reds Move In," *Asia*, Oct., 1936；"Within Chinese Red Areas," *Asia*, Jan.,
1937。

220　王福時：〈重版前言〉，《前西行漫記》(解放軍文藝出版社，2006)。

所拍照片34張 (含封面)。三篇文章,有的無法確認原文,有的後來發表於英文雜誌;34張照片,有的此前未見發表,有的則只見於《紅星》1968年版。這意味着什麼?答案只能是,《外國記者西北印象記》是在斯諾積極配合下出版的。

多年後,斯諾回憶道:「關於西北之旅,從1936年底到第二年初完成了一部分,我將在報紙上連載的原稿的抄本交給了中國教授。他們將這些翻譯成中文,以《中國西北印象記》為名出版。」[221]此處所謂「《中國西北印象記》」,就是《外國記者西北印象記》。而當時擔任翻譯的中國人(曾幫助斯諾採訪、撰述、整理稿件的王福時、郭達、李放等人)後來的回憶則暗示,斯諾曾同意並支援過該書的出版。[222]對《印象記》所收文章、照片的出處進行仔細梳理並作綜合判斷可知,這部秘密出版的評論集,顯然是在斯諾通過提供未刊稿件、照片等積極參與之下問世的。

如前所述,斯諾的報道文章,即使在國民政府統治下的中國,在英文媒體發表仍是可能的(當然也曾受到干涉);[223]但要在中文媒體發表則非常困難。公開發行的中文雜誌開始翻譯和介紹斯諾

---

221 Snow, *The Other Side of the River: Red China Today*, p. 773;中譯本:《斯諾文集 (4):大河彼岸》未見該段引文。斯諾在這本書的另一處也說:「此書英文版尚未發行時,中譯本已經面世,並且首次向中國人民提供了有關中國共產黨的真實消息。」(*Ibid.*, p. 4;中譯本,頁2)。

222 王福時:〈抗日戰爭前夕斯諾幫助出版的一本書〉,前引《斯諾在中國》;王福時:〈重版前言〉,《前西行漫記原名〈外國記者西北印象記〉》;郭達:〈我和斯諾的幾次相處〉,李放:〈《西北印象記》翻譯始末〉,前引《紀念埃德加·斯諾》。

223 國民黨對斯諾在英文媒體上發表採訪記錄也表示過不快,並施加了壓力。為抗議這種壓力,斯諾曾給國民政府外交部情報司司長寫過信(1937年2月4日)。請參閱〈斯諾陝北之行自述 (續)〉,《新聞戰線》,1987年第5期;Thomas, *Season of High Adventure*, pp. 97–98;前引《冒險的歲月》,頁114–115。

的採訪，還須待抗日戰爭爆發後的 1937 年 8 月。該月，上海的《文摘》雜誌從《亞細亞》翻譯並連載了《毛澤東自傳》，[224] 其 9 月號又刊載〈毛澤東論中日戰爭〉。[225] 在這期間，斯諾在中國國內似乎表現得並不厭惡參加政治活動和政治運動，這與國外視他為公正、中立的記者大不相同。

還在前往陝北之前，斯諾就曾與韋爾斯一同積極支持北平學生的抗日愛國運動，1935 年「一二·九運動」的爆發也與他們有莫大關係。《外國記者西北印象記》是非正式譯本，為其提供原稿、照片，不符合歐美的著作權規範；但斯諾重視的恐怕不是著作權問題，而是要使自己的著作盡快影響現實世界。這種姿態，在出版《紅星》的正式中文譯本《西行漫記》的過程中也可見到。

中文版《紅星》，最為人熟知的是王廠青等譯《西行漫記》（上海：復社，1938 年 2 月）。關於該書翻譯、發行的經過，已有協調者胡愈之（中共黨員）的回憶錄[226]等資料出版，尚未揭開的謎底已經不多。比如關於書名，如果把 "Red Star Over China" 直譯為中

---

224 《文摘》雜誌連載的汪衡譯《毛澤東自傳》，於 1937 年 11 月由上海文摘社出版單行本。此後，依據斯諾的採訪記錄而由不同譯者、編者譯編的各種毛澤東「自述傳記」大量出版發行，故無法對這些為數眾多的版本作精確考證。相關考證，請參閱前引丁曉平：《解謎〈毛澤東自傳〉》，及張國柱等編：《塵封的紅色經典：早期毛澤東傳記圖錄》（陝西人民出版社，2008）、程宸編：《毛澤東自傳珍稀書影圖錄》（國家圖書館出版社，2009）。

225 原文為 1936 年 11 月 14 日《密勒氏評論報》(Vol.78, No.11) 載 "Interviews with Mao Tse-tung, Communist Leader" 中的 " On Japanese Imperialism"。

226 胡愈之：〈中文重譯本序〉，董樂山譯：《西行漫記（原名：紅星照耀中國）》（三聯書店，1979），後收入《胡愈之文集》（三聯書店，1996）。胡愈之：〈一次冒險而成功的試驗 —— 1938 年「復社」版《西行漫記》翻譯出版紀事〉，《讀書》，1979 年第 1 期，後收入《紀念埃德加·斯諾》。

文，恐怕難以通過審查，於是譯作《西行漫記》，等等。據胡回憶，他在抗日戰爭爆發後滯留上海，與恰好也來此地的斯諾相識，得到了剛從倫敦寄到的《紅星》（戈蘭茨版），經確認斯諾其人和該書都值得相信之後，組織幾名青年共同翻譯。1937年12月開始翻譯，翌年1月出版（實際出版似在2、3月間）。

胡愈之說，中文版的出版如此迅速，除譯者傾注了熱忱外，也離不開斯諾的合作和幫助。據說，斯諾把手頭僅有的一冊英文原著拿給他們參考，還訂正了記述錯誤，甚至提供了原著沒有收入的照片。的確，《西行漫記》插入照片51張，其中約20張此前未見發表，戈蘭茨版原著及上述《外國記者西北印象記》等都未收入。[227]

《西行漫記》的內容，有幾處作了修改。首先是時局變化導致的修改。由於該書出版於國共合作建立之後，故刪除了批判國民黨的語句。例如，徐海東向斯諾講述國民黨軍對革命根據地的群眾如何殘暴時，斯諾問道：「你是說這都是國民政府的軍隊？」徐回答：「是的，他們是湯恩伯將軍的第13集團軍和王均將軍的第3集團軍。」但在《西行漫記》中，該段文字（英文原著1937年版，第316頁）被刪除。因為，在國民黨還是共產黨敵人的1936年說的這番話，到了國共兩黨合作抗戰的1938年初，顯然已經不合時宜。

此外，第十一篇第五章 "That Foreign Brain-Trust"（那個外國智囊）被全部刪除。該章記述的是當時蘇聯派駐中共的德國軍事顧問（中文名「李德」，英文原著記作 "Li Teh"，未記原名 "Otto Braun"；1900–1974）的作用和影響。刪除該章或是出於政治方面的考慮，也就是為了不損害共產黨（或共產國際、蘇聯）的形象，特別是避免被誤讀為間接批判共產國際。

---

227 51張照片中，1937年版原著只收入1張。

《西行漫記》之〈譯者附記〉稱，與英文第一版不同的部分，即包括章節刪除在內的修改，都是斯諾所為。[228] 據此判斷，上述修改，在斯諾把稿件交給譯者前即已完成。讓我們比照上述英文改訂版對此加以探究。如前所述，1938年秋出版的改訂版，斯諾曾刪除了對蘇聯、共產國際的批判性或曰「不恰當」的語句；這些修改在《西行漫記》中是如何處理的？

比如，本書第180頁對照介紹原文的部分，《西行漫記》基本照譯原文；但有一處，即 "under the dictatorship of Stalin"，本意為「從屬於斯大林獨裁統治下的蘇俄」，卻僅被譯作「蘇俄」。另外，1938年英文改訂版修改的相當部分，在《西行漫記》中早有改動或刪除。由此可知，這些修改並非譯者或胡愈之所為；斯諾交給他們的是修改後的底稿，《西行漫記》是從斯諾修改過的稿件翻譯而來。

同樣，〈關於朱德〉一章，英文原著第一版及以後各版對朱德生平的記述皆不準確，對此，前文已有介紹；但在《西行漫記》中，這部分改為朱德自述的形式；斯諾在此處加了註釋，稱英文版朱德傳信息錯誤較多，故依韋爾斯所提供資料予以改寫。[229]

如此看來，《西行漫記》的翻譯底稿是斯諾為出版中文版而特意修改過的，因此，與其說是《紅星》原著的譯本，不如說是《紅星》的特別版。該特別版，從其顧慮到了蘇聯和共產國際的感受看，可謂1938年的英文第一版與改訂版的中間形態；而從全面改寫朱德傳、大量使用新照片來說，則是英文版《紅星》未能實現的完成

---

228 〈譯者附記〉，《西行漫記》，復社版，頁19。該附記沒有署名，但被收入《胡愈之文集》第4卷。

229 《西行漫記》，復社版，頁427。斯諾為《西行漫記》所加附註還有一些內容也有較大價值。例如，關於前文曾簡略提及的毛澤東自傳部分，毛原來希望以第三人稱（傳記體）發表，但在美國雜誌社的強烈要求下最終以第一人稱（自傳體）發表。斯諾明確表示，這個做法未曾徵得毛的同意（頁215）。

圖66 《毛澤東自傳》封面

形態。如前所述，在對英文版《紅星》施以改訂時，斯諾每次都試圖大幅改寫，但考慮到該書已晉身名著之列，最終沒有顯著改動其結構和內容。但若以中國人為讀者對象，則第一版即可呈現較為完善的形態——《西行漫記》或許就承載了斯諾的這種願望。

　　不過，如果說《西行漫記》沒有摻雜譯者、胡愈之即中共方面的任何意圖，恐怕也並非事實。比如，斯諾為《西行漫記》寫的序言中，有一句「在蔣介石委員長賢明領導之下」；這一表述，很可能與周恩來等人要求暫緩發表一樣，是胡愈之等人考慮到當時的政治形勢而改寫的。而刪除有關國民黨軍隊殘暴行為的記述，或許也並非斯諾所為，而是譯者的權宜之計，目的是通過當局審查。然而，雖經如此煞費苦心，《西行漫記》在國統區仍立即遭到查禁，蔣介石甚至曾親自下令追究該書出版處。[230]

---

230 《蔣介石日記》(美國斯坦福大學胡佛研究所藏)，1939年3月15日

　　然而，或是因發行該書的復社遠在國民政府已經鞭長莫及的上海（1937年11月為日軍佔領），《西行漫記》雖遭查禁，卻依然能夠一再出版，並與各種形式的縮簡版、僅截取毛澤東傳記部分的盜版一同廣為流傳。[231] 近年，該時期刊行的各種版本的「毛澤東自傳」在中國成為收藏愛好者的新寵，甚至有印製精美的圖錄出版。[232] 假如要全面研究《紅星》在中國的影響，這些縮簡版及盜版自然必須加以收集和分析。不過，這些刊物在舊書市場上已經非常昂貴。比如，《毛澤東自傳》第一版（汪衡譯，1937年11月，圖66；《西行漫記》刊行前譯自《亞細亞》、連載於《文摘》雜誌，後輯錄成冊）標價人民幣四萬元，另有珍本更是高達七八萬元。此類版本多達數十種，要購買齊全，多少錢也不夠用。因此，版本收集就交由精於此道的收藏愛好者去做，此處對私印版、盜版不做詳細探討。而《西行漫記》在1949年以後中國的遭遇，學界鮮有提及，故下文就此稍作論述。

5. 《紅星》在新中國 —— 被隱匿的名著

　　在中華人民共和國成立前，《西行漫記》等《紅星》的各種中文版大量出版，對擴大中國共產黨及其領袖毛澤東的影響發揮了巨大

　　條；張克明：〈國民黨政府對斯諾著作的查禁〉，《復旦學報（社會科學版）》，1985年第1期。

231　關於《西行漫記》的影響，中國已有許多文章曾作論述，如吳明：〈《西行漫記》版本評介〉（《北京黨史》，1993年第4期）、前引張小鼎：〈《西行漫記》在中國 ——《紅星照耀中國》幾個重要中譯本的流傳和影響〉。此外，當時在上海的日本人也曾說，《西行漫記》有兩個譯本／版本（日森虎雄：〈前言〉，《中國共產黨研究資料：西行漫記》〔參謀本部，1940〕，第1卷；岩村三千夫：〈書評《紅星照耀中國》〉，《歷史評論》，1947年5月），但在中國沒有研究涉及這一問題。

232　前引程宸編：《毛澤東自傳珍稀書影圖錄》。

作用；而由中共發行的斯諾著作也不在少數。然而，奇怪的是，1949年以後長達十年之內，《西行漫記》卻沒有再版。[233] 斯諾來到新中國訪問的1960年，《西行漫記》終於重新排版，由三聯書店復刊，但卻被指定為「內部讀物」。也就是說，該書的刊行是隱秘行為，一般讀者求購無門。關於這一奇怪現象，在中國較早研究斯諾的張小鼎基於親身體驗這樣回顧道：

> ……及至文革期間，萬馬齊喑，百花凋謝，極「左」思潮空前氾濫，在「打倒一切」的聲浪中，《西行漫記》也慘遭禁錮。在許多單位和部門，它被加蓋「嚴控」之類印戳後密封於圖書館和資料室中停止出借。尤令筆者無法忘懷的是，70年代後期，因宣傳工作需要，按照有關規定，手持中央國家機關蓋有大印的公函，前往歷史悠久、藏書宏富、聞名國內的圖書館查閱「復社」版《西行漫記》時，在報告文學等名著欄目和新聞報道等專業書籍內竟然遍查不着，最後卻在「嚴控」類書目裏，發現它與希特勒《我的奮鬥》等臭名昭著的書籍，並列歸放在同一著錄卡片盒內。[234]

使毛澤東聞名於全世界的著作，在毛澤東治下的新中國卻形同「禁書」──讀到這裏，不少人可能大感意外。那麼，曾在1949年以前將其積極用於宣傳黨和其領導人的共產黨，為什麼突然改變態度而無視該書的存在？

---

233 嚴密地講，1949至1950年間，上海也曾出版以《長征25000里》、《西行漫記》為題，與復社版內容略有不同的譯本（前引張小鼎：〈《西行漫記》在中國──《紅星照耀中國》幾個重要中譯本的流傳和影響〉），這可能是中譯者在1939年3月所寫「小引」中提到的《紅星》的另一個譯本。

234 前引張小鼎：〈《西行漫記》在中國──《紅星照耀中國》幾個重要中譯本的流傳和影響〉。

　　其原因有二。其一，斯諾在1949年前後的言行，令中國共產黨非常不安。當然，對中國共產黨取得勝利和中華人民共和國成立，斯諾也送上了衷心祝福。就像自己看好並一直守護的神童長大成人、建功立業，斯諾的喜悦是發自內心的。不過，作為分析中國問題的專家，斯諾認為中共的勝利與斯大林式的社會主義有所不同，是某種民族主義形態共產主義政黨的勝利。[235] 具體而言，斯諾把毛澤東、中華人民共和國與鐵托和南斯拉夫同樣看待。[236] 不妨說，斯諾的觀點在當時自成一家之言。

　　但是，斯諾的觀點，與中國共產黨試圖以中蘇同盟為基礎建設新中國的方針和意識形態格格不入。在包括中共在內的社會主義陣營看來，斯諾不認為蘇聯和中國是鐵板一塊，等於在嘲笑中蘇不睦。而這種見解出自斯諾本人之口，中國的反彈也就十分強烈。1952年的某個時期，中國的英文雜誌甚至點名批判斯諾誹謗蘇聯，是「美帝國主義的走狗」。[237] 在冷戰時期特有的思維模式大行

235　應該說，斯諾在寫作《紅星照耀中國》一書時就認為，在中共和毛澤東的共產主義運動中，存在有別於蘇聯、共產國際的獨特性，即樸素的民族主義要素。

236　Snow, "Will Tito's Heretics Halt Russia?," *Saturday Evening Post*, Dec. 18, 1948; Snow, "Will China Become a Russian Satellite?," *Saturday Evening Post*, Apr. 9, 1949. 針對前一篇文章，有人發表批評文章，認為斯諾自寫作《紅星照耀中國》以來沒有任何進步。請參閱 William Steinhaus, "Yugoslavia, China and Snow," *China Weekly Review*, Feb. 19, 1949（中譯本：淑之譯：〈南斯拉夫、中國和斯諾〉，《世界知識》，1949年2月26日第19卷第7期）。

237　Israel Epstein, "Fooling the People," *China Monthly Review* (Shanghai), Jan. 1952, pp. 38–39（伊斯雷爾·愛潑斯坦〔中文名「艾培」〕：〈欺騙人民〉，《密勒氏評論報》）。另，多年後，愛潑斯坦曾撰寫回憶錄（Epstein, *My China Eye : Memoirs of a Jew and a Journalist* [San Francisco: Long River Press, 2000]；中譯本：沈蘇儒等譯：《見證中國：愛潑斯坦回憶錄》〔新世界出版社，2004〕），其中只提到與斯諾之間的友誼，而未提及曾發生過此類衝突。

其道的當時，斯諾在中共眼中絕非中國人民的朋友。[238]

　　1950年代，斯諾出版《紅色中華散記》和自傳《復始之旅》等《紅星》後續著作後，中國對斯諾更加不滿。下面讓我們以斯諾曾經披露的《紅星》誕生的背景與和宋慶齡的關係為例加以解釋。附言之，宋慶齡在新中國成立後留在大陸，就任中央人民政府副主席，成為中國共產黨繼承孫中山、完成革命大業的象徵。

　　宋慶齡曾幫助斯諾前往陝北採訪一事，斯諾在《紅星》中曾着意隱去，[239]直到1958年出版自傳，才第一次吐露這一事實。[240]實際上，斯諾在1930年代曾數度採訪宋慶齡，但當時宋處境微妙，「不能公開發表意見」；因此，宋的談話，以及她為斯諾採訪陝北提供方便等，當時都不能發表。那之後已過去二十多年，而且中華人民共和國也已成立，斯諾感到「既然她的地位已經明確，我說一點她的情況，也不至於有濫用她對我的信任之嫌了」，於是在自傳中披露了「在不能公開的前提下記錄的」宋的談話。[241]

　　然而，斯諾沒想到，在宋慶齡的「地位已經明確」之後，其談話仍被視為不宜公開。例如關於宋的家庭（宋家只有慶齡一人留在大陸）、關於孫中山生前希望基督教葬禮；還有，斯諾批判托洛茨基時，宋慶齡曾把托洛茨基的《被背叛的革命》遞給他，囑他一讀，說書中「有不少真理」，等等。[242]斯諾或許覺得，支持共產黨的宋慶

238　1954年，斯諾曾發表〈毛澤東的戀愛〉（松岡洋子譯，《中央公論》，東京，1954年7月號）。此類文章，斯諾當然不是為揭秘而寫，只是想把毛澤東描寫成一個有血有肉的人物；但中共方面難免認為是對毛澤東的中傷。

239　1968年版註釋部分有兩處提到宋慶齡，中國人略傳中也有宋慶齡的傳記，但內容非常簡單。

240　Snow, *Journey to the Beginning*, p. 152（前引《斯諾文集（1）：復始之旅》，頁182）。

241　*Ibid.*, p. 84（前引《斯諾文集（1）：復始之旅》，頁99）。

242　*Ibid.*, pp. 92, 94（前引《斯諾文集（1）：復始之旅》，頁109、111–112）。

齡是已故孫中山的化身，又身居國家副主席的要職，據實披露此類情節，對她不會有什麼影響。

後來，斯諾把自己的著作寄給宋慶齡等「朋友」，遲遲未見任何反應；正在百思不得其解之際，卻收到了宋的抗議信，內稱斯諾「錯誤引用自己的話，而且態度是既不誠實又不友好」。[243] 與中華人民共和國的歷史認識存在分歧的談話被斯諾公之於眾，使宋慶齡陷入尷尬。也就是說，斯諾知道得太多，「多嘴」了。接到宋慶齡抗議後，斯諾在1960年8月16日致信宋慶齡進行解釋，並賠禮道歉，保證以後會修改；但至其去世仍未修改。據說，宋慶齡後來曾通過外交途徑要求修改，未能如願。[244] 斯諾失去信任，無疑是《西行漫記》長期不得再刊的原因之一。

《西行漫記》受到冷遇的另一個原因是，《紅星》描述的革命史及毛澤東的形象，和書中人物的逸事、評價等，與共產黨在1949年前後確立起來的正式歷史敘述已經發生了偏離。《西行漫記》出版後，在毛澤東主導下，共產黨把毛塑造成了絕對正確而偉大的革命領袖，並於1945年通過〈關於若干歷史問題的決議〉將其形成定論。《紅星》中的毛澤東形象的確依然魅力不減，但毛的形象在1949年以後已被進一步抬高，成為完美無瑕的領袖；毛曾經對斯諾坦陳的「自由言論」，[245] 如今反倒成了不易彌合的破綻。再者，《紅星》中描述的人物，經其後十餘年大浪淘沙，有些已不宜正面描述

---

243 〈宋慶齡覆海倫・福斯特・斯諾〉(1959)、〈宋慶齡覆詹姆斯・貝特蘭 (James Bertram)〉(1959)。原信為英文。請參閱上海宋慶齡故居紀念館編譯：《宋慶齡來往書信選集》(上海人民出版社，1995)，頁461、473。

244 請參閱前引《宋慶齡來往書信選集》第474頁之編者註釋，以及鄭培燕：〈宋慶齡糾正斯諾臆想未果〉，《世紀》，2011年第2期。

245 當然，毛澤東也並非無所顧忌地講述自己的生平和歷史觀，如關於富田事件、1932至1934年的不公正遭遇以及長征途中與張國燾的鬥爭，他都是有所保留的。

（如有人已被定為「黨的叛徒」等）。該書被當作「內部讀物」，就是因為其中有些內容不便讓一般人了解。

共產黨對斯諾的看法和評價，隨着中蘇對立逐步加劇而改善，到了1960年，斯諾終於得以來華訪問。被稱為「中國人民的朋友」的斯諾要回來，理當要準備些禮物，那就是1960年《西行漫記》復刊；但又不希望一般民眾閱讀此書，於是才將其指定為「內部讀物」。如此看來，《西行漫記》復刊的目的就是為迎接斯諾來訪，表明共產黨、新中國未曾冷遇該書，也一直沒有疏遠斯諾。

但是，《紅星》的實際遭遇卻有些尷尬。新中國成立初期，曾有數種毛澤東傳問世，但都不能提及《西行漫記》。如前所述，毛澤東的出生、成長即青少年時期的資料，只有《紅星》所記值得信賴；但引用時卻不能寫明作者姓名、著作名稱。翻看那時的毛傳，常見的引用方式是「一美國記者著《西行漫記》第×章」。[246]此類尷尬也存在於對外交流。如後所述，戰後日本青年視《紅星》為理解中國革命的聖書，許多人通過閱讀該書才對中國革命產生了共鳴。於是，1960年代日本學生來華交流時，屢屢出現尷尬的場面。他們激動地談起閱讀《紅星》的感受，但與之交流的中國青年卻既不知道斯諾是誰，也不知道有《西行漫記》一書。[247]

圍繞《紅星》的信息管制出現鬆動，是在文化大革命時期。當時，各地紅衛兵組織為「向毛主席學習」而非正式地編刊過各種毛澤東著作集，而《紅星》的毛澤東自傳部分，也曾以《毛澤東自傳》、《毛主席的回憶》等名稱被大量複印、反覆刊行。在《西行漫記》事實上仍是禁書的情況下，其自傳部分卻迅速而廣泛地流傳開來。[248]

---

246 李銳：〈毛澤東同志的初期革命活動〉，《中國青年》，1953年第13期。

247 齋藤朋子：〈艾格尼絲·史沫特萊之墓〉，《學生參觀團訪問中國》，齊了會，1966年，頁56。

248 準確地說，文革時期流傳的自述，有從《西行漫記》中抽取其自述部分

　　後來，應毛澤東邀請，斯諾於1970年8月至翌年2月訪華。這也是他生前最後一次訪問中國，並帶走了毛澤東希望改善美中關係的口信（歡迎美國總統尼克松訪問中國，改善中美兩國關係）。訪華期間，1970年12月25日的《人民日報》在頭版刊載了斯諾與毛澤東在天安門城樓上共同慶祝國慶的照片，但其說明卻僅稱斯諾是「美國友好人士」。[249]這一說明難以反映斯諾與毛澤東的關係，當然也未透露他是《西行漫記》的作者。不僅如此，翻遍斯諾訪華期間的《人民日報》，也找不到一篇文章提及他和《西行漫記》的關係。這就是《紅星》當時在中國的遭遇，對許多中國人而言，《西行漫記》無疑是未知讀物。

　　當然，由於當時的中蘇關係不但遠非堅如磐石，而且已經尖銳對立，甚至風聞可能兵戎相見，所以，對斯諾早在1949年就已預見到中蘇分歧，中國共產黨方面已經沒有必要再去探究其見解是否恰當。回到日內瓦後，斯諾因罹患癌症而臥床不起，中國共產黨於是在1972年初派出海德姆等人組成醫療小組加入治療。2月15日斯諾去世，共產黨又以毛澤東、周恩來、宋慶齡等人的名義，對這位「中國人民的朋友」表達了深切哀悼。他們的唁電，雖然稱讚斯諾首次向全世界報道毛澤東和中共的革命運動的功績，但卻都沒有提及《西行漫記》。[250]當然，《西行漫記》也沒有為紀念斯諾去世而再刊或重譯。

　　的，也有1949年以前流傳的各種「毛澤東自傳」的翻印。請參閱前引程宸：《毛澤東自傳珍稀書影圖錄》，頁114–120。

249　《人民日報》，1970年12月25日。

250　三個人的唁電都刊登在1972年2月17日的《人民日報》。後來在北京召開的斯諾追悼會上，曾提到《西行漫記》是聞名中外的名著。《人民日報》，1972年2月20日。

6. 文革後重譯《紅星》——董樂山譯本與吳亮平譯本

文革結束後，《紅星》得以正式重譯，計出版中文譯本四種，其中一種在香港出版。[251]其後至今，斯諾及其《紅星》被置於世界與中國革命、國際視野中的中國共產黨這一背景下加以理解，鞏固了其名著地位。若從研究角度講，各新譯本本應分別加以探討，但限於篇幅，此處僅介紹文革結束後於1979年12月出版的兩種新譯本。其一為董樂山譯《西行漫記（原名：紅星照耀中國）》（三聯書店，下文簡稱「董譯本」），其二是斯諾採訪毛澤東時曾擔任翻譯的吳黎平（吳亮平，1908–1986）重新整理的節譯本《毛澤東1936年同斯諾的談話》（人民出版社，下文簡稱「吳譯本」）。1979年是中美兩國正式建交之年，故該年重刊《紅星》可以理解；但同一時期出版的兩種譯本之間是否存在某種關係，則不得而知。只不過，考慮到該書的特殊價值和中國當時的出版體制，依常識而言，很難說這兩種譯本是分別策劃、刊行的。

首先看被稱作《紅星》經典譯本、[252]現在仍最為通行的董譯本。重譯《紅星》的計劃產生於美國總統福特訪華的1975年冬。中國方面曾委託斯諾為信使，打開了中美關係的新局面，故在對美關係的關鍵節點重新推出這部名著，無疑具有關乎國家外交的象徵意義。三聯書店是民國時期創辦的出版社，歷史悠久，以出版高品位社科著作而聞名；三聯書店委託的譯者是著名翻譯家董樂山（1924–

---

251 除本節介紹的兩種外，尚有李方准、梁民譯：《紅星照耀中國》（河北人民出版社，1992），香港版則是陳雲翩譯：《西行漫記：新譯本》（全2卷，南粵出版社，1975–1977）。

252 陽鯤：〈三聯書店版、董樂山譯《西行漫記》—— *Red Star Over China* 漢譯史上的經典譯本〉，《湘潭大學學報（哲學社會科學版）》，2015年第2期。

1999）。[253]董曾供職新華社外文翻譯部，是翻譯專家，當時剛擺脫文革的政治迫害而恢復工作。

據説，一開始他曾考慮在舊譯《西行漫記》的基礎上，參照後來出版的英文新版等加以修訂和補記，但後來發現不如全面重譯。[254]董認為，重譯這部名著，不必遵循當時「中國歷史敍述的常規」，應「悉照原文，不加改動，只有在必要的地方添個譯註附在頁尾」。最終，出版社同意了董的主張。[255]

讀者或許認為，悉照原文、僅於必要處添加譯註，這是最基本的翻譯方法，是常識。然而，當時的「中國歷史敍述的常規」卻並非如此。所謂「常規」，原指寫史須遵守的「為尊者諱」的原則。文革結束前，顧及偉人、領袖的顏面而避免秉筆直書這一「常規」，甚至帶有強制性。在那個時代，翻譯時悉照原文、不依譯者的判斷而作修改這一天經地義的做法，是完全行不通的。而這卻是董樂山作為翻譯家翻譯這部名著時抱定的信念。

董譯的底本是1937年刊行的戈蘭茨版第一版。如本章所述，《紅星》的英文版原著曾經斯諾本人數次修改，因此，應取哪個版本為底本，頗費思量。在1970年代後半期，最新的英文版本應是1968年的擴充改訂版；但董沒有採用這個版本。或許他認為，這部已成經典的名著，最早刊行的版本才是其本來面目。董譯本定名，在已為人熟知的「西行漫記」之外附記「原名：紅星照耀中國」，其原因在此。但是，如前文已指出，戈蘭茨版等各種英文版本，都存在極大缺陷。如朱德傳是基於錯誤轉述成文的，斯諾曾以註

253　董樂山：〈斯諾和他的《紅星照耀中國》〉，劉力群主編：《紀念埃德加・斯諾》（新華出版社，1984）。

254　董樂山：〈我的第一本書〉，李輝編：《董樂山文集》（河北教育出版社，2001），第1卷。

255　董樂山：〈《西行漫記》新譯本譯尾碼語〉，前引《董樂山文集》，第1卷。

釋方式提請讀者加以注意，但基本上沒有修改；唯一施以訂正的，是1938年的中文版《西行漫記》；但該版本所收朱德傳只有中文，斯諾交給譯者的英文原稿已不復存在。[256] 因此，在董譯本中，只有朱德傳是從《西行漫記》採錄的，譯者對此也有說明。

嚴格地說，董譯本與任何英文版本都不完全對應。但如上所述，對斯諾而言，1938年版《西行漫記》是英文版《紅星》未能實現的最完善形態，故董樂山如此處理也並無不妥。董譯本的出版恰逢「改革開放」的時代思潮日趨高漲，因而很受讀者歡迎，發行量極大，至1982年已刊行165萬冊。[257]

然而，主張翻譯應「悉照原文」的董譯本，遇到對黨的領袖有冒犯之嫌的部分，也曾考慮政治因素而不惜修改。如關於因相思相愛而結合在一起的毛澤東和楊開慧，《紅星》原著稱「這好像是由一種試婚制開始的」（原著1937年版，第153頁）。但這難免讓人聯想起「未婚同居」，按當時的社會觀念，是對偉大領袖的冒犯，因而董譯本沒有譯出。[258] 這也就是「中國歷史敘述的常規」吧。此外，

---

256 中國在紀念斯諾誕辰一百週年時出版了中英對照的《西行漫記 / Red Star Over China》（外語教育與研究出版社，2005），收錄了復社版《西行漫記》的朱德傳，即「關於朱德」（第746頁之後）。對應的英語部分（有中共中央文獻研究室的建議），則從1937年戈蘭茨版和尼姆‧韋爾斯的《紅色中國內幕》（《續西行漫記》）抽取對應部分而彙集在一起；而在這些英文著作中沒有對應內容的部分，則將復社版的相關中文部分翻譯成英文。

257 前引董樂山：〈斯諾和他的《紅星照耀中國》〉。在2018年圍繞《紅星》的中文版版權發生糾紛時，繼承三聯書店版版權的人民文學出版社公開聲稱《紅星》累計銷量已逾300萬冊。

258 該句在1968年版英文原著中也被刪除。或許，斯諾也曾考慮過要照顧毛澤東的面子。因此，假如董譯本以原著最新版本為底本，本來是沒有必要刪除的；但因底本為1937年版，於是不得不刪除。關於包括此處在內的董譯本的刪改，前引陽鯤：〈三聯書店版、董樂山譯《西行漫記》—— Red Star Over China 漢譯史上的經典譯本〉列舉得較為全面。

作為中文譯本，有些本應查實的漢字人名仍不準確，譯註等也難稱充分，仍有重新修訂的餘地。[259]

同一時期刊行的吳譯本，是吳黎平（吳亮平）對如下兩部分重新翻譯而成：《紅星》有關毛澤東自述的部分（第四篇〈一個共產黨員的由來〉、第五篇〈長征〉）和當時英文雜誌刊載的斯諾採訪毛澤東的報告。中文半通不通的斯諾，採訪時離不開翻譯；而採訪毛澤東等黨的高級領導人時，擔任口譯的是當時的黨中央宣傳部副部長、黨內頭號語言學專家和理論家吳亮平。對紅軍戰士等人的一般性採訪，翻譯兼助手是燕京大學畢業的黃華（當時化名「王汝梅」）。

對毛澤東的採訪，包括其自述在內，先由吳口頭譯為英語，斯諾將其記錄和整理後，再經吳亮平或黃華譯成中文，交毛澤東確認；若有不妥，毛會稍作修改，而後再經黃照譯後退還斯諾。斯諾的採訪記錄就是這樣形成的。[260]而後還要再翻譯成中文，才被收入《西行漫記》或《毛澤東自述》。對自己擔任翻譯的採訪多年後竟

---

259 特別是毛澤東自述部分「一個共產黨員的由來」，有的人名明顯不準確。例如，毛1918至1919年在北京遊學時經常與之談論「無政府主義」的朋友（原書為 Chu Hsun-pei），董譯本作「朱謙之」，但應作「區聲白」（參見鄔國義：〈毛澤東與無政府主義——從《西行漫記》的一處誤譯談起〉，《史林》，2007年第2期）；1929年前後導致毛澤東的紅軍部隊瓦解的托派分子（原書為 Liu En-kung），董譯本作「劉恩康」，但應是「劉安恭」，等等。此外，董譯本所收照片，是從各種版本收集而來（又沒有說明出處），與底本戈蘭茨版差別較大。

260 Snow, *Red Star Over China*, pp. 106, 130；董樂山譯：《西行漫記（原名：紅星照耀中國）》，頁79、105。吳黎平：〈前言〉，《毛澤東1936年同斯諾的談話》（人民文學出版社，1979），頁6–7；Snow, "Author's Preface," *Random Notes on Red China, 1936–1945*；前引《紅色中華散記》，頁39；黃華：《親歷與見聞——黃華回憶錄》（世界知識出版社，2008），頁27。

成為影響深遠的名著的一部分，吳亮平深感責任重大。正是這種責任感，促使他決計對其訂正、整理後重新翻譯。所謂「責任」，應來自如下認識。

中華人民共和國成立後，毛澤東的主要著作和講話，作為偉大領袖的思想結晶而被收入《毛澤東選集》，成為不可更易的金科玉律。但斯諾記錄的毛澤東的講話（含自述在內），卻沒有一篇被收入。因為，在中國共產黨看來，自述不過是非正式的講話記錄。可是，文革時期粗製濫造的各種毛傳已在社會上造成不可忽視的極大影響。對此，曾代替毛澤東傾聽、傳達的吳亮平感到，有責任替毛澤東和斯諾將講話記錄提升為正式記錄，至少有責任訂正容易招致誤解的地方。吳本人在「前言」中這樣說：

〔關於毛澤東自述部分，〕還有個別地方，按我的記憶確實不符合毛澤東同志談話原來意思，不能不作必要的訂正。斯諾當時是通過我的口譯，才了解到毛澤東同志談話的內容的，如果我作為當時的口譯者對斯諾的個別記敘文字作些必要的修訂，以便更準確地表達毛澤東同志的原意，那麼我想，要是斯諾今天還在，是不會反對的吧！[261]

自己是當時的口譯者，所以斯諾不會反對由自己訂正——這一邏輯能否講得通姑且不論，吳有關毛澤東的出身所加的註釋，應該就是他為更準確地表達毛澤東的原意所做的修訂。《紅星》記述，毛說自己的父親原為「貧農」（poor peasant），因頭腦靈活，後來小有財產而成為「中農」（middle peasant），再後來成為「富農」（"rich" peasant）。對這一部分，吳譯本加了詳細的註釋，即自己（吳亮平）譯作 "rich peasant" 傳達給了斯諾，斯諾寫成文字後，黃華又把此處寫作中文「富農」給毛澤東看，毛並未修改；解放後毛家的成分定為「中農」，但與斯諾的此類記述並不矛盾，等等。

---

261 吳黎平：〈前言〉，前引《毛澤東1936年同斯諾的談話》，頁7。

　　不用説，新中國成立後，尤其在文革時期，家庭出身是個人最重要的屬性，所以文革時期大量流傳的毛傳記述毛自稱出身「富農」，肯定引發了不小的混亂；[262] 而文革結束後不久出版的吳譯本，其使命就是消除「誤解」、形成準確文本。在譯本公開出版前，吳亮平還印製樣書數百部，寄給中共中央領導人等，以徵求意見。[263] 從吳的此類努力，以及該書由中國最具權威的人民出版社出版來看，吳的意圖顯然是要提高毛澤東自述的地位，使其盡量等同於正式記錄。

　　附言之，斯諾生前曾評論吳亮平説：「〔在1936年當年〕已是黨內有一定聲望的馬克思主義理論家。毛澤東對他顯然頗為賞識，政治局其他委員也都如此。……我不知道他現在〔1957年〕的職務，但對他(顯然)沒有躍居高位始終感到不解」；[264] 意即吳在自己採訪陝北時就已經位居中央宣傳部副部長，而且能力出眾，但後來卻沒有受到重用，令人不解。實則，斯諾離開陝北後不久，吳就被誣陷為「托派」，並被撤銷了黨內要職；「托派」嫌疑被撤銷後，吳仍對毛澤東推行的個人崇拜和盲目的社會主義路線態度消極，因而其後半生頗不得志。[265] 頗具諷刺意味的是，斯諾、韋爾斯等在陝北時，提醒他們要警惕托派的正是吳亮平。[266]

262　竹內實：《增補毛沢東ノート》(新泉社，1978)之第8頁記述，文革時期，曾有人攻擊毛澤東的「富農」出身。

263　吳黎平：〈前言〉，《毛澤東1936年同斯諾的談話》，頁8。

264　Snow, *Random Notes on Red China, 1936–1945*, p. 47 (前引《紅色中華散記》，頁54)。吳1957年的職位是國務院化學工業部副部長。

265　唐寶林：〈官越做越小的吳亮平〉，《炎黃春秋》，2011年第9期。懷疑吳是「托派」的，是1937年1月來自共產國際的電報。請參閱〈共產國際執委會書記處給中共中央書記處的電報〉(1937年1月28日)，收於中共中央黨史研究室第一研究部編譯：《共產國際、聯共(布)與中國革命檔案資料叢書》(15)(中共黨史出版社，2007)，頁279。

266　Nym Wales, *My Yenan Notebooks*, pp. 103, 180–191；前引《延安採訪錄》，頁216、381–402。

　　吳譯本收錄的，是《紅星》中毛澤東自述的部分，和《密勒氏評論報》等1936年刊載的斯諾的三篇採訪報告，都是毛澤東借助吳亮平翻譯而講述的內容；因此，和上述董譯本一樣，也與《紅星》英文版的任何版本都不對應。吳亮平曾與張聞天關係密切，在文革中似一度因此而身陷困境。[267]或許，就是在那樣的日子裏，他看到自己也曾親身參與的毛澤東自述以各種形態流傳，於是感到有必要將其整理成準確的版本——哪怕僅限於自己參與的部分亦可。這或許就是1938年以後遭受冷遇的一位黨員忠誠於毛澤東的表現方式。

267　雍桂良等：《吳亮平傳》（中央文獻出版社，2009），頁160–164。

第七章

《紅星》在蘇聯和日本

1. 《紅星》在蘇聯

本書第二、三章曾介紹，在斯諾出版《紅星》以前，蘇聯曾出版和發表數種有關中共活動的書籍、資料集、毛傳等；尤其在1935年至翌年，因相繼有共產國際第七次大會召開及中國共產黨成立15週年，蘇聯曾進行較為積極、活躍的宣傳。《紅星》出版前，要獲取中共及其領導人的信息，只能依靠莫斯科編纂的此類書刊，連斯諾搜集信息時也唯有如此。[268] 但是，莫斯科生產的刊物無不帶有濃重的黨派色彩，要引起國際社會的共同關注，性質上存在巨大的局限。

---

268 斯諾在《紅星》中引用的中共的過往資料（即在撰寫《紅星》前獲得的材料）有以下幾類：*China at Bay* (London: Modern Books, Jan. 1936)，該書為共產國際發行的英文小冊子，所依據的是 *Communist International*, Vol.13, Special Number, Feb. 1936 所收之 Heroic Trek（施平：《英勇的西征》），以及毛澤東、朱德、方志敏的傳記（作者均為哈馬丹）等；*Red China: being the report on the progress and achievements of the Chinese Soviet Republic / delivered·by the president, Mao Tse-tung, At the second Chinese national Soviet congress, at Juikin, Kiangsi, January 22, 1934*（1934年1月第二屆全國蘇維埃代表大會相關文獻集）(London: M. Lawrence Ltd., Sep. 1934)。

　　因此，對蘇聯、共產國際而言，斯諾的採訪及其《紅星》的出版，意味着在宣傳方面出現了強有力的競爭者。更何況，斯諾前往陝北採訪，本就是在蘇聯即共產國際毫不知情的情況下實現的，斯諾的政治立場也與蘇聯式社會主義相去甚遠。[269]正因如此，對蘇聯和共產國際而言，斯諾的報道不見得恰如所願。斯諾含有對蘇聯和斯大林的譏刺、亦即帶有「托派」傾向的文章，不可能在蘇聯原文照譯。

　　蘇聯最早報道斯諾的採訪，是1937年12月15日發行的《國外》雜誌刊載的〈毛澤東〉（Мао Цзе-дун）。《國外》是國際時事評論雜誌，曾刊載過愛倫堡撰寫的毛傳（1934）。此次刊載的〈毛澤東〉，摘譯自1937年出版的戈蘭茨版《紅星》第三篇第一章（〈蘇維埃掌權人物〉）和第四篇（〈一個共產黨員的由來〉，即毛澤東自述），篇幅僅兩頁，未附照片。譯文的簡單註釋為「每日先驅報上海特約記者的新著選粹」，既未註明「新著」的書名、出版地等，似乎更無意介紹斯諾採訪的經過。

　　該文內容，毛澤東的生年、籍貫、成長等基本事實照譯斯諾文章，但毛加入共產黨後的具體活動多有省略，尤其黨內問題、領導人錯誤（陳獨秀、李立三）的部分，幾乎未作翻譯；涉及共產國際對中國革命的指導正確與否的論述，當然也被完全刪除。從結果看，這篇蘇聯最早的翻譯，不愧為蘇聯特有的「摘譯」。[270]附言

---

269 美國學者彼得‧蘭德認為，中共是在得到莫斯科的指示後才同意外國記者進入根據地的（Peter Rand, *China Hands: The Adventures and Ordeals of the American Journalists Who Joined Forces with the Great Chinese Revolution* [New York: Simon & Schuster, 1995], p. 157），但他並未說明依據何在。

270 關於毛澤東的自述部分，蘇聯的《國際文學》雜誌幾乎與《國外》在同一時間發表過〈我的半生〉（"Моя жизнь," *Интернациональная литература*, 1937, № 11–12）。請參閱前引 Pantsov, Levine, *Mao: the*

圖 67 《中國的英勇人民》封面

之，蘇聯當時正舉全國之力編纂、出版《蘇維埃大百科全書》，
1938年刊行的第38卷「毛澤東」條（頁90–91），就是依據《國外》刊
載的這篇〈毛澤東〉記述的。

　　蘇聯刊行的《紅星》俄文單行本，也可以看到蘇聯式摘譯的痕
跡。俄文單行本1938年出版於莫斯科，米爾采娃 (Л. Мирцева)
譯，書名作《中國的英勇人民》(Героический народ Китая)（圖
67）。斯諾並未授權出版該俄文版，他多年後嘆道：「過了好久，
那裏〔莫斯科〕才背着我出版了《紅星照耀中國》的刪改版本，把書
中所有有關西安事變、共產國際、俄國以及其他一切『有爭論』的

Real Story, p. 324（林添貴譯：《毛澤東：真實的故事》〔台北：聯經出
版公司，2015〕，頁347），前引 Панцов, Мао Цзэдун (Москва, 2012),
стр. 465（中譯本：卿文輝等譯：《毛澤東傳》下〔中國人民大學出版
社，2015〕，頁482）。

問題統統刪掉了。」[271] 對於所謂「有爭論」的問題，俄文版是這樣處理的：

首先，《紅星》原書四百五十多頁，譯成俄文版後被壓縮至僅剩一百餘頁，章節結構等也大幅改變，並一味強調「統一戰線」的重要性；原著最吸引人的部分毛澤東自述不但被大幅壓縮，而且被推後至終章〈中國人民的兒子〉，與對紅軍指戰員——具有俄國人最喜歡的「鋼鐵般的意志」——的介紹放在一起；毛澤東作為共產黨員所從事的活動僅餘不足一頁，同時卻增加了引自斯大林著作的內容。修改到這種程度，俄文版已經不再是原著譯本，而完全是另編的刊物；其書名不用《紅星照耀中國》的俄文譯名，也就不足為奇。

關於這部問題多多的俄文版，《冒險的歲月：埃德加‧斯諾在中國》的著者湯瑪斯，根據蘇聯的新書導讀刊物《新書消息》（*Книжные новости*）1938年的報道指出，除這部刪減修改版外，蘇聯也曾計劃出版完整的俄文版。[272] 該計劃最終未能實現，其後的半個世紀，不僅《紅星》，斯諾的其他著作在蘇聯也完全未見刊行。但在1938年阻止翻譯、出版的，很可能是上文探討英文版時提到的美國共產黨。1938年9月，負責遴選英文翻譯書目的蘇聯國家出版社（列寧格勒）的負責人列出斯諾等人著作，並就著者的政治立場徵詢「美國共產黨駐共產國際代表」；美國共產黨代表回覆稱，在具有「托派傾向」的斯諾被證明已經放棄其立場之前，「他的著作一冊也不應該翻譯」。[273] 又是那張「托派」標籤在作怪。顯然，既然被

271　Snow, *Random Notes on Red China, 1936–1945*, p. 3（前引《紅色中華散記》，頁5）。

272　Thomas, *Season of High Adventure*, p. 183（前引《冒險的歲月》，頁226）。

273　〈瑪麗‧里德（Mary Reed）給美國共產黨駐共產國際代表的信〉（1938

打上這樣的烙印，斯諾的著作在蘇聯不會有得見天日、公開出版之日。

那之後，蘇聯給斯諾貼的標籤，1940年代末以後是「企圖離間中蘇關係」，中蘇開始對立後又變成「毛澤東主義者」。但是，無論標籤怎樣改變，斯諾的著作都無法在蘇聯翻譯出版。蘇聯解體後，俄國不再關心中國革命；且不說此事應如何評價，《紅星》俄文版的確至今沒有出版。

需要明確的是，在《紅星》原著刊行的1930年代末，蘇聯和共產國際的不滿針對的是斯諾，而絕非毛澤東。非但如此，蘇聯一直視毛澤東為忠誠於共產國際的中共領導人、帶領中國人民抵抗日本侵略的領袖，並積極宣傳毛澤東；事實上，《紅星》出版後，蘇聯仍刊行過幾部俄文版毛傳。

不過，尷尬的是，要撰述準確毛傳，仍需以斯諾的採訪為根據。例如，1939年，莫斯科的國家政治圖書出版社曾刊行毛傳，書名是《毛澤東——略傳》(*Mao Цзе-дун, Биографический очерк*)，與愛倫堡的毛傳相近，但內容不同。該傳共101頁，隨處使用共產黨的宣傳刊物特有的讚美之辭稱讚毛澤東，如「傑出的革命領導者、天才的戰略家」、「全心全意為了人民的人」等等。似乎是為了與誇張的讚頌相匹配，書籍本身的裝幀也盡顯豪華，藍色精裝封面上，以紅底白字印漢字「毛澤東」三字；書內收入多幀毛澤東的肖像、照片，不少也採自《紅星》(圖68a、b)。不用說，形成該傳核心的毛澤東前半生的記錄——並按莫斯科的意圖進行了加工——依據的也是《紅星》。當然，如前所述，當時，斯諾的名字和《紅星》的詳細內容是不可洩露的，所以，該書序言只解釋說，本傳是「在

年9月6日)、〈美國共產黨駐共產國際代表給蘇聯國家出版社的信〉(1938年9月6日以後)，收於 Harvey Klehr, et al. eds., *The Soviet World of American Communism* (Yale University Press, 1998), pp. 342–344。

圖68a　蘇聯版《毛澤東——略傳》封面

圖68b　蘇聯版《毛澤東——略傳》載
毛澤東肖像

1936年一位原美國記者所記錄的毛澤東談話的基礎上完成的」。

該傳出版後，蘇聯仍有各種形式的毛傳發表，但其中依據斯諾採訪的部分，出處多不明確，或根本不註明出處，或僅說「據毛澤東自己所述」，「據曾和毛澤東共同生活一段時間的一位原美國記者所述」。[274] 曾與毛澤東一同在湖南第一師範求學、後來成為中共文化部門幹部的作家蕭三，也曾於1938至1939年間在莫斯科撰寫過毛傳；該傳雖引用《紅星》記述的毛的逸事，但也避開了斯諾的名字和《紅星》的書名。[275] 附言之，蕭三的這篇毛傳，除《紅星》外，還參考了本書已經介紹的愛倫堡及哈馬丹的毛傳，並同樣突出了毛澤東手拿雨傘的革命家形象。

就這樣，蘇聯刊行、發表的毛傳無不依據《紅星》來記述毛澤東前半生的經歷，卻又都刻意隱去《紅星》的存在，同時大量使用「擁有鋼鐵般的意志」、「真正的布爾什維克」、「中國人民忠誠的兒子」等刻板語句來形容毛澤東。這就是共產國際亦即蘇聯所需要的理想的毛澤東形象。對於蘇聯連正常引用都不允許的體制，斯諾當然無法承認和接受；而他的抵制，也只能招致蘇聯更大的警惕和防備。早在1939年，共產國際就曾提醒中共，斯諾似與「托派」有

---

274 例如，共產國際機關雜誌《共產國際》於1939年發表的傳記〈毛澤東〉（Чуан Сюн, "Мао Цзе-дун," *Коммунистический Интернационал,* 1939, № 6. 作者署名為 Чуан Сюн〔音「闖雄」〕，真名不詳，中譯本請參閱前引蘇揚編：《中國出了個毛澤東》，頁392–398），雖然沒有提到斯諾和《紅星照耀中國》，但也是援用該書信息完成的。

275 蕭三在1939年回國前在莫斯科執筆的毛傳，在1939至1940年間被分別收入埃彌・蕭（即蕭三）《毛澤東與朱德：中國人民的領袖》（Эми Сяо, *Мао Цзэ-дун. Чжу Дэ* [*Вожди китайского народа*]，俄文，青年近衛軍出版社）和埃彌・蕭：《不可征服的中國》（Эми Сяо, *Китай непобедим*，俄文，蘇聯國立軍事出版社）。關於後者，中譯本及解說（李捷：〈一篇生動反映毛澤東生平的珍貴史料——讀蕭三《毛澤東》〉）載於《黨的文獻》，1993年第3、4期。

勾連，其報道是對共產國際的挑釁，並警告不可過於相信斯諾。[276]
值得注意的是，中共在接到警告後，也曾以斯諾的報道有時會帶來
危害為由，指示其下級組織切斷與斯諾的關係。[277] 後來，中共與斯
諾的關係出現裂痕，其源頭或正在此。

2. 《紅星》在戰前和戰時的日本

在日本，《紅星》全譯本的出版不得不等到戰爭結束之後。當
然，戰爭結束前也有人讀過《紅星》原著。《貧乏物語》的作者、曾
對馬克思主義在中國的傳播發揮過重要影響的著名學者河上肇
(1879–1946) 就是其中之一。河上在 1920 年代末辭去京都大學教
職，不久後參與日本共產黨的活動，因此被控違反「治安維持法」
而入獄三年 (其間轉變立場)，1937 年出獄；翌年讀《紅星》原著，
大為感動；為表達當時的心情，留下其擅長的七絕一首如下：

秋風就縛度荒川，

寒雨瀟瀟五載前；

如今把得奇書坐，

盡日魂飛萬里天。[278]

---

276 〈中國小組會議第 1 號記錄〉(1939 年 7 月 8 日)、〈季米特洛夫給毛澤東
的電報〉(1939 年 11 月 10 日)，收於中共中央黨史研究室第一研究部
編譯：《共產國際、聯共 (布) 與中國革命檔案資料叢書》(18) (中共黨
史出版社，2012)，頁 224、291。

277 〈中共中央給季米特洛夫的電報〉(1939 年 11 月 21 日)，同前，頁 295。

278 《河上肇全集》(岩波書店，1984)，第 21 卷，頁 65–66 (中文介紹見
於一海知義：〈河上肇與中國革命〉，《國外社會科學》，1980 年第 8
期)。詩中「荒川」為河上服刑時曾渡過的東京的河流名。

詩中「奇書」即《紅星》。河上感動之餘，思緒飛向陝北的中共根據地，所以才說「魂飛萬里天」。《紅星》沒有提及的是，實際上，毛澤東也是通過河上的著作學習馬克思主義的。[279] 毛澤東直到戰爭結束後才說到此事，那時河上已經去世；假如河上讀《紅星》時知道該書主人公竟曾欣賞自己的著作，還不知要有怎樣的感慨。附言之，送《紅星》英文原著給河上的，是他的高足、經濟學家堀江邑一。也就是說，原書在日本也能買得到。[280] 只不過，當時像河上那樣有能力閱讀斯諾原著的日本人很少。

戰後的1946年，斯諾為姍姍來遲的《紅星》日文版撰寫〈日文版序〉，回顧《紅星》在日本的翻譯狀況時說：「1937年，日本的一份雜誌(指《中央公論》〔日文版譯者宇佐美誠次郎註〕)曾開始連載該書，但僅刊數次，立即被禁止發表。」[281] 斯諾和宇佐美所說的連載，應指《中央公論》1937年11月號刊載的毛澤東〈自敘傳〉和斯諾〈兩萬五千里長征〉，以及該雜誌臨時增刊(1937年12月)載斯諾〈中國共產政府根據地探訪〉。斯諾稱「立即被禁止發表」，但這三篇文章都是單篇，雖敏感字眼處理成空白，但並無連載被禁之事。

因斯諾本人曾強調其文章被禁止發表，人們往往認為斯諾著作的翻譯出版遭遇了阻礙；但是，實際上，僅1937年(即《紅星》原著出版前後)，日本雜誌就曾譯載過不少斯諾的文章。本書第四章探討「胖子毛澤東」和波多野乾一的中共研究時，已觀察過其中一例；而該年各雜誌的譯載狀況，再列表如下：

---

279 關於河上肇對中國的影響，三田剛史曾作綜合研究，就其對毛澤東的影響也有詳細論述。請參閱三田剛史：《甦る河上肇》(藤原書店，2003)。

280 對《紅星》的書評有武藤潔：〈エドガー・スノウの西行漫記に就て〉，《書香》，1938年8月第108號。

281 〈日文版序〉，《中國的紅星》(中国の赤い星)(永美書房，1946)，上卷。

表3 1937年日本雜誌譯載斯諾文章

時間	雜誌名、期號	文章題目	原載
1937.1	《上海》，965號	斯諾〈毛澤東訪談記／中國應走哪條道路〉（毛沢東會見記／中國の進むべき道は就れか，寺内登譯）	Snow, "Interviews with Mao Tse-tung, Communist Leader," *China Weekly Review*, Vol.78, No.11–12, Nov. 11, 14, 1936.
1937.1	《グラフィック》（畫刊），2卷2號	〈在保安中國共產黨軍營採訪毛澤東〉（保安の中國共産黨軍に毛沢東と語る）	Snow, "Interviews with Mao Tse-tung, Communist Leader," *China Weekly Review*, Vol.78, No.11–12, Nov. 11, 14, 1936.
1937.2	《支那情報》，2卷4號	斯諾〈西北蘇維埃區考察報告〉（西北ソビエツト區の踏查報告，山崎壽比古譯）	Snow, "The Reds and the Northwest," *Shanghai Evening Post & Mercury*, Feb. 3–5, 1937.
1937.2	《外事警察報》，175號	〈抗日及統一戰線問題——英國記者與毛澤東會見記〉（抗日並に統一戰線問題に関する英人記者と毛沢東の會見記）	據稱為斯諾於1936年11月5日在北平發表的毛澤東會見記（中文〈抗日問題、統一戰線問題〉），原載刊物不詳。
1937.3	《上海》，967號	斯諾〈西北蘇維埃地區探訪〉（西北ソヴエート區域を探る，兒島博抄譯）	Snow, "The Reds and the Northwest," *Shanghai Evening Post & Mercury*, Feb. 3–5, 1937.
1937.6	《改造》，6月號	斯諾〈中國共產黨領袖毛澤東會見記／中國共產黨的對日政策〉（中國共産黨領袖毛沢東會見記／中國共産黨の対日政策）	Snow, "Interviews with Mao Tse-tung, Communist Leader," *China Weekly Review*, Vol.78, No.11–12, Nov. 11, 14, 1936.

時間	雜誌名、期號	文章題目	原載
1937.7	《世界知識》，7月號	斯諾〈中國共產軍根據地探訪〉（支那共產軍の本拠を衝く，蘆田多寧*抄譯）	抄譯自 Snow, "The Truth about 'Red China'," *Daily Herald*, Dec. 31, 1936–Mar. 17, 1937；照片據 *Life*, Vol.2, No.4, Jan. 1937 複製。
1937.10	《日本與世界》（日本と世界），132號	斯諾〈探訪蘇維埃中國〉（ソヴイエット支那を訪れて）	Snow, "Soviet China," *New Republic*, No.1184–1187, Aug.–Sep. 1937.
1937.11	《中央公論》，11月號	毛澤東〈自敘傳〉（自敘伝）	"The Autobiography of Mao Tse-tung," *Asia*, Jul.1937.
1937.11	《中央公論》，11月號	斯諾〈兩萬五千里長征〉（行程二萬五千支里，永井直二譯）	Snow, "Soviet China," *New Republic*, No.1184–1185, Aug. 1937.
1937.11	《改造》，11月號	斯諾筆記〈毛澤東自敘傳〉（毛沢東自敘伝，長谷川了譯）	"The Autobiography of Mao Tse-tung," *Asia*, Jul.1937-
1937.12	《中央公論》，臨時增刊	斯諾〈中國共產政府根據地探訪〉（中國共産政府の基地を衝く，大江專一*譯）	Snow, "I Went to Red China," *Saturday Evening Post*, Nov. 6, 1937.
1937.12	《情報部資料》，531號	斯諾〈中國共產黨西遷〉（中國共産党ノ西遷）	"The Red Army in Action," *Asia*, Oct. 1937; The Long March, *Asia*, Nov. 1937.
1937.12	《外國報刊》（外國の新聞と雜誌），391號	斯諾〈赤色中國觀察〉（赤色支那にありて，小田譯）	Snow, "I Went to Red China," *Saturday Evening Post*, Nov. 6, 1937.

*註：蘆田多寧和大江專一為同一人。

　　表3所列，雖部分雜誌為內部發行資料（外務省情報部編：《情報部資料》）及在外國發行的日文雜誌（《上海》、《支那情報》，上海），但仍能反映出斯諾進入中共支配地區、成功專訪毛澤東受到廣泛關注。不過，知識界也有人警告，不要「被毛那樣的惡棍的自傳和甜言蜜語所欺騙」。例如，有名的「中國通」、作家村松梢風（1881–1961）即曾言辭激烈地評道：

> 前日讀日本兩大雜誌〔《中央公論》、《改造》〕載毛澤東自傳，……此類內容，有心者讀之，一看便知是捏造。……要之，朱德也好，毛澤東也罷，都不是部分日本人想像的那種優秀、傑出的人物。……朱、毛之輩，無非是讓共產主義受辱的作惡多端的土匪。……真擔心我國知識界不辨真相，讀了毛澤東這種奸惡之徒的自傳而被蒙蔽。[282]

　　看吧，早在1937年，日本就已經有「中國通」視陸續見諸報刊的斯諾的報道為「捏造」，並「敲響了警鐘」——而無需等到2005年張戎發表《故事》。在村松眼中，「作惡多端的土匪」毛、朱，或許就應該是上述《週報》所載照片呈現的形象。總之，村松的態度也許並不典型，但僅讀毛澤東自述傳就對斯諾的報道皺起眉頭、深表懷疑的知識分子，在當時的日本絕非個例。

　　那麼，斯諾陝北報道的集大成之作《紅星》在日本的譯刊情況如何？的確，在戰前乃至戰爭期間，日本沒有出版《紅星》全譯本，但經確認，至少曾有過兩種譯本。其一是四方歸一譯、《日本讀書協會會報》連載（第214、215號，1938年8、9月）的〈赤色中國探訪〉（赤色支那を探る）。《日本讀書協會會報》是譯載歐美新書的雜誌，採會員制，每期250至300頁；其第三、四冊刊載歐美新書抄

282　村松梢風：〈宋美齡——續南京夢物語〉，《中央公論》，1937年12月臨時增刊號。

譯。[283]《赤色中國探訪》抄譯自蘭登版第一版,其篇幅合《會報》一百三十餘頁,雖經相當程度壓縮,但重要部分沒有遺漏(且無文字空白),中國人名、地名好像也曾借助專家查對和確認。[284]但照片等完全沒有收錄,原著最後一篇〈又是白色世界〉(全面展望「西安事變」及共產黨活動部分)未譯。

《日本讀書協會會報》譯載〈赤色中國探訪〉時所附評介也值得關注。評介者介紹著者斯諾是「排日記者」、反國民政府而親共產黨,但同時說:

> ……儘管如此,斯諾好像既非共產主義者,也非馬克思主義者,更不是托洛茨基主義者,而應該說是其同情者;但據聞,蘇聯、美國的左翼同伴們也認為他帶有紀德傾向,對他的評價並不太好。

評介還指出書中隨處可見「對蘇聯及共產國際的『譏刺』」,引之為證據。所謂「紀德傾向」之「紀德」,指法國作家安德列・紀德(Andre Gide,1869–1951)。紀德曾被視為同情共產黨,但1936年訪問蘇聯後發表〈訪蘇歸來〉,表明反對斯大林體制的態度,因而受到左翼黨派和左翼文化人士的猛烈抨擊。評介者說,斯諾也有同樣傾向。

如前文所述,「對蘇聯及共產國際的『譏刺』」招致左翼黨派對《紅星》的聲討,斯諾因此不得不再出修訂版以平息批判。評介者並未把《紅星》單純看作冒險採訪記錄和對中國共產黨的稱頌,而

---

283 關於《日本讀書協會會報》,請參閱宮里立士:〈《日本讀書協會會報》與戰時海外情報〉(《日本読書協会会報》と戦時下の海外情報),《戰時外國文獻解說 ——〈日本讀書協會會報〉》(戦時下における外國文獻解説 ——《日本読書協会会報》)(ゆまに書房,2008),別卷。

284 譯者四方歸一(或為筆名)的生平不詳,但他屢屢在《會報》發表譯作,觀其內容,應非研究中國的專家。

試圖將其置於左翼黨派背景中加以分析，反映了其深刻的洞察力；
從這點講，〈赤色中國探訪〉雖稱「抄譯」，但充分汲取了《紅星》的
精華；而這部最早的日譯本只能在發行範圍有限的會員制雜誌上刊
載，卻又是日本的不幸。

　　抗日戰爭時期《紅星》的另一譯本，其讀者範圍更加狹窄。那
就是日森虎雄譯《中國共產黨研究資料：西行漫記》（第1卷，參謀
本部，1940）。[285] 戰後重譯《紅星》時，譯者宇佐美誠次郎曾提到日
軍參謀本部似曾出版過《紅星》譯本，即指這部日森譯本。日森虎
雄（1899–1945）是中國共產黨問題專家，戰前曾在上海等地活動，
用現在的説法，是中共觀察家兼情報販子。

　　日森是應影佐禎昭領導的日本陸軍的情報機構，即所謂「影佐
機關」的委託而翻譯《紅星》的。「影佐機關」又被稱作「梅機關」，
因開展所謂「對華和平工作」、籠絡汪精衛而聞名。該機關構建了
龐大的情報網路，以全面收集中國政治形勢的情報；而委託日森翻
譯《紅星》，應該也是為收集中共的情報。翻譯的底本是中文版《西
行漫記》，而非英文原著；但1940年底刊行的第一卷，則是原著第
一至四篇，即毛澤東自述部分的全譯。[286] 曾有計劃續刊第二、三卷，
但實際是否刊行（或未及刊行）則不得而知。

　　本書反覆提及的波多野乾一説，日森是「遊俠」，但「感覺十分
敏鋭，憑直覺判斷中國共產黨將來不得了」，所以「為翻譯中共資
料奉獻了一生」；因此，應陸軍情報機關委託翻譯《紅星》，應該就
是其翻譯工作之一部分。[287] 不過，日森譯本純粹是陸軍處理侵華戰

285　藏於東京大學東洋文化研究所圖書室。

286　此處對日森譯本的介紹，依據該書所收參謀本部：〈寫在前面的話〉
　　（1940年11月）、影佐禎昭〈序〉及日森虎雄的〈前言〉。

287　波多野乾一：〈專門採訪中國的記者及其成就〉（中國專門記者とその
　　業績），《新聞研究》，1957年第72號；須田禎一：〈「上海的怪傑」：

爭問題的參考資料，按規定須「注意保管，因其思想性質而不對一
般社會公開」。封面印有「絕密」二字的該書，自始就是秘不外傳的
內部資料，日本戰敗後幾乎被人遺忘。日森本人也未及看到他的
預言——「中國共產黨將來不得了」——成為現實，而殞命於1945
年的東京大轟炸。

　　如上所述，在抗日戰爭爆發前後，斯諾的著作本身在日本並
未遭到禁售。當時的中共為抵抗日本而正在加強與國民黨的合
作，其領袖卻仍不為外界充分了解；而斯諾對中共及其領袖的
採訪，放在全世界都是極具轟動性的重大新聞，在日本也引起了很
大關注。不過，在日本越來越深陷戰爭泥潭、不斷加強思想箝制
的形勢下，日本的出版界逐漸失去了出版《紅星》全譯本的寬鬆環
境。在1938年，《紅星》尚能在發行範圍有限的《日本讀書協會會
報》上刊載抄譯，但兩年後的日森譯本即被規定「不對一般社會公
開」——儘管其直接原因是發行者為參謀本部這一特殊機構。

　　無需贅言，從《紅星》在日本的翻譯經過看，不妨説，日本在
與中國的長期戰爭中，一直沒有弄清敵人是誰。當然，日本在多
大程度上視中共為真正敵人？以八路軍為代表的共產黨領導的部隊
對日本形成了多大威脅？對這些問題，看法和觀點或許並不一致。

3. 《紅星》在戰後日本

　　戰爭結束後的日本，就政治主流而言，敵視中共的狀況仍未
改變。因為，被軍事佔領的日本，秉承美國的意向，對善意地介
紹中共動向、中共歷史的文章和書籍都施加了各種限制和壓力。

　　記者日森虎雄〉（「上海の奇傑」ジャーナリスト日森虎雄），《潮》，
1971年第145號。

《紅星》的翻譯也不例外。戰後開始翻譯《紅星》的，是在戰爭期間
就讀過原著的社會經濟學家宇佐美誠次郎（1915–1997）。當時生活
無着的宇佐美，在戰爭結束後即與友人杉本俊朗着手翻譯《紅星》，
1946年底由東京的永美書房出版了日文版《紅星》上卷。該譯本的
底本是1944年英文版，翻譯時參照了《西行漫記》，斯諾為之寫了
〈日本版序言〉。但是，上卷出版後馬上就受到GHQ（聯合國軍最
高司令官總司令部）的審查和管制，故下卷雖已校畢，最終卻沒有
獲得出版許可。[288]《紅星》在美國出版沒有遇到問題，但在日本共產
黨加強政治攻勢、GHQ對其百般戒備的日本，卻被劃入不宜出版
之列。

　　不過，已完成譯校的下卷，似曾非正式出版。此即以「中國文
藝愛好會」名義刊行的《紅星照耀中國》。該書封底僅註「非賣品會
員價180日元」，而譯者、出版社、刊行日期等概無標記。宇佐美
在軍事佔領結束後的1952年由筑摩書房出版了《紅星》全譯本，其
後半部分的譯文與「中國文藝愛好會」的《紅星照耀中國》完全一致。
顯然，後者出版的非賣品《紅星》，就是宇佐美和杉本曾譯校完畢
而未得出版的《紅星》下卷。

　　對1946年出版的日文版《紅星》，日本著名的中國問題專家岩
村三千夫曾在學術雜誌《歷史評論》1947年5月號發表書評；但該
評也經GHQ審查而被刪除了部分內容。[289]據說，出版社永美書房也

---

288 〈譯者後記〉，宇佐美誠次郎譯：《中國的紅星》（中国の赤い星）（筑摩
　　書房，1952），頁371。因下卷中止出版，上卷也遭查禁。請參閱〈學
　　問的形成與對中國的認識：以野澤豐、安藤實為採訪人的談話〉（學問
　　形成と中國認識〔野澤豐、安藤実を・き手とした宇佐美誠次郎の語
　　り〕），花原二郎等編：《學人 宇佐美誠次郎》（學問の人 宇佐美誠次
　　郎）（青木書店，2000），頁69。

289 該書評刪除之前與之後的對比，作為資料刊登在《歷史評論》，1963年
　　第155號。

因禁售而破產。[290]這就是《紅星》在戰爭結束後日本的遭遇。後來，
軍事佔領結束後的1952年，在英文原著出版15年後，《紅星》終於
有日文全譯本正式出版。此即筑摩書房版宇佐美誠次郎譯《紅星照
耀中國》。其底本與永美書房版一樣，都是1944年英文版，內容也
與永美書房版、「中國文藝愛好會」版相同。1964年，筑摩書房再
版宇佐美譯本，書名改作《新版中國的紅星》，但並非採用其他底
本重譯，不過訂正了舊譯本的部分誤譯而已。當時，中國革命深
受嚮往和憧憬，《紅星》也就成了日本許多知識分子、學生了解中
國和毛澤東的必讀書。[291]

　　英文版《紅星》的擴充修訂版於1968年出版後，日本也隨之出
版了改譯版。此即1972年由筑摩書房出版的《埃德加·斯諾著作
集》之第二卷《紅星照耀中國》(增補改訂版)。該「增補改訂版」，
出版社雖仍是筑摩書房，但本應仍是宇佐美的譯者，卻換成松岡洋
子(1916–1979)。宇佐美被松岡所取代，無疑是文化大革命以來日
中友好運動發生分裂的結果之一。運動分裂後，出版界、文化界
的氣氛為之改變，越來越多的人認為，毛澤東的著作、斯諾的名著
等，應由立場更接近中國(即支持文革)的譯者來翻譯。[292]其結果，
曾翻譯過斯諾的《復始之旅》及《大河彼岸》(一名《今日的紅色中
國》)等著作、且曾協助過斯諾的松岡，就作為「更接近中國」的友
好人士而成為《紅星》的譯者。

290 前引〈學問的形成與對中國的認識〉，前引花原二郎等編：《學人 宇佐
　　美誠次郎》，頁69。

291 另，《紅星》為「必讀書」時期的評介，有栃木利夫：〈エドガー·スノー
　　『中國の赤い星』〉，歷史科學協議會編：《歷史の名著(外國人編)》(校
　　倉書房，1971)。

292 關於戰後日本知識分子對中國的認識及「文革觀」，以下著作可做參
　　考。馬場公彥：《戰後日本人の中国像──日本敗戰から文化大革
　　命·日中復交まで》(新曜社，2010)。

　　宇佐美對此當然十分不滿。他認為，把他替換下來，就因為他不是「正統總部」即日中友好協會（正統）的人。多年後，他在接受採訪時説：「有關人會説，哪能讓不屬於『正統總部』的人翻譯斯諾呢！但我直到現在仍然完全不能理解。」[293] 日本的日中友好團體圍繞如何看待文革而發生分裂後，支持文革的一派組織的就是「日中友好協會（正統）」，而松岡即為該會的常務董事。筑摩書房版《埃德加・斯諾著作集》，是在斯諾去世的第二年，即中日恢復邦交的1972年，也是「中國熱」達到高潮的時候策劃、出版的，當時文革尚未結束。因此，在考慮誰有資格譯介名著《紅星》而分享讚譽時，充分理解「紅色中國」且長年從事日中友好運動，就成了選擇和判斷的標準。在「正統總部」看來，中國革命仍在以文革的形式持續，而《紅星》則必須有助於讀者理解中國革命的現狀。[294]

　　以當時最新的英文版即1968年版為底本翻譯的《紅星》（增補改訂版，筑摩書房），後來經過小幅修改，定名《中國的紅星（最終增補版）》，於1975年被列入「筑摩叢書」而出版了單行本；1995年又被收入「筑摩學藝文庫」，出版了文庫本，直至現在。被收入「學藝文庫」，意味着該書在直接面對讀者的書店，也已經獲得了經典名著的地位。

　　文庫本出版兩個多月後，《每日新聞》讀書欄目「我選擇的一本書」刊載了紀錄片導演時枝俊江的來稿。時枝在中國採訪、拍攝影片時目睹文革開始，後來將其見聞製作成紀錄片《黎明國度》（夜明けの國）。來稿説，《紅星》一書，她在1950年代就讀過，文革結束

293　前引〈學問的形成與對中國的認識〉，前引花原二郎等編：《學人 宇佐美誠次郎》，頁70。

294　松岡洋子：〈譯者後記〉（1972年12月），《中國的紅星（增補改訂版）》，《埃德加・斯諾著作集》（筑摩書房，1972），第2卷，頁422。

後又重讀該書，對她以傳達事實為目的的工作影響很大。[295] 或者，到了這個時期，除試圖理解中國外，閱讀《紅星》似乎越來越多地是為了幫助思考如何製作紀錄片、如何報道；而人盡皆知的是，現實的中國，在毛澤東逝世後實施「改革開放」政策，屢經波折而不斷向大國目標邁進，因而已經與《紅星》描述和展望的世界相去甚遠。

現在，日本的報紙、雜誌仍偶爾可見涉及《紅星》的報道。但據出版日文版的筑摩書房稱，《紅星》的叢書本和文庫本，早已長期脫銷而未重印。

---

295 《每日新聞》，1995年6月28日。

結 語

　　作為來自革命發生現場的經典性報道，斯諾的《紅星照耀中國》曾與里德（John Reed，1887-1920）的《震撼世界的十天》合稱雙璧；但現在還有多少人知道這一點？斗轉星移、歲月流逝，斯諾筆下的毛澤東和中國革命、李德描述的列寧和俄國革命，都已不再光芒奪目；而《紅星》似乎也已褪去其光彩。《紅星》曾在1937年轟動一時，徹底顛覆了人們對中國共產黨的認知和印象，現在仍是了解中國革命最重要的資料之一，這一切都未曾也無法改變；但作為經典性名著，其價值在近三十多年間卻大大降低。實際上，無論在中國還是在外國，人們近年來已經很少閱讀這部名著；本書作者於2015年在北京大學就毛澤東作學術報告時，曾就此詢問到場的學生，結果幾乎沒有人讀過《紅星》。在上海及日本的大學裏，情況也大同小異。

　　曾經稱《紅星》為「經典」的，是美國的漢學大家費正清（J. K. Fairbank，1907-1991）。關於《紅星》何以為經典，他在1961年曾這樣説：

　　……《紅星照耀中國》一書，不僅首次介紹了毛澤東與他的同事們的有關歷史及其出身，而且還指出了這一鮮為人知的運

動的未來前景。更難能可貴的是，埃德加·斯諾的這部書，
作為歷史的記錄和一種大趨勢的預示，都經得起時間的檢驗。[296]

此評在1961年或言之成理。但是，半個多世紀過去後，人們
對毛澤東及中國共產黨的印象和評價已經發生了巨大變化，致使
《紅星》展現的「運動的未來前景」、「大趨勢的預示」不再有意義。

加加美光行（愛知大學名譽教授）在為《紅星》「筑摩學藝文庫」
版撰寫的題解中說，直至戰後某個時期，「假如年輕人關心亞洲的
局勢、走向，則《紅星》是不可忽略的必讀書」；但經過了毛澤東去
世、文革結束、「改革開放」，1990年代以後的讀者再讀此書，必
會發現「當時沒有過的全然不同的困惑」和疑念已在自己心中紮
根。[297]中國女作家宗璞也在1990年發表的隨筆中這樣寫道：

> ……斯諾的名著《西行漫記》曾風行全世界。三四十年代在淪
> 陷區的青年因看這書被捕入獄，大後方的青年讀這書而更堅
> 定追求的信心。他們追求理想社會，沒有人剝削人，沒有人
> 壓迫人，獻身的熱情十分可貴，只是太簡單了。……如果他
> 〔斯諾〕活到現在，不知會不會再寫一部比較曲折複雜的書。[298]

加加美和宗璞都是在說，《紅星》沒能經受住其後半個世紀時
光的考驗。不過，如果要問未能經受住「考驗」的責任應由誰來
負，恐怕要牽出更根本性的問題，亦即其原因是在《紅星》，還是
在已經發生巨變的中國。但是，不管答案如何，那些曾經閱讀該
書而被深深感動的人也好，將該書當作了解中國的知識性讀物的人

---

296 John K. Fairbank, "Introduction," in *Red Star Over China*, p. 13; 李方准、
梁民譯：《紅星照耀中國》（河北人民出版社，1992），頁3。

297 加加美光行：〈解說〉，松岡洋子譯：《中國的紅星》（中国の赤い星），
筑摩學藝文庫版（下）（筑摩書房，1995），頁406。

298 宗璞：〈燕園墓尋〉，《隨筆》，1990年第6期。

也罷，為了理解已發生巨變、甚至被視為「威脅」的當今中國，恐怕都會再度翻閱該書。既然如此，就更加不用期待那些原本就不關心毛澤東及中國革命的年輕人，會為獲得有關中國或世界未來趨勢的某種啟發和展望而閱讀《紅星》。換言之，現在的時代，要求人們以不同的態度面對這部名著。

本書作者讀《紅星》是上大學 (1982) 之後，具體何時記不清了。1984 年 9 月，我為學習中國近現代史而求學北京大學歷史系，1986 年夏回國。閱讀《紅星》好像是在留學前，但又不敢肯定。記得在 1983 年，我在大阪參加中文講座，同學中有位主婦，對我說《紅星》如何令人着迷，於是我就買了一本（松岡譯「最終增補版」）；但當時讀了沒有已記不清了。或許不如想像的那樣有趣，因而對這部名著也就沒有深刻印象。說實話，能吸引我的，也就是毛澤東自述部分，其他的都不記得；斯諾採訪時感受到的驚異、興奮，對我也幾乎沒有什麼影響。當時，連我這樣打算到中國留學的大學生，也已不再通過《紅星》來了解其有關中國和世界的啟示與展望，思考自己應對中國採取怎樣的態度。

但是，開始研究中國近現代史、中共黨史之後，把《紅星》當作教材再次閱讀，卻感到有趣得多。吸引我的，除書中內容外，還有更加現實層面的東西。那就是，《紅星》是經過怎樣的採訪形成的？共產黨、毛澤東是出於怎樣的目的答應斯諾前來採訪的？而將其當作那個時代的記錄加以審視時，也就懂得了紀實性報道引人入勝之處。

斯諾在 1936 年夏前往陝北採訪神秘的共產黨根據地時，沒人能預料到共產黨及其領袖毛澤東後來會如何。而在「七七事變」後寫完《紅星》時，斯諾恐怕也想不到抗日戰爭會持續八年之久，並且最終取得勝利的是中國。我當時認識到，同時代人的紀實性報道之所以有趣，就是因為連作者本人也不知道結局將會如何。於

是我想，僅僅因為已經知道共產黨、毛澤東在「比賽」中勝出就對《紅星》敬而遠之，未免太過淺薄。

我感到，現在已經有條件以不同方法閱讀《紅星》，即對斯諾生前未能公開的採訪者、受訪者所處境況等加以考察，以探究人們對毛澤東、中國革命的印象和認識是如何形成的。也就是說，應將《紅星》視作研究中國現代史、中國共產黨史、毛澤東的直接資料，並將其重新置於斯諾採訪和撰寫、出版《紅星》的現場加以思考。費正清曾說，該書的內容自不必說，斯諾的採訪和該書的出版本身，就是中國現代史上的一大事件。[299] 既然如此，就更值得對《紅星》本身進行深入挖掘和探究。本書就是出於這一動機而構思的。

在對《紅星》成書前的採訪和執筆經過進行梳理的過程中，我越來越想知道，在《紅星》出版前，毛澤東在人們心目中是怎樣的形象，並感到有必要站在斯諾前往「紅色中國」前的立場進行思考。經過對《紅星》形成前的「地層」進行發掘，所發現的就是本書前半部分所示毛澤東的肖像和照片。雖然沒期待能得到什麼「寶貝」，但也未曾預料到挖出的「瓦片」、「石塊」如此不同尋常。從某個角度看，本書前半部分可以說是「玉石」和「瓦片」、「石塊」的混合展示。將「展品」不加整理地隨意擺放，應與斯諾1936年前往陝北採訪前所看到的情景近似。而同樣的情景，或許也曾展現在日本的中共問題專家波多野乾一面前。

面對相同情景，波多野一點點地撿拾碎片，試圖將其拼成毛澤東的清晰圖像；而斯諾則要親眼看到毛澤東的真容，於是帶上相機和膠卷去了陝北。1936年8月，波多野前往上海收集資料；而斯諾在同一時間已進入中共根據地，與毛澤東相對而談。在那之前，若論有關中國及共產黨的知識、情報，或許波多野掌握的比斯

---

299 John K. Fairbank, "Foreword," in Snow, *Random Notes on Red China, 1936–1945*（前引《紅色中華散記》，頁35）。

諾要多。本書介紹1936年以前的毛澤東肖像等時，曾稱之為「不為人知的毛澤東」；但波多野或許會説，其中的相當部分他早就知道。

但是，最終，發現毛澤東的是斯諾，而不是波多野。這種區別，在記者的世界裏具有決定性意義。斯諾的《紅星》，現在雖然作為經典的地位有所搖動，但仍是紀實報道的巔峰之作。而波多野的中共研究，在《紅星》的光芒照射下，頂多只能得個「鼓勵獎」。人們想要了解毛澤東，會讀《紅星》，而不會想到去讀波多野的〈「赤豹」毛澤東傳〉，就説明了一切。簡而言之，在記者這一行當中，依靠雙腿搜尋情報、親眼確認事實如何的是勝者、成功者，而做不到這一點、作了錯誤報道的，則馬上會遭到拋棄。

自然，成功的記者不可能一勞永逸。如上文所述，現在就有人質疑和批判説，斯諾或許是發現了毛澤東、共產黨，但他看到的不是毛澤東等人的「真正面目」。那麼，所謂準確的報道是怎樣的？可供發現、報道的「真正面目」又是怎樣的？根據採訪而撰寫的紀實性報道需要經受多長「時間的檢驗」？在報道的對象改變了面目、較之報道所描述已經似是而非的時候，記者應該承擔多大的責任？或者説是否應該承擔責任？……就《紅星》而言，正因為它仍是名著、仍是經典，需要思考的問題還有很多。

而上述「胖子毛澤東」的照片，應該説還談不上是否經受過「時間的檢驗」。客觀地説，僅就了解毛澤東、中國共產黨而言，這張照片幾乎沒有任何意義，頂多匪夷所思而讓人感到意外而已。不過，因尚未揚名——或名氣不大——而被人揣測臆度，此類人物歷史上比比皆是，而絕不限於《紅星》中的人物。所以，我們也不能簡單地下定論，把波多野當作失敗者或者反面典型。

説實話，我對波多野毫無責備之意。假如以研究中共歷史的晚輩的立場為之辯護，話雖不中聽，但應該説他運氣不佳。他遇到的對手既然是奇蹟般地佔盡了天時、地利、人和的斯諾，那麼，即便是日本最有名的中共問題專家，也注定只能落敗。

然而，事情並不如此簡單。在日本從外務省領取俸祿而研究中共的波多野，既然在明知斯諾已發表其報道的情況下，仍能夠出於「宣傳」而「姑且」將其秘而不宣，而且這種處理又在其正當「業務」範圍之內，則波多野無論如何也不可能像斯諾那樣跨越不同世界之間的界線。要從位於東京世田谷、塞滿中國研究書籍的書齋前往毛澤東棲身的陝北，波多野需要跨越的迢迢險途絕不止數千公里之遙。

本書最後介紹一則逸聞。日本在戰後重譯《紅星》時，譯者宇佐美誠次郎遇到的問題之一，是如何把原文中中國的人名、地名準確地轉換為漢字。要解決這個問題，上海出版的中文版《西行漫記》是最好的參考。但當時戰爭結束不久，該書在日本極難尋覓，後來還是從波多野那裏借到的。為表示感謝，宇佐美在〈譯者後記〉中曾特意提到此事。[300] 到底是波多野，他早就收藏了《西行漫記》。

波多野收藏的《西行漫記》載有毛澤東的照片。如上文所介紹，英文版《紅星》收入的，是看似村夫的毛澤東照片（圖5）；而中文版《西行漫記》中的毛澤東照片（圖6），則頭戴紅軍帽，顯得精明強幹。波多野既然已經持有《西行漫記》，也就肯定看到過這張照片，甚至也已發現其與英文版照片不一樣。波多野那時想到了什麼？他的腦海裏，是否閃現過《週報》刊載的那張「胖子毛澤東」的照片？

繼〈「赤豹」毛澤東傳〉之後，波多野還寫過幾篇毛澤東傳，如〈延安水滸傳〉（1940，把毛比作宋江）、〈毛澤東與中國的紅星〉（1946）等；[301] 但這些文章都再也沒有提及那張「胖子」照片。他肯定

---

300 〈譯者後記〉，宇佐美誠次郎譯：《中國的紅星》（中国の赤い星）（筑摩書房，1952），頁372。

301 波多野乾一：〈延安水滸傳〉，《大陸》，1940年9月號；波多野乾一：《毛澤東與中國的紅星》（毛沢東と中国の紅星）（帝國書院，1946）。

從未弄清照片的主人到底是誰。反過來說，正因為他也不知道毛
長什麼樣，人們才毫不懷疑接受了「胖子」就是毛澤東的立場；也
正因如此，我們也很難確定照片上的人物是誰。本書行文至此，
最後拜託中國讀者，對於該照片，「發現線索者，請即舉報」。

中文版後記

　　本書日文版原著出版於 2016 年（臨川書店），中文版是為適合中國讀者閱讀改寫而成。原著為一般性讀物，應出版社要求幾乎未加註釋。但中國讀者自然比日本讀者掌握更多有關毛澤東的背景知識，故本書加以適當改寫和增補，份量亦較原著增加約百分之二十，並追加必要註釋，以便專家學者也可參考。就此點而言，較之日文版，中文版才是其應有的完整形態。

　　毛澤東研究是高難度領域，中國國內學者或因存在各種制約而感到困難，殊不知日本等外國學者也須面對多重障礙。首先，毛澤東逝世前形成的相關敘述極多，而其極具意識形態色彩的語言又加大了研究和論述的難度。毛澤東在中國現代史上如何重要不必贅言，但在當下的日本，實際閱讀毛的著作以探究其所處所思的世界，又感到不合時宜 —— 這是從事中國研究的日本學者的真實心境。

　　中國學者的研究成果數量眾多，則是外國學者研究毛澤東必須面對的另一困難。這些研究是很長時期內在特定歷史觀框架內形成的，自然有其局限；但無論如何，它們出自中國學者之手，佔有絕對優勢，且積累深厚。往往，外國學者以為發現了新資料、

新事實而興奮地發表論文，中共歷史部門的專家卻早有了解，對論文頂多會讚一句「作為外國人，寫得還行」。打比説，外國學者研究毛澤東就好像乒乓球選手挑戰中國國家隊，拼盡全力也佔不到便宜，使出奇招也被對方一一化解，大比分落敗後還不得不握住對方伸過來的手，聽對方讚賞自己「打得不錯」。

此外還有黨史研究、領導人人物研究資料方面的限制。尤其是毛澤東成為國家領導人之後形成的有關檔案，包括判斷是否開放在內，都被置於嚴格管理之下，外國學者無法接觸。不過，如部分學者那樣緊盯中國國內的禁忌和問題而有針對性地設定研究課題，並聲稱自己的研究屬於獨創、中國學者無法企及 —— 那樣的研究著者卻又不屑為之。當下毛澤東研究人氣不旺，就是這種種原因共同作用的結果。

但是，繞開毛澤東，還能理解現代中國嗎？答案顯然是否定的。毛澤東研究是絕對需要的。既如此，外國學者的研究須向中國學者看齊，盡量充實內容、提高水準。再次借用上述比方來説，就要摸索中國隊未曾見過的發球、削球技術，還須運用嶄新的戰術戰法。經過如此思考，成為著名革命家之前的毛澤東在同時代人們心中的形象如何，就進入了著者探索的視野。針對成為著名人物後的毛澤東收集資料再多，也很難有新發現；但將目光轉向此前的毛澤東，情況或許有所不同。

比如本書開篇提到的「胖子毛澤東」照片，著者初次看到時笑了出來。太滑稽了！但後來再次端詳這張照片時忽然想到，「我為什麼覺得這張照片滑稽、可笑呢？」再進一步想，那時的人們如何看待毛澤東？都説他因斯諾出版《紅星照耀中國》而一舉聞名於世，那之前他又給人們以怎樣的印象？或許，連黨史專家也並不清楚毛澤東成為黨的頭面人物之前的情況，比如曾有過這張滑稽的照片流傳等。而經過一番調查後，我確信這種推斷無誤，所需要的是支撐研究的具體史料。就研究方法而言，本書是多方收集早期毛澤

東的資料並逐步揭示謎底這一過程的記錄，而並無意強調貫穿全書
的理論或主張等。換言之，支撐本書研究的全部動力不過是追尋
謎底的強烈願望。當然，若說為何要追尋謎底，或可作如下解
釋。即，由於已經知道歷史經過及其結果，我們有時反而無法理
解當時人們擁有的日常性感受和常識；因為，那個時代的人們對不
太可能發生的事情也一度惶恐不安，而對將要發生什麼卻又無法預
知。有時，他們像是生活在按我們的常識無法想像的全然不同的
世界。越是知曉後來的歷史，就越是為既成概念、觀念所束縛而
難以準確理解和把握當時的情況，此即學習和研究歷史的悖論。
換言之，對於毛澤東，或許中國學者正因十分熟悉而易為先入之見
所累；而相對生疏的我們，哪怕掌握資料不見得充分，反倒能夠理
解缺乏可靠信息的時候是什麼狀況。就毛澤東形象而言，相關信
息在國外也為數不多，而且錯誤信息相互糾纏、衝突形成各種衍
射，因而在國外從事研究的學者處理那種虛實相混的局面或許更具
優勢。

把不熟悉當作優勢去探究當時的人們也同樣不熟悉的時
代——本書就是基於這種態度而寫成的。至其內容，但願不止於
「作為外國人，寫得還行」的水準；而採用偵探小說般的敘述方式，
則是為使平時不太關心中共黨史的讀者也能對本書發生興趣。不
過，結果是否如此，還請讀者評判。

本書曾得到許多幫助。首先需對協助收集資料的各位學者表
示感謝。搜求俄文書刊尤其不易，潘佐夫先生(Alexander Pantsov，
美國俄亥俄州首都大學教授)和索特尼科娃女士(I. N. Sotnikova，
俄羅斯科學院遠東研究所研究員)在這方面提供了莫大幫助，尤須
深致謝意。實際上，本人也曾撰寫毛澤東傳的潘佐夫先生，是本
書介紹的原蘇聯中國問題專家愛倫堡(國外最早的毛傳作者)的外
孫。潘佐夫教授將其外祖父寫於1934年的俄文毛傳贈與本書著
者，並惠允公開。日本方面，波多野乾一(「胖子毛澤東」照片的

介紹者）的孫女、京劇研究家波多野真矢女士應本書作者請求調查史料，並惠贈乾一照片。本書執筆過程中，著者得知愛倫堡和波多野乾一這兩位先驅學者的孫輩竟也都在從事中國研究，曾大發因緣輪迴之嘆。再次對潘佐夫先生、真矢女士表示感謝。

　　為查閱斯諾採訪陝北的資料、他和韋爾斯所拍照片及其底片，著者曾自2013年至翌年前往美國密蘇里大學堪薩斯分校檔案館、猶他州楊百翰大學檔案館及加州的斯坦福大學胡佛研究所檔案館。各館都積極開放藏件，允許拍照複製。此番經歷使著者認識到，運用眾多影像、照片等資料撰寫論著，離不開檔案館、圖書館的鼎力協助。在中國和美國搜尋資料時，也分別得到南開大學張思教授、京都產業大學瀧田豪教授的協助，深表感謝。此外，繁體字版出版前，曾有兩位匿名評審精心審閱書稿，並提出不少寶貴的意見和建議，本書部分記述缺陷得以修改全賴其功，特致謝意。

　　最後，繼前著《中國近代歷史的表與裏》（北京大學出版社，2015）之後，本書也由陳甜女士擔任責編；值此正式出版之際，著者願對陳女士的敬業態度和認真工作再次表示感謝。本書簡體字版編輯過程中，陳女士轉任香港中文大學出版社編輯；而當時著者也正與該社協商繁體字版的出版事宜。陳女士於是同時負起了簡體字版和繁體字版的編輯之責。這種機緣巧合實屬少見，著者也因此深感與陳女士緣分匪淺。本書翻譯仍委託著者最信賴的袁廣泉先生（江蘇師範大學副教授）。袁先生的譯筆，忠實可信無需贅言，尤其可貴者在於能反映原文的細微之處。本書得上述各位傾力相助終得出版，欣慰之至。

石川禎浩

2019 年 11 月

《現代史料》所收文章
與《文化日報》、《社會新聞》的對應關係

《現代史料》卷，頁數	作者署名	篇名	《文化日報》/《社會新聞》之期號、發行日期、作者署名、標題（與《現代史料》版不同時標註）	備考
第一集上 2	王唯廉	第一任國府主席的人選	45, 1932.08.04	
5	王唯廉	汪精衞 —— 自馬賽到武漢	60, 1932.08.19 唯廉	末尾有省略
8	王唯廉	汪精衞反共記	61, 1932.08.20	
11	王唯廉	汪精衞與廣州暴動	63, 1932.08.22	末尾有修改
15	王唯廉	武漢時代的孫科	32, 1932.07.22	
19	白　山	北伐以前的唐生智	64, 1932.08.23	
23	白　山	武漢時代的唐生智	66–68, 1932.08.25–27	
32	白　山	寧漢分裂與唐生智	65, 1932.08.24	
36	白　山	自反共到東征的唐生智	69, 1932.08.28	
40	王唯廉	武漢政府與馮玉祥	44, 1932.08.03	
44	唯　廉	張發奎的成功與失敗	55, 1932.08.14	

《現代史料》卷，頁數	作者署名	篇名	《文化日報》/《社會新聞》之期號、發行日期、作者署名、標題（與《現代史料》版不同時標註）	備考
48	黃 森	張發奎與第四軍	90, 1932.09.18	
51	王唯廉	張發奎的成功與失敗	56–57, 1932.08.15–16 唯廉	
58	雲 林	九江英租界的收回	90, 1932.09.18	
62	文 叔	陳公博反正記	78, 1932.09.06	
64	文 叔	陳公博與共產黨	49, 1932.08.08 大德〈公博與共產黨〉	
68	胡 疊	顧孟餘與國民黨	58, 1932.08.17	
72	王唯廉	小黨員的悲憤 —— 改組同志內訌的一幕	24, 1932.07.14	
77	克 剛	改組派與大陸大學	88, 1932.09.16	
79	定 生	風流才子周佛海	27, 1932.07.17	
82	王唯廉	沈玄廬記	59, 1932.08.18 唯廉	
86	力 士	國民黨清黨以前的左派組織	38, 1932.07.28	
90	大 德	上海執行部小史	47, 1932.08.06	
94	王唯廉	二次大會的中委人選	50, 1932.08.09	
98	大 可	江蘇黨務的歷史觀	33–34, 1932.07.23–24	自鎮江寄
105	空 明	浙江黨派情形	88–89, 1932.09.16–17	
111	劉鏡元	國難會議逸聞追記	11–12, 1932.07.01–02	
第一集中 122	王唯廉	關於陳獨秀	2, 1932.06.22	
127	王唯廉	陳獨秀與共產黨	8, 1932.06.28	
133	王唯廉	毛澤東	25, 1932.07.15 孫席珍〈共黨主席 —— 毛澤東〉	
137	王唯廉	朱德的回憶	34, 1932.07.12	

《現代史料》卷，頁數	作者署名	篇名	《文化日報》/《社會新聞》之期號、發行日期、作者署名、標題（與《現代史料》版不同時標註）	備考
141	王唯廉	「朱毛」的起源	62, 1932.08.21 唯廉	
144	宋小青	周恩來小傳	53, 1932.08.12 小青	
148	王唯廉	賀龍記	28, 1932.07.18 少遊	
151	談一中	李立三的故事	18, 1932.07.08 坐談	
156	江 流	二沈記	12, 1932.07.02	
159	林述平	郭沫若會見記	5, 1932.06.25	
165	元 林	邵力子與共產黨	26, 1932.07.16	
168	初 茅	張國燾回國記	84, 1932.09.12	
170	雙 秋	施存統失妻記	75–77, 1932.09.03–05	
176	王唯廉	武漢時代的共黨人物	51–52, 1932.08.10–11 唯廉	
183	伯 新	共產黨死去的重要人物	41, 1932.07.31	
187	王唯廉	南昌暴動史	39–40, 1932.07.29–30 趙速	
196	王唯廉	南昌暴動外史	54, 1932.08.13 趙速	
200	王唯廉	葉賀軍失敗的經過	42, 1932.08.01 趙速	
204	王唯廉	廣州暴動史		
204		暴動前的一般情形	73–74, 1932.09.01–02	
211		暴動的發動	75, 1932.09.03	
214		恐怖的開始	76, 1932.09.04	
218		赤色恐怖下	77, 1932.09.05	
221	徐善輔	共產黨分裂史		
221		十六年前的分裂史	78–79, 1932.09.06–07	
227		失敗後的分裂	80, 1932.09.08	

《現代史料》卷，頁數	作者署名	篇名	《文化日報》/《社會新聞》之期號、發行日期、作者署名、標題(與《現代史料》版不同時標註)	備考
230		譚平山派的脫黨	81, 1932.09.09	
233		取消派的形成	82–84, 1932.09.10–12	
242		立三路線與反立三路線	85, 1932.09.13	
245		共產黨的新反動派	86, 1932.09.14	
248		幹部派與實力派	87, 1932.09.15	
252	蔡正均	取消派的過去與現在	14, 1932.07.04	
第一集下 258	王唯廉	第三黨的故事	3, 1932.06.23	
263	王實甫	第三黨的創始及沒落	36, 1932.07.26	
267	王唯廉	武漢時代的鄧演達	48, 1932.08.07 唯廉	
271	王唯廉	譚平山印象記	23, 1932.07.13	
275	燕　祖	譚平山失戀去國記	82, 1932.09.10	
277	羅　球	四個半社會民主黨	31, 1932.07.21	
281	王唯廉	陳啟修組織新黨	30, 1932.07.20	
285	小　杜	于右任與上海大學	70–72, 1932.08.29–31	
295	伯　新	上海工會運動野史	14–16, 1932.07.04–06	
306	康　德	五卅慘案的前夜	46, 1932.08.05	
第二集上　1	何　甫	三中全會前之國民黨各派系	1–25, 1932.12.15〈三中全會前國民黨各派系之史的分析〉	
33	譚　松	中山先生北上經過	1–14, 1932.11.12	
40	鄒翠芬女士	廣州時代的中央黨部	1–5, 1932.10.16 劉翠芬女士	
48	鄒翠芬	遷都武漢的經過	1–4, 1932.10.13	
52	楊新華	遷都旅程記	1–9, 1932.10.28	

《現代史料》卷，頁數	作者署名	篇名	《文化日報》/《社會新聞》之期號、發行日期、作者署名、標題（與《現代史料》版不同時標註）	備考
60	姜維垣	擴大會議中之瑣碎	2–20, 1933.02.28	
65	仕　廉	傳非常會議	2–1、2、3, 1933.01.01–07	1932.12.20 寄自廣州
75	易　仁	廣州的四全大會	2–22, 1933.03.06	
80	儼　然	上海的四全大會	2–17、18、19, 1933.02.19–02.25	
94	黃　鵠	商團事變的經過	1–3, 1932.10.10	
98	黃　豪	中山艦事件的真相	2–4、5, 1933.01.10–13	
108	瑞　蓀	張黃護黨記	2–27, 1933.03.21	
113		濟南慘案發生的真相	1–6, 1932.10.19	
116	翠　薇	濟南慘案目擊記	1–24、27, 1932.12.12、21 翠芬	
130	傳　英	山西各派勢力分合記	1–14, 1932.11.12	
134	鄒翠芬	總政治部野史	1–14、15, 1932.11.12–15	
144	元　伯	宋慶齡左傾記	2–19, 1933.02.25	
151	伯　矢	胡漢民政治生涯之一頁	2–26, 1933.03.18	
158	楊新華	廖仲愷與胡漢民	1–1, 1932.10.04	
163	詩　倫	譚延闓的一生	1–26, 1932.12.18	
168	于　旭	何應欽武功之一斑	1–30, 1932.12.30〈何應欽之武功〉	
180	楊新華	武漢反共與孫哲生	1–29, 1932.12.27	
185	思　銘	北伐軍中的賀耀組	1–10, 1932.10.31	
193	黃　起	廣州事變前後之唐生智	1–4, 1932.10.13	
196	楊新華	伍朝樞與香港政府	1–2, 1932.10.07	

《現代史料》卷，頁數	作者署名	篇名	《文化日報》/《社會新聞》之期號、發行日期、作者署名、標題（與《現代史料》版不同時標註）	備考
200	漢 雲	古應芬逝世之前後	1–29, 1932.12.27	
206	翠 芬	關於葉楚傖	1–22, 1932.12.06	
215	駱 駝	孫良誠在山東	1–23, 1932.12.09	
221	黃 華	蕭佛成史略	2–15、16, 1933.02.13–16	
235	華 然	易培基成功史	1–19, 1932.11.27	
239	漢 雲	林翼中成功史	1–27, 1932.12.21	
244	漢 雲	黃季陸歷史一頁	1–26, 1932.12.18	
248	漢 雲	陳孚木榮枯錄	2–7、8, 1932.01.19–22〈陳孚木榮枯史〉	
第二集下 255	迪 人	史大林奪取中共領導的經過	2–29、30, 1933.03.27–30	
264	我 聞	傳共黨非常委員會	2–4, 1933.01.10	
269	黑 素	共黨的清黨運動	1–28, 1932.12.24	
274		立三路線失敗後之共黨分裂狀況	1–20, 1932.11.30 黃琮	
279	豫 人	河南共產黨底起源	1–15, 1932.11.15 一豫人	
286	豫 人	河南共產黨底初步運動	1–17、18, 1932.11.21–24 一豫人	
298	豫 人	河南共產黨底全盛時代	1–19, 1932.11.27 一豫人	
309	周福珍	廣東區委的黃金時代	1–12, 1932.11.06	
316	時 花	廣西共產黨之過去及現在	1–11, 1932.11.03	
322	袁學黃	江西共產黨的歷史觀	1–6、7、8、9, 1932.10.19–28	
344	半 生	瓊崖共黨之過去及現在	1–20, 1932.11.30	

《現代史料》卷，頁數	作者署名	篇名	《文化日報》/《社會新聞》之期號、發行日期、作者署名、標題（與《現代史料》版不同時標註）	備考
353	炎 火	寧波共產黨小史	1–13, 1932.11.09〈寧波共黨小史〉	
367	明 遠	取消派的形成及其沒落	2–23、24, 1932.03.09–12	
388	劉 珊	共黨取消派的過去	2–9、10, 1933.01.25	
397	黎守一	湘省馬日事變之經過	2–6, 1933.01.16	
401	翠 芬	廣州暴動目擊記	2–1, 1933.01.01	
第三集 上 2	福 生	國共聯合史略	3–10, 1933.04.30	
7	平 子	記廣州商團之變	3–17, 1933.05.21	
14	范石生	讀「記廣州商團之變」後	3–30, 1933.06.30	
20	省 三	革命軍東江戰役	4–20, 1933.08.30	
26	離	北伐軍到浙江	3–6, 1933.04.18	
34	張 軍	非常會議軼事	3–2, 1933.04.06	
41	季 子	非常時代之廣州慘案	3–14, 1933.05.12	
48	雷嘯岑	十六年南昌政變雜記	4–14, 1933.08.12	
56	昌 人	馮玉祥的轉變	3–25, 1933.06.15 無署名〈馮玉祥：從「抗日救國」的新花樣說到他的過去──三大轉變〉	
78	雲 天	邵力子軼事	3–1, 1933.04.03	
85	雅 言	李濟深治粵史	3–27, 1933.06.21	
91	桂 客	李宗仁史略	3–22, 1933.06.06	
97	白 丁	唐紹儀的晚年	4–11, 1933.08.03	
102	友 直	記鄒海濱軼事	4–5, 1933.07.15	

《現代史料》卷，頁數	作者署名	篇名	《文化日報》/《社會新聞》之期號、發行日期、作者署名、標題（與《現代史料》版不同時標註）	備考
107		鄒海濱軼事訂正	4–10, 1933.07.30	
112	謝　野	傳潘雲超	3–19, 1933.05.27	
123	揚　聲	古應芬的幾件軼事	3–24, 1933.06.12	
128	白　丁	南粵王下的武膽李揚敬	3–26, 1933.06.18〈南粵王下的武膽李楊敬〉	
135	白　丁	劉紀文小史	3–5, 1933.04.15	
142	廣　中	記范其務軼事	4–6, 1933.07.18	
147	高　風	桂崇基小史	3–18, 1933.05.24	
154	戎　仁	黃季陸生平之另一報告	3–19, 1933.05.27	
161	揚　聲	區芳浦小史	3–12, 1933.05.06	
第三集下 170	荷　生	上海共產黨三次暴動史	3–9、10、11, 1933.4.27–05.03	
186	無　懷	清黨以後的上海共黨	3–6、7、8, 1933.04.18–24	
197	王露布	南昌暴動史補遺	4–15, 1933.08.15	
202	乘　輿	長沙陷落記	4–17, 1933.08.21	
208	蔓　公	中共偽四中全會追記	4–9, 1933.07.27	
213	石　頭	取消派統一大會追記	3–3、4、5, 1933.04.09–15	
232	鐵　心	毛澤東落草井岡山	4–25、26、27、28, 1933.09.15–24	
253	克　誠	毛澤東的專橫錄	4–12, 1933.08.06	
261	成聖昌	富田事變與赤黨內部分化	4–1、2、3、4、5, 1933.07.03–15	
296	少　離	鄺紀勛爭奪軍權的經過	3–1, 1933.04.03	

《現代史料》卷，頁數	作者署名	篇名	《文化日報》/《社會新聞》之期號、發行日期、作者署名、標題（與《現代史料》版不同時標註）	備考
301	禹 銘	匪區「赤卡」史的發展	4–30, 1933.09.30	
307	貢 牛	季黃倒戈之經過談	3–23, 1933.06.09	
314	夏 越	偽十三軍之消滅	4–15、16, 1933.08.15–18〈偽十三軍之幻滅〉	
325	盧 祥	劉英就戮記	4–16, 1933.08.18	
332	競 華	記赤匪健將黃公略	4–19, 1933.08.27	
338	離 騷	項英遇刺記	3–12, 1933.05.06	
343	陸揭守	周恩來逃入赤區記	4–3, 1933.07.09 陸遏守	
348	少 離	周恩來與鄧穎超	3–28, 1933.06.24	
353	廖遠晨	劉伯承軼事	4–8, 1933.07.24	
359	王穀泉	關於劉伯承	4–9, 1933.07.27	
365	蠍 子	方志敏失意史	4–10, 1933.07.30	
372	矩 方	邵式平赤化史	4–7, 1933.07.21 方矩	
377	少 離	段德昌小史	3–13, 1933.05.09	
383	望 善	葉劍英小史	3–18, 1933.05.24	
388	子 材	記共黨汪壽華之生平	4–8, 1933.07.24	
394	季 秋	鄧中夏之共黨生活史	4–25, 1933.09.15〈鄧仲夏之共党生活史〉	

註：第一集錄自《文化日報》，第二、三集全部錄自《社會新聞》。據《社會新聞》廣告推斷，第一集似刊於1933年2月。

毛澤東 ── 略傳[*]

愛倫堡

1919年，湖南省長沙 ── 革命派學生團體的會議上 ── 中國的進步知識分子與年輕的學生代表們，對凡爾賽會議上中國政府的背叛政策表示了憤慨。

參加世界大戰有助於中國成為獨立國家，曾經如此預測的中國政治家們的希望被粉碎。從西方，即俄國吹來了十月的革命熱風。俄國勞動人民和農民的勝利，強力推動了中國的革命勢力。廣泛的民族解放運動開始了。

湖南社會主義學生組織的會議

手持油紙傘、農民風貌的瘦高個年輕人走了進來。他在角落裏坐下，開始關於自己開辦的襪子手工作坊的講話：

為了自由中國，與收取賄賂的軍閥而鬥爭的我們這些學生，絕不能坐以待斃。必須建立學生和勞動人民的工廠。我們必

---

[*] Мао Цзе-дун—Очерк，《國外》（*За рубежом*），第31期，1934年11月。本文係由愛倫堡的外孫潘佐夫教授發現並慨允使用。加〔〕的內容為本書作者補註。

須在街上開設對革命運動有益的書店。資金怎麼辦呢？為了得到錢，我們必須利用所有的可能性。如果對我們的鬥爭有益，連譚延闓將軍的援助也不要拒絕。為了革命鬥爭，必須有巧妙的戰略，利用所有的可能性，也有必要不排斥臨時夥伴。[1]

手拿油紙傘、農民風貌的這位青年，正是現在反革命勢力懸賞十萬美金要其人頭、後來的中華蘇維埃共和國中央執行委員會主席——毛澤東同志。

1921年7月，上海舉行了小型團體會議。那是中國共產黨的第一次代表大會。

毛澤東同志發言，湖南省組成了革命派學生與進步工人的共產主義組織。會議中選舉出了中國共產黨的第一屆中央委員，毛澤東本人也是其成員。[2]大會後，毛澤東返回湖南故鄉。

毛澤東擔任首任湖南省委書記的同時，也是革命報刊《新湖南》週刊的編輯。[3]不久，毛澤東就開始了人生中作為「革命家」的生涯，也就是說，當局下令逮捕他。

他逃往北平〔北京〕，在那裏被逮捕，但警察沒有認出他而釋放了，他轉往武昌。[4]

1925年，中國革命浪潮進一步高漲。在中國南部的廣州，孫逸仙的國民政府向帝國主義與反動軍閥宣戰。中國國民黨改組，中國共產黨也加入其中。

1　此處引用的毛澤東講話，未見原文。「襪子手工作坊」故事的來源不詳。

2　此處於史不符，毛澤東在中共「一大」上沒有被選為中央委員會委員。

3　毛澤東協助編輯《新湖南》，是在1919年秋天。

4　毛澤東在北京被捕，是否屬實，無法確認。毛澤東1925年9月從湖南出發，目的地不是北京，而是廣州。

毛澤東是國民黨中央執行委員會成員、[5]中央宣傳部代理部長。同時他還關心農業問題，指導農民協會的組織工作。

北伐

國民革命軍擊破了反動將軍的部隊。國民政府的權力不僅限於華南，甚至擴大到了華中。國民政府從廣州轉到了武漢。

這一時期，毛澤東是湖南與湖北農民運動的領袖。各地農民從地主手中奪取土地，在地主家放火，在當地建立自己的權力。

反帝鬥爭中臨時的同盟者民族資產階級背叛了革命，蔣介石將軍佔領上海之後，於1927年4月12日開始對勞動運動進行血腥鎮壓。

蔣介石背叛後，繼續與共產黨合作的國民黨將領們更加動搖了。汪精衛開始帶領懲罰部隊鎮壓農民。

毛澤東在農民中間。他與農民一起站在鬥爭的中心。以陳獨秀為首的中共領導層，實際上，對反動將領鎮壓農民的狀況置之不理。陳獨秀沒有執行共產國際的指示。毛澤東是與陳獨秀以及當時共產黨高層多數派的政策作鬥爭的早期黨內活動家之一。

> 目前農運的興起是一個極大的問題。因為很短的時間內，將有幾萬萬農民從中國其他地方起來。……他們將沖決一切束縛他們的羅網，朝着解放的路上迅跑。〔……〕一切革命的黨，革命的同志，都將在他們面前受他們的檢驗而決定棄取。[6]

5　實為候補中央執行委員。

6　當引自《湖南農民運動考察報告》，但或非中文直譯。此處是參考中文原文，由俄語譯回中文。同一出處的其他引文，則徑用中文原文。

當時，毛澤東在光輝著作《湖南的農民運動》〔《湖南農民運動考察報告》〕中有以上記述。

中國革命，如果沒有謀求土地的農民鬥爭的展開就不可能勝利，與帝國主義的一貫戰鬥總是伴隨着農民革命的發展，而中國共產黨的大部分領導人都不能理解這些，也不想理解。毛澤東寫下如下文字：

> 一切革命同志須知，國民革命需要一個大的農村變動。辛亥革命沒有這個變動，所以失敗了。〔《湖南農民運動考察報告》〕

1925–1927年革命的失敗

國民黨左派背叛了。汪精衛投向了蔣介石。陳獨秀與共產黨中央委員會的多數派破產了。殘酷的白色恐怖與共產黨員被大量處刑的時期開始了。

毛澤東沒有屈服。

1927年8月1日，在共產黨員葉挺與賀龍的指揮下，[7]南昌數支國民革命軍部隊起義。革命軍向南昌的資產階級徵收賠償金，從銀行沒收了大約一百萬美元，然後南下廣東。

這個時期，在江西北部的毛澤東，潛入擁有很多共產黨員的張發奎師盧德銘將軍的警衛團，組織共產黨員將整支部隊帶走，並在不斷地戰鬥中實現了大轉移。[8]終於到達湖南、江西邊界。

1927年12月，廣州公社燃起革命運動的火焰，雖然流血甚多，但高舉了蘇維埃的戰鬥紅旗。

7　南昌起義之時，賀龍還不是共產黨員，他是在起義後加入中國共產黨的。

8　此處所述「秋收起義」的經過，與實際略有出入。

組織紅四軍

毛澤東的部隊在1928年中旬，與老資歷的中國革命家、布爾什維克、苦力出身的朱德同志的部隊會合，江西未來的中國紅軍主力──紅四軍誕生了。

蘇維埃鬥爭中紅四軍的英勇歲月開始了。擊敗敵人、誘敵入山後殲滅，毛澤東和朱德的第四軍得到了不朽的聲望。

1929–1930年中國革命運動新的高漲

城市中的罷工運動增加了，共產黨組織也強大了。

江西省創立了強有力的蘇區。毛澤東是蘇維埃運動的著名領導人之一。

儘管健康狀況不佳，毛澤東依然是前敵委員會的領導。他開設進行各種宣傳活動的學校，特別是對俘虜士兵的短期教育，就是由他主導進行的。

毛澤東指導解決農業問題，並實際指導地主土地的沒收和分配。

1930年秋，國民黨開始對中國蘇區的圍剿。蔣介石最初的圍剿以失敗而告終。第2次、第3次圍剿也都完全失敗。

1931年11月7日，在江西中央蘇區的首都、過去是府的瑞金，召開中華蘇維埃第一次代表大會。通過了憲法以及土地、勞動等相關的主要法律。向全世界宣告中華蘇維埃共和國的存在。選舉產生了中央政府。毛澤東是中央執行委員會主席，也是中華蘇維埃共和國的第一任主席。

蔣介石的第4次和第5次兩次圍剿都以失敗告終。1933年8至9月，開始了第6次圍剿，[9]當時帝國主義者們也直接參與了。

9　當時的中共文獻記述，蔣介石對中共蘇區的圍剿有如下六次：1930年

1933年9月6日，毛澤東對全世界的勞動者發表宣言，呼籲支援正與國民黨及帝國主義進行戰鬥的中國革命。

年輕的中華蘇維埃共和國，被蔣介石和德國顧問馮・塞克特將軍的部隊所包圍，被迫進行殘酷的戰鬥。儘管如此，1934年1月中華蘇維埃政府成功召開第二次全國代表大會，毛澤東當場做了長篇活動報告（1934年9月25日《國外》第27號載）。

> 中國蘇維埃革命的勝利，不僅是四萬萬中國民眾的解放，而且是整個東方被壓迫民族脫離帝國主義鎖鏈的先導，〔……〕是使日本和其他帝國主義從東方戰線上進攻蘇聯的計劃受到摧毀，是使世界無產階級革命勝利的時期大大地縮短逼近。[10]

毛澤東在蘇維埃第二次大會上作了上述發言。然而，革命的勝利絕不會簡單得來，毛澤東也十分清楚。所以在七年前，前面引用過的小冊子〔《湖南農民運動考察報告》〕中，他寫下如下話語：

> 革命不是請客吃飯，不是做文章，不是繪畫繡花。不能那樣雅致，那樣從容不迫，文質彬彬，那樣溫良恭儉讓。

蘇維埃中國的這位領袖，是穿着中國農民的服裝，手持大油紙傘的革命家。

末至翌年初、1931年春、1931年夏秋、1932年春、1932年夏至翌年春、1933年秋至翌年秋。而依現在的歷史敘述，1932年春國民黨對中華蘇維埃的軍事行動並不被視為單獨的圍剿。

10　〈中華蘇維埃共和國中央執行委員會與人民委員會對第二次全國蘇維埃代表大會的報告（毛澤東同志作）〉，收於中國現代史資料編輯委員會翻印：《蘇維埃中國》，1957年，頁303。

參考文獻

斯諾著作

《紅星照耀中國》

Snow, Edgar. *Red Star Over China*, London: Victor Gollancz, 1937.

———. ———, New York: Random House, 1938.

———. ———, revised edition. New York: Random House, 1938.

———. ———, New York: Modern Library, 1944.

———. ———, first revised and enlarged edition. New York: Grove Press, 1968.

中譯本：

王厂青等譯：《西行漫記》。上海：復社，1938（三聯書店復刊，1960）。

陳雲翮譯：《西行漫記：新譯本》，兩卷。南粵出版社，1975–1977。

董樂山譯：《西行漫記（原名：紅星照耀中國）》。生活‧讀書‧新知三聯書店，1979。

吳黎平譯：《毛澤東1936年同斯諾的談話》。人民出版社，1979。

李方准、梁民譯：《紅星照耀中國》。河北人民出版社，1992。

埃德加‧斯諾：《西行漫記／ *Red Star Over China*》。外語教育與研究出版社，2005。

汪衡譯：《毛澤東自傳 ── 中英文插圖影印典藏版》。中國青年出版社，2009。

日譯本：

日森虎雄訳：《中國共產党研究資料　西行漫記》，第1卷。參謀本部，1940。

宇佐美誠次郎訳：《中國の赤い星》。筑摩書房，1952。

宇佐美誠次郎訳：《新版 中國の赤い星》。筑摩書房，1964。

松岡洋子訳：《中國の赤い星 (增補改定版)》。筑摩書房，1972。

松岡洋子訳：《中國の赤い星 (增補決定版)》。筑摩書房，1975。

斯諾其他著作

"The Strength of Communism in China," *Current History*, Vol.33, No.4, 1931.

Journey to the Beginning. Random House, 1958.

中譯本：宋久等譯：《斯諾文集 (1)：復始之旅》。新華出版社，1984。

日譯本：松岡洋子訳：《目覚めへの旅》。紀伊國屋書店，1963。

The Other Side of the River: Red China Today. Random House, 1962.

中譯本：新民節譯：《斯諾文集 (4)：大河彼岸 (又名今日的紅色中國)》。
新華出版社，1984。

日譯本：松岡洋子訳：《今日の中國 ——もう一つの世界》。筑摩書房，
1963。

Random Notes on Red China, 1936–1945. Harvard University Press, 1957.

中譯本：奚博銓譯：《紅色中華散記》。江蘇人民出版社，1991。

日譯本：小野田三郎、都留信夫共訳：《中共雑記》。未來社，1964。

《斯諾文集》，4卷。新華出版社，1984。

《エドガー · スノー 著作集》，6卷。筑摩書房，1972。

中文著作（以作者姓氏拼音排序）

蔡和森：〈關於中國共產黨的組織和黨內生活向共產國際的報告 (1926年2
月10日)〉，《中央檔案館叢刊》，1987年第2–3期。

《陳獨秀著作選編》，6卷。上海人民出版社，2009。

陳廣彪、溫晉根編著：《中國宣傳畫史話》。貴州人民出版社，2012。

程宸編：《毛澤東自傳珍稀書影圖錄》。國家圖書館出版社，2009。

程中原：〈在斯諾「西行」之前〉，《黨的文獻》，1992年第1期。

———：《張聞天傳 (修訂版)》。當代中國出版社，2006。

丁曉平：《解謎〈毛澤東自傳〉》。中國青年出版社，2008。

———編校：《毛澤東自傳——中英文插圖影印典藏版》(汪衡譯)。中國青年出版社，2009。

———：《埃德加·斯諾》。中國青年出版社，2013。

———：《世界是這樣知道長征的》。中國青年出版社，2016。

《董樂山文集》，4卷。河北教育出版社，2001。

董霞飛、董雲飛：《神秘的紅色牧師董健吾》。北京出版社，2001。

《馮雪峰全集》，12卷。人民文學出版社，2016。

海天出版社編輯：《現代史料》，1–4集。海天出版社，1933–1935。

何：〈中國人民底領袖毛澤東〉，《共產國際》中文版，1936年第1、2期合刊。

胡國勝：〈革命與象徵：毛澤東形象的傳播與影響 (1937–1949)〉，《黨史研究與教學》，2013年第6期。

《胡喬木回憶毛澤東》，增訂本。人民出版社，2003。

黃華：〈隨斯諾訪問陝北和目擊紅軍大會師〉，《百年潮》，2006年第10期。

———：《親歷與見聞——黃華回憶錄》。世界知識出版社，2008。

黃式國、黃愛國：〈《毛主席去安源》的幕後風波與歷史真實〉，《南方週末》，2006年4月20日。

江西省民政廳編：《不朽的革命戰士》，第1集。江西人民出版社，1960。

金沖及主編：《周恩來傳》，共4卷。中央文獻出版社，1998。

孔繁玲、史紀辛：〈也談毛岸英兄弟赴蘇過程中的相關事實〉，《中共黨史研究》，2003年第6期。

李海文、熊經浴：《張浩傳》。當代中國出版社，2001。

李捷：〈一篇生動反映毛澤東生平的珍貴史料——讀蕭三《毛澤東》〉，《黨的文獻》，1993年第3、4期。

李穎：〈共產國際負責中國問題的組織機構的歷史演變 (1920–1935)〉，《中共黨史研究》，2008年第6期。

李永春：〈《中華蘇維埃的七年》的報告人是周和生不是蔡和森〉，《上海黨史與黨建》，2009年第11期。

李永昌：〈中共中央與共產國際電訊聯繫〉，《百年潮》，2003年第11期。

黎辛、朱鴻召主編：《博古，39歲的輝煌與悲壯》。學林出版社，2005。

《烈士傳》，第1輯。莫斯科：外國工人出版社，1936。

林克：《我所知道的毛澤東——林克談話錄》。中央文獻出版社，2000。

劉春華：〈也談《毛主席去安源》的幕後風波與歷史真實〉，《南方週末》，2006年7月27日。

劉東社：〈赤都瓦窰堡失陷史事鈎沉——西安事變縱橫考之六〉，《陝西教

育學院學報》，2004 年第 2 期。

劉鳳仁、廖懷志、石成柱編：《李杜將軍畫傳》。中國文史出版社，2011。

劉力群主編：《紀念埃德加‧斯諾》。新華出版社，1984。

劉仁靜：〈回憶我參加共產國際第四次代表大會的情況〉，《黨史研究資料》，1981 年第 4 期。

劉小莉：《二十世紀三十年代的兩份英文刊物與中國蘇維埃革命信息的傳播》，《中共黨史研究》，2009 年第 4 期。

———：〈《今日中國》與中共抗日民族統一戰線思想的海外傳播〉，《黨史研究與教學》，2011 年第 1 期。

———：《史沫特萊與中國左翼文化》。浙江大學出版社，2012。

柳百琪：〈二十八個半的布爾什維克稱號的由來〉，《炎黃春秋》，1999 年第 12 期。

毛澤東：《只有蘇維埃能夠救中國》。莫斯科：外國工人出版社，1934。

———：《經濟建設與查田運動》。莫斯科：外國工人出版社，1934。

〈毛澤東傳略〉，《黨的文獻》，1992 年第 2 期。

申長友：《毛澤東與共產國際》。黨建讀物出版社，1994。

史紀辛：〈對魯迅先生送禮物慰問中共領導人一事考〉，《北京黨史》，2001 年第 5 期。

———：〈再談魯迅與中國共產黨關係的一則史實〉，《魯迅研究月刊》，2001 年第 7 期。

———：〈魯迅託送金華火腿慰問中共領導人史實再考〉，《魯迅研究月刊》，2003 年第 10 期。

———：〈李杜入黨問題考〉，《黨的文獻》，2004 年第 3 期。

石之瑜等編：《戰後日本的中國研究：口述知識史》，3 冊。台灣大學政治學系大陸暨兩岸關係教學與研究中心，2011–2013。

石川禎浩著、袁廣泉譯：《中國共產黨成立史》。中國社會科學出版社，2006。

———編譯：〈蘇聯《國外》雜誌刊登的毛澤東傳〉，《中共黨史研究》，2013 年第 12 期。

———：《中國近代歷史的表與裏》。北京大學出版社，2015。

———：〈《毛澤東略傳》作者考——兼論莫斯科出版的幾種早期毛澤東傳記〉，《黨的文獻》，2016 年第 2 期。

《斯諾在中國》。三聯書店，1982。

《宋任窮回憶錄》。解放軍出版社，2007。

蘇揚編：《中國出了個毛澤東》。解放軍出版社，1991。

孫華主編：《斯諾研究叢書》，第 1、2 卷。北京大學出版社、湖南師範大
　　學出版社，2011–2012。

孫席珍遺著、呂蘋整理：《悠悠往事》。百花文藝出版社，1992。

唐寶林：〈官越做越小的吳亮平〉，《炎黃春秋》，2011 年第 9 期。

《滕代遠傳》。解放軍出版社，2004。

童小鵬：《軍中日記》。解放軍出版社，1986。

王金昌：〈馮雪峰憶 1936 年毛岸英兄弟赴蘇經過〉，《百年潮》，2010 年第 2
　　期。

王奇生：《黨員、黨權與黨爭 —— 1924–1949 年中國國民黨的組織形態（修
　　訂增補本）》。華文出版社，2010。

王姝：《孫席珍評傳》。浙江大學出版社，2013。

王希亮：《李杜將軍傳》。黑龍江人民出版社，1985。

王新生：〈紅軍長征前後中共中央與共產國際的電訊聯繫考述〉，《黨的文
　　獻》，2010 年第 2 期。

王政明：《蕭三傳》。北京圖書館出版社，1996。

〈「我熱愛中國！」—— 馬海德談斯諾〉，《新聞戰線》，1982 年第 2 期。

吳殿堯：《劉鼎傳》。中央文獻出版社，2012。

———：〈劉鼎與《西行漫記》〉，《百年潮》，2013 年第 7 期。

吳明：〈《西行漫記》版本評介〉，《北京黨史》，1993 年第 2 期。

武際良：《斯諾與中國》。中國社會出版社，2005。

———：《埃德加‧斯諾》。解放軍出版社，2015。

鄔國義：〈毛澤東與無政府主義 —— 從《西行漫記》的一處誤譯談起〉，《史
　　林》，2007 年第 2 期。

蕭三：《毛澤東同志的青少年時代》。新華書店，1949。

———：《毛澤東同志的青少年時代和初期革命活動》。中國青年出版社，
　　1980。

———：〈窯洞城 —— 獻給黨的六十週年誕辰〉，《時代的報告》，1981 年
　　第 2 期。

《謝覺哉日記》。人民出版社，1984。

熊向暉：〈毛澤東是否說過「我就像一個手執雨傘雲遊四方的孤僧」？〉，
　　《黨的文獻》，1994 年第 5 期。

徐蘇：〈楊家駱目錄學成就評述〉，《江蘇圖書館學報》，1997 年第 4 期。

陽鯤：〈三聯書店版、董樂山譯《西行漫記》—— *Red Star Over China* 漢譯
　　史上的經典譯本〉，《湘潭大學學報（哲學社會科學版）》，2015 年第 2
　　期。

楊昊成：《毛澤東圖像研究》。時代國際出版有限公司，2009。

楊家駱編：《民國名人圖鑒》，第1、2卷。辭典館，1937。

楊奎松：〈共產國際為中共提供財政援助情況之考察〉，《社會科學論壇》，2004年第4期。

———：《國民黨的「聯共」與「反共」》。社會科學文獻出版社，2008。

———：《民國人物過眼錄》。廣東人民出版社，2009。

———：《西安事變新探》（《楊奎松著作集：革命》四）。廣西師範大學出版社，2012。

楊瑞松：《病夫、黃禍與睡獅：「西方」視野的中國形象與近代中國國族論述想像》，增訂版。政治大學出版社，2016。

《楊尚昆回憶錄》。中央文獻出版社，2001。

楊姿：〈「同路人」的定義域有多大？——論長堀祐造近作《魯迅與托洛茨基——〈文學與革命〉在中國》〉，《魯迅研究月刊》，2016年第7期。

一海知義：〈河上肇與中國革命〉，《國外社會科學》，1980年第8期。

雍桂良等：《吳亮平傳》。中央文獻出版社，2009。

張國柱等編：《塵封的紅色經典：早期毛澤東傳記版本圖錄》。陝西人民出版社，2008。

張小鼎：〈一次長達「幾小時」的重要會晤考〉，《魯迅研究動態》，1987年第6期。

———：〈《西行漫記》在中國——《紅星照耀中國》幾個重要中譯本的流傳和影響〉，《出版史料》，2006年第1期。

中共中央黨史研究室第一研究部編譯：《共產國際、聯共（布）與中國革命檔案資料叢書》(1)。北京圖書館出版社，1997。

中共中央黨史研究室第一研究部編譯：《共產國際、聯共（布）與中國革命檔案資料叢書》(4)。北京圖書館出版社，1998。

中共中央黨史研究室第一研究部編譯：《共產國際、聯共（布）與中國革命檔案資料叢書》(14)、(15)。中共黨史出版社，2007。

中共中央黨史研究室第一研究部編譯：《共產國際、聯共（布）與中國革命檔案資料叢書》(18)。中共黨史出版社，2012。

中共中央文獻研究室編：《毛澤東年譜（修訂本）》，9卷。中央文獻出版社，2013。

中國社會科學院近代史研究所翻譯室編譯：《共產國際有關中國革命的文獻資料》，第2輯(1929–1936)。中國社會科學出版社，1982。

中國社會科學院近代史研究所翻譯室編譯：《共產國際有關中國革命的文獻資料》，第3輯(1929–1936補編)。中國社會科學出版社，1990。

周蕙：《董健吾》，《中共黨史人物傳》，第68卷。中央文獻出版社，2000。

周一平：《毛澤東生平研究史》。中共黨史出版社，2006。

祝均宙:〈上海小報的歷史沿革(中)〉,《新聞研究資料》,1988年第3期。

宗璞:〈燕園墓尋〉,《隨筆》,1990年第6期。

中文期刊

《長江日報》(武漢)

《共產國際》(中文版,莫斯科)

《國民公報》(成都)

《國民日報》(長沙)

《紅旗》(上海)

《救國時報》(巴黎)

《社會新聞》(上海)

《文化日報》(上海)

日文著作(以作者姓氏拼音排序)

波多野乾一:《現代支那の政治と人物》。改造社,1937。

———:《毛沢東と中国の紅星》。帝国書院,1946。

———:〈中國專門記者とその成功〉,《新聞研究》,1957年第72號。

———編:《資料集成　中國共産党史》,共7卷。時事通信社,1961。

波多野真矢:〈民国初期の北京における日本人京劇通:波多野乾一を中心
　　として〉,《人文研紀要(中央大学人文科学研究所)》,2010年第69號。

長堀祐造:《魯迅とトロツキー——中国における『文学と革命』》。平凡
　　社,2011。

———:《陳独秀》。山川出版社,2015。

池原麻里子:〈スノー 未亡人の激白/夫、エドガー・スノーは毛沢東に
　　騙されていた〉,《諸君》,2006年6月號。

村松梢風:〈宋美齡——続南京夢物語〉,《中央公論》,1937年12月臨時
　　増刊號。

村田忠禧:〈1929年の毛沢東——紅四軍からの離脱と復帰をめぐっ
　　て〉,《外国語科研究紀要(東京大学教養学部外国語科)》,1987年第
　　34卷第5號。

大塚令三:〈支那ソウェート地区踏破記〉,《中央公論》,1936年10月號。

宮里立士:〈《日本読書協会会報》と戦時下の海外情報〉,《戦時下におけ

る外国文献解説 ——〈日本読書協会会報〉》，別巻。 ゆまに書房，2008。

《河上肇全集》，第21卷。岩波書店，1984。

花原二郎等編：《學問の人　宇佐美誠次郎》。青木書店，2000。

江田憲治：《エドガー・スノー》，《講座　東アジアの知識人》，第5卷。有志舍，2014。

今村与志雄：《毛沢東の顔》，《中國》，1967年第49號。

馬場公彥：《戦後日本人の中國像 —— 日本敗戦から文化大革命・日中復交まで》。新曜社，2010。

牧陽一等：《中國のプロパガンダ芸術 —— 毛沢東様式に見る革命の記憶》。岩波書店，2000。

三田剛史：《甦る河上肇》。藤原書店，2003。

山本實彥：《支那》。改造社，1936。

山本文雄：〈中国研究の第一人者　波多野乾一〉，《月刊官界》，1990年第16卷第10號。

石川禎浩：〈《中國の赤い星》再読〉，石川禎浩編：《現代中国文化の深層構造》。京都大學人文科學研究所，2015。

譚璐美：〈毛沢東とエドガー・スノー〉，《外交》，2014年第24號。

外務省情報部編：《現代中華民國・滿洲国人名鑑》。東亞同文會調查編纂部，1932。

———編：《支那共産党史》。外務省情報部，1932。

———編：《国際時事解説》。三笠書房，1937。

衛藤瀋吉：〈中共史研究ノート〉，《東洋学報》，1961年第43卷第2號。

須田禎一：〈「上海の奇傑」ジャーナリスト日森虎雄〉，《潮》，1971年第145號。

岩村三千夫：〈書評　中国の赤い星〉，《歴史評論》，1947年5月號。

岩村三千夫：〈書評〉，《歴史評論》，1963年第155號。

遠藤譽：《毛沢東 —— 日本軍と共謀した男》。新潮社，2016。（中譯本：《毛澤東勾結日軍的真相》。明鏡出版社，2016。）

澤村幸夫、植田捷雄共編：《支那人士録》。大阪毎日新聞社，1929。

榛原茂樹（波多野乾一）：〈支那共産党略史〉，《日本読書協会会報》，1931年第129號。

———：《中國共産党概観》。東亞研究會，1932。

竹内實：《增補 毛沢東ノート》。新泉社，1978。

日文期刊

《大阪朝日新聞》(大阪)

《大陸》(東京)

《東京日日新聞》(東京)

《読売新聞》(東京)

《改造》(東京)

《グラフィック(畫刊)》(東京)

《毎日新聞》(東京)

《日本読書協会会報》(東京)

《日本と世界》(東京)

《上海》(上海)

《世界知識》(東京)

《時事新報》(東京)

《書香》(大連)

《外国の新聞と雑誌》(東京)

《外事警察報》(東京)

《憲友》(東京)

《アサヒグラフ(朝日畫報)》(東京)

《朝日新聞》(東京)

《支那情報》(上海)

《中央公論》(東京)

《週報》(政府公報附録，東京)

西文著作

Andrews, Julia F. *Painters and Politics in the People's Republic of China, 1949–1979*. Berkeley: University of California Press, 1994.

Chang, Jung (張戎) and Halliday, Jon. *Mao: The Unknown Story*. Jonathan Cape, 2005.

Chiang Shan. "Edgar Snow and His 'Red Star Over China'." *Peking Review*, Apr. 21, 1978.

China at Bay. London: Modern Books, Jan. 1936.

Dimond, E. Grey. *Inside China Today: A Western View*. Norton, 1983.

Drei Helden des chinesischen Volkes, Introduction by P. Mif. Moscow, 1936.

Fleming, Peter. *One's Company: A Journey to China*. Jonathan Cape, 1934.

H.. "Mao Tse-dun-der Führer des werktätigen chinesischen Volkes," *Kommunistische Internationale*, 1936, Jg. 17.

Hamilton, J. M. *Edgar Snow: A Biography*. Indiana University Press, 1988.（中譯本：柯為民、蕭耀先譯：《埃德加‧斯諾傳》。遼寧大學出版社，1990；沈蓁等譯：《埃德加‧斯諾傳》。學苑出版社，1991。）

Klehr H., et al. eds. *The Soviet World of American Communism*. Yale University Press, 1998.

Ma Haide. "Fifty Years of Medicine." *Beijing Review*, Sep. 17, 1984.

Mittler, Barbara. *A Continuous Revolution: Making Sense of Cultural Revolution Culture*. Harvard University Press, 2013.

Nathan, Andrew. "Jade and Plastic." *The London Review of Books*, Vol. 27, No. 22, 17 November 2005.

Pantsov A. Levine S. *Mao: the Real Story*. New York: Simon & Schuster, 2012.（中譯本：林添貴譯：《毛澤東：真實的故事》。聯經出版事業公司，2015。）

Porter, Edgar A. *The People's Doctor: George Hatem and China's Revolution*. University of Hawaii Press, 1997.（日譯本：菅田絢子等訳：《毛沢東の同志馬海徳先生アメリカ人醫師ジョージ‧ハテム》。 海竜社，2010。）

Rand, Peter. *China Hands: The Adventures and Ordeals of the American Journalists Who Joined Forces with the Great Chinese Revolution*. New York: Simon & Schuster, 1995.

Red China: being the report on the progress and achievements of the Chinese Soviet Republic / delivered by the president, Mao Tse-tung, At the second Chinese national Soviet congress, at Juikin, Kiangsi, January 22, 1934. London: M. Lawrence Ltd., Sep. 1934.

Schwartz, Benjamin. *Chinese Communism and the Rise of Mao*. Cambridge: Cambridge University Press, 1951.

Snow, Helen F, (Nym Wales). *My China Years: A Memoir*. New York: William Morrow and Co., 1984.（中譯本：華誼譯：《旅華歲月——海倫‧斯諾回憶錄》。世界知識出版社，1985；日譯本：春名徹、入江曜子共訳：《中國に賭けた青春——エドガー‧スノウとともに》。岩波書店，1991。）

Thomas B. *Season of High Adventure: Edgar Snow in China*. University of

California Press, 1996. (中譯本：吳乃花等譯：《冒險的歲月 —— 埃德加·斯諾在中國》。世界知識出版社，1999。)

Van Min, Kang Hsin. *La Chine révolutionnaire d'aujourd'hui* (今日之革命中國). Paris, 1934.

Wakeman Jr., Frederic. *Policing Shanghai, 1927–1937*. Berkeley: University of California Press, 1995. (中譯本：章紅等譯：《上海警察：1927–1937》。上海古籍出版社，2004。)

Wales Nym. *Inside Red China*. New York: Doubleday, Doran, 1939. (中譯本：胡仲持等譯：《續西行漫記》。復社，1939；陶宜、徐復譯：《續西行漫記》。解放軍文藝出版社，2002；日譯本：高田爾郎訳：《中國革命の內部：続·西行漫記》。三一書房，1976。)

—— *My Yenan Notebooks*. Helen F. Snow, 1961. (中譯本：安危譯：《延安採訪錄》。貴州人民出版社，1989。)

Wang Ming, Kang Hsing. *Das Revolutionäre China von Heute* (今日之革命中國). Moskau; Leningrad: Verlagsgenossenschaft ausländischer Arbeiter in der UdSSR, 1934.

Who's who in China, 3rd ed.–5th ed. Shanghai: The China Weekly Review, 1925–1940.

Wu Hung (巫鴻). *Remaking Beijing: Tiananmen Square and the Creation of a Political Space*. Chicago: The University of Chicago Press, 2005.

Yan Geng. *Mao's Images: Artists and China's 1949 Transition.* J.B. Metzler, 2018.

西文期刊

Amerasia (New York)

China Today (New York)

China Weekly Review (《密勒氏評論報》，上海)

Communist International (英文版，Moscow)

Daily Herald (London)

International Press Correspondence (英文版，Moscow)

Joplin Globe (Kansas City, Missouri)

Life (New York)

Shanghai Evening Post & Mercury (《大美晚報》，上海)

俄文著作

Ван Мин. *Полвека КПК и предательство Мао Цзэ-дуна*. Москва: Изд-во полит. лит-ры, 1975. (中譯本：徐小英等譯：《中共50年》。東方出版社，2004；英譯版：V. Schneierson trans. *Mao's Betrayal*. Moscow, Progress Publishers, 1979.)

Второй Съезд китайских советов (中華蘇維埃第二次代表大會). Москва, 1935.

Лян Чэн и Ян Дин-Хуа, *Западный поход Китайской красной армии* (紅軍長征記). Москва: Госполитиздат, 1938.

Мао Цзе-дун, Биографический очерк (毛澤東──略傳). Москва, 1939.

"Моя жизнь." *Интернациональная литература* (〈我的半生〉,《國際文學》) 1937, № 11–12.

Панцов, А. В. *Мао Цзэдун*. Москва, 2012. (中譯本：卿文輝等譯：《毛澤東傳》。中國人民大學出版社，2015。)

Сноу, *Героический народ Китая* (中國的英勇人民). Москва, 1939.

Советы в Китае: сборник материалов и документов (蘇維埃在中國──資料文獻集). Москва, 1934.

Сотников,И. Н. *Китайский сектор Коминтерна: организационные структуры, кадровая и финансовая политика, 1919–1943 гг*. (索特尼克娃：《共產國際中國部門：組織結構、人事與財政政策 1919–1943 年》). Москва, 2015.

Х. "Мао Цзэ дун—вождь китайского трудового народа." (毛澤東──中國勞動人民的領袖) *Коммунистический Интернационал*, № 33–34, 1935.

Хамадан, А. *Вожди и герои китайского народа* (中國人民的英勇領袖). Москва, 1936.

────── "Вождь китайского народа–Мао Цзе-дун." (中國人民的領袖──毛澤東) *Правда*, 1935. 13 декабря.

Эми Сяо. *Мао Цзэ-дун. Чжу Дэ (Вожди китайского народа)* (毛澤東與朱德：中國人民的領袖). Москва, 1939.

────── *Китай непобедим* (不可征服的中國). Москва, 1940.

Эренбург, Г. Б. *Советский Китай* (蘇維埃中國). Москва, 1934.

Юрьев, М. Ф., Панцов, А. В. "Учитель Китаеведов Г. Б. Эренбург (1902–1967)." *Слово об Учителях – Московские востоковеды 30–60-х годов* (尤里耶夫、潘佐夫：〈中國學之師：愛倫堡〉，收於《師的語言：莫斯科的東方學者們 1930–1960 年代》). Москва, 1988.

俄文期刊

Большевик（《布爾什維克》，莫斯科）

Коммунистический Интернационал（《共產國際》俄文版，莫斯科）

Национально-колониальные проблемы（《民族及殖民地問題》，莫斯科）

Правда（《真理報》，莫斯科）

Революционный Восток（《革命的東方》，莫斯科）

За рубежом（《國外》，莫斯科）

圖片出處

圖 1. 《週報》載毛澤東照片：《週報》，1937 年 8 月第 44 號。

圖 2. 《週報》載朱德照片：《週報》，1937 年 8 月第 44 號。

圖 3. 1937 年的朱德：中國革命博物館編：《紀念朱德》。文物出版社，1986。

圖 4. 在陝北採訪時的斯諾：*Bridging: A Photo Essay on the Life of Helen Foster Snow*, 2011.

圖 5. 斯諾拍攝的毛澤東：Snow, *Red Star Over China*. Grove Press, 1968。

圖 6. 斯諾拍攝的毛澤東：*Bridging: A Photo Essay on the Life of Helen Foster Snow*, 2011。

圖 7. 《文化日報》載〈共黨主席 —— 毛澤東〉：《文化日報》，1932 年 7 月 15 日。

圖 8. 《社會新聞》：《社會新聞》，1932 年 11 月 12 日第 1 卷第 14 期。

圖 9. 根據地發行的銀幣券：*Советский Китай*. Москва, 1934。

圖 10. 《革命畫冊》載毛澤東素描畫像：楊昊成：《毛澤東圖像研究》。香港：時代國際出版，2009。

圖 11. 陳獨秀出席共產國際第四次大會 (1922) 時的合影：McKnight, *Espionage and the Roots of the Cold War*, 2001.

圖 12. 共產國際檔案中的毛澤東履歷表 (1935)：俄國國立社會政治史檔案館 (莫斯科) 藏檔案。

圖 13. 《今日中國》封面：*China Today*，1934 年 10 月。

圖 14. 1934 年《今日中國》載毛澤東素描畫像：*China Today*, 1934 年 5 月。

圖 15. 《今日之革命中國》封面：*La Chine révolutionnaire d'aujourd'hui*. Paris, 1934.

圖 16. 《今日之革命中國》載毛澤東照片：*La Chine révolutionnaire d'aujour-d'hui*. Paris, 1934.

圖 17. 《今日之革命中國》載朱德照片：*La Chine révolutionnaire d'aujour-d'hui*. Paris, 1934.

圖 18. 英文版《國際新聞通訊》載毛澤東訃告：*International Press Corres-pondence*, 1930年3月20日。

圖 19. 《蘇維埃中國》載毛澤東照片：*Советский Китай*. Москва, 1934.

圖 20. 《蘇維埃在中國 —— 資料文獻集》載毛澤東肖像：*Советы в Китае: сборник материалов и документов*. Москва, 1934.

圖 21. 國民黨幹部紀念合影：《毛澤東》。中央文獻出版社，1993。

圖 22. 合影放大後之毛澤東像：《毛澤東》。中央文獻出版社，1993。

圖 23. 1927年的毛澤東：《毛主席 攝影卷》。人民美術出版社，2015。

圖 24. 《中華蘇維埃第二次代表大會》載毛澤東肖像：*Второй Съезд китайских советов*. Москва, 1935.

圖 25. 《民族及殖民地問題》載毛澤東肖像：*Национально- колониальные проблемы*, No.38, 1937年6月。

圖 26. 《國外》載毛澤東肖像：*За рубежом*, No.31, 1934年11月。

圖 27. 《共產國際》載毛澤東肖像：*Коммунистический Интернационал*, 1935年12月。

圖 28. 哈馬丹《中國人民的英勇領袖》所附毛澤東肖像：Хамадан, *Вожди и герои китайского народа*. Москва, 1936.

圖 29. 1935年《今日中國》載毛澤東肖像：*China Today*, 1935年5月。

圖 30. 愛倫堡：*Слово об Учителях—Московские востоковеды 30–60-х годов*. Москва, 1988.

圖 31. 《國外》第31期載《毛澤東 —— 略傳》：*За рубежом*, No.31, 1935年5月。

圖 32. 《毛主席去安源》：《毛主席 美術卷》。人民美術出版社，2015。

圖 33a. 身背雨傘行軍的中國士兵：http://humus.livejournal.com/2630801.html.

圖 33b. 紅軍士兵集體合唱：Snow, *Red Star Over China*. Random House, 1938.

圖 34. 《只有蘇維埃能夠救中國》之封面：《艱難與輝煌》。國家圖書館出版社，2012。

圖 35. 高自立：*Китайские революционеры в советской России (1920–1930-е годы)*. Москва, 2015.

圖36. 「井岡山幹部」1938年合影：中國革命博物館編：《紀念毛澤東》。文物出版社，1986。

圖37. 山本實彥著《支那》載毛澤東照片：山本實彥：《支那》。改造社，1936。

圖38. 山本實彥著《支那》載朱德照片：山本實彥：《支那》。改造社，1936。

圖39. 《蘇維埃在中國——資料文獻集》載朱德肖像：*Советы в Китае: сборник материалов и документов*. Москва, 1934.

圖40. 1922年的朱德：http://dangshi.people.com.cn/n/2015/0427/c85037-26908885.html

圖41. 《今日之革命中國》載朱德肖像：*La Chine révolutionnaire d'aujour-d'hui*. Paris, 1934.

圖42. 《中華蘇維埃第二次代表大會》載朱德肖像：*Второй Съезд китайских советов*. Москва, 1935.

圖43. 共產國際機關雜誌載朱德肖像：*Коммунистический Интернационал*, 1935年12月。

圖44. 《今日中國》載朱德肖像：*China Today*, 1934年11月。

圖45. 1933年9月4日《時事新報》載毛澤東肖像：《時事新報》，1933年9月4日。

圖46. 1937年1月16日《東京日日新聞》載毛澤東照片：《東京日日新聞》，1937年1月16日。

圖47. 1936年4月《朝日畫報》載毛澤東肖像：《アサヒグラフ》，1936年4月。

圖48. 1936年6月《世界知識》載毛澤東肖像：《世界知識》，1936年6月。

圖49. 進士槙一郎〈「赤豹」毛澤東傳〉：進士槙一郎：〈「赤豹」毛沢東伝〉，《世界知識》，1936年6月。

圖50. 家中的波多野乾一（1930年代中期）：波多野真矢提供。

圖51. 《週報》載「紅軍炮兵」照片：《週報》，1937年8月第44號。

圖52. 《救國時報》載「紅軍炮兵之一部」：《救國時報》，1937年4月15日。

圖53. 《生活》畫報載斯諾拍攝的紅軍炮兵照片：*Life*, 1937年2月1日。

圖54. 毛澤東照片和信息的傳播：本書作者繪製。

圖55. 《世界知識》1937年7月號載譯文：《世界知識》，1937年7月號。

圖56. 《改造》1937年6月號譯載斯諾採訪記：《改造》，1937年6月號。

圖57. 毛澤東照片和信息的傳播：本書作者繪製。

圖58. 馮玉祥：清水安三：《支那當代新人物》。大阪屋號書店，1924。

圖 59. 李杜：《李杜將軍畫傳：1880–1956》。中國文史出版社，2011。

圖 60. 海德姆（馬海德）：Edgar Porter, *The People's Doctor: George Hatem and China's Revolution*, 1997.

圖 61. 劉鼎：吳殿堯：《劉鼎傳》。中央文獻出版社，2012。

圖 62. 魯迅一家與馮雪峰家人合影（1931）：北京魯迅博物館編《魯迅》。文物出版社，1976。

圖 63. 尼姆·韋爾斯在陝北採訪：*Bridging: A Photo Essay on the Life of Helen Foster Snow*, 2011.

圖 64a. 上海復社版《西行漫記》封面：愛特伽·斯諾：《西行漫記》。上海：復社，1938。

圖 64b. 上海復社版《西行漫記》載〈長征路線圖〉：愛特伽·斯諾：《西行漫記》。上海：復社，1938。

圖 65. 《外國記者西北印象記》封面：丁曉平：《解謎〈毛澤東自傳〉》。中國青年出版社，2008。

圖 66. 《毛澤東自傳》封面：丁曉平：《解謎〈毛澤東自傳〉》。中國青年出版社，2008。

圖 67. 《中國的英勇人民》封面：Э. Сноу, *Героический народ Китая*. Москва, 1938.

圖 68a. 蘇聯版《毛澤東——略傳》封面：*Мао Цзе-дун, Биографический очерк*. Москва, 1939.

圖 68b. 蘇聯版《毛澤東——略傳》載毛澤東肖像：*Мао Цзе-дун, Биографический очерк*. Москва, 1939.

索 引

（以中文首字拼音排序）